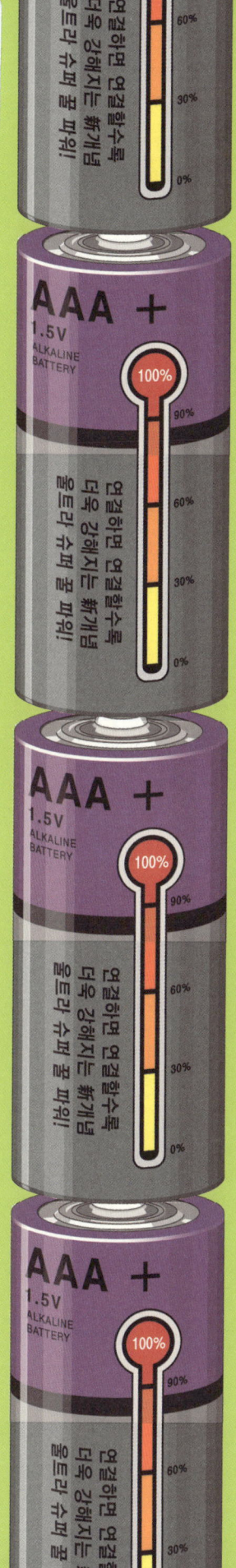

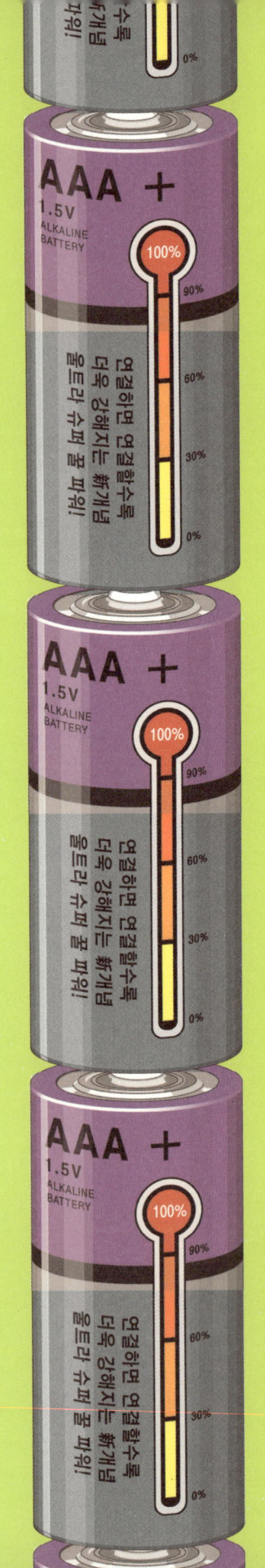

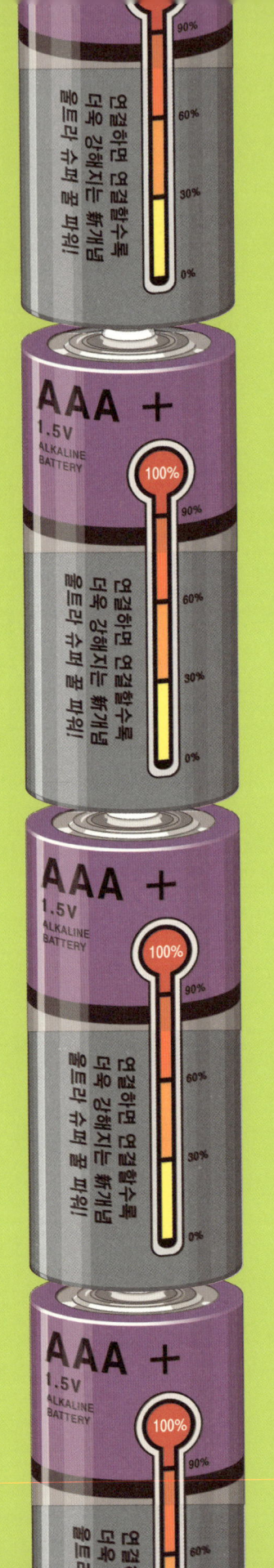

초등수학사전

개념 연결

3·4학년

발행처 비아에듀 | 지은이 전국수학교사모임 초등수학사전팀 | 발행인 한상준
초판 1쇄 발행일 2018년 6월 5일 | 개정판 1쇄 발행일 2024년 5월 17일
편집 김민정·강탁준·최정휴·손지원·김영범 | 삽화 김석 | 디자인 조경규·김경희·김성인
주소 서울시 마포구 월드컵북로6길 97 | 전화 02-334-6123 | 홈페이지 viabook.kr

ⓒ 전국수학교사모임 초등수학사전팀, 2018

- 이 책은 저작권법에 따라 보호받는 저작물이므로 무단 전재와 복제를 금합니다.
- 이 책 내용의 전부 또는 일부를 재사용하려면 반드시 저작권자와 발행처의 동의를 받아야 합니다.
- 본문에 사용된 종이는 한국건설생활환경시험연구원에서 인증받은, 인체에 해가 되지 않는 무형광 종이입니다.
  눈의 피로가 덜하며, 동일 두께 대비 가벼워 편안한 공부 환경을 제공합니다.(제조국: 대한민국)
- 잘못된 책은 구입처에서 바꿔드립니다.

빠르고 정확하게 개념을 연결한다!
**초등 3·4학년 핵심 개념 53개로
중학년 수학 완전 정복!**

초등 수학사전

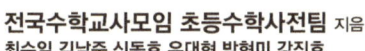

전국수학교사모임 초등수학사전팀 지음
최수일 김남준 신동호 유대현 박현미 강진호
김석 그림

3·4학년

책머리에

수학! 하면 무엇이 떠오르나요?

4차 산업혁명시대를 맞아 수학의 중요성이 부각되는 추세이지만, 우리 국민 대다수는 수포자, 사교육 그리고 선행학습을 떠올립니다. 부모는 자녀가 초등학교 다닐 때는 사교육 없이 수학 공부를 시키다가도 막상 중학생이 되어 수학 시험 성적을 받아 오면 여지없이 무너집니다. 자기주도적으로 공부하려던 아이들도 신념이 흔들려 달리 방법이 없다면서 사교육에 의지하려 듭니다.

대부분이 사교육으로 학교 수학 공부를 해결하는 이런 불합리와 어이없는 모순을 해결해야 했습니다. 사교육 없이 수학을 공부하는 방법을 찾고자 노력했지요. 참으로 난감하고 어려운 문제였습니다. 답을 준 것은 교육부의 학부모 수학교실 운영에 관한 연구를 맡아 2년간 전국의 100여 개 초등학교로 학부모 수학 강연을 다니면서 받은 질문이었습니다. 많은 아이를 관찰한 경험에서도 답을 얻어 자기주도적인 수학 학습이라는 담론에서 그 가능성과 방법론 개발을 시도하게 되었습니다

수학을 좋아하는 아이로 키우고 싶다고요?

아이들은 수학 개념을 스스로 이해하면 반드시 놀랍고 즐거운 표정을 짓거나 감탄사를 내뱉었습니다. "이거 제가 설명한 거죠?", "어떻게 중1 심화문제를 초2 개념으로 풀 수 있지?", "이런 기분 처음이에요!" 아이들의 표현에서 수학에 대한 내적 동기를 찾아낼 수 있었습니다.

문제집의 일반적인 수학 문제를 풀 때 아이들 입에서는 "답이 뭐예요?", "제 답이 맞아

초등수학,
좋은 사전 하나면 충분합니다!

요?", "와, 맞혔다!" 등 답이 틀렸는지 맞았는지 그 결과에만 관심을 두는 말이 나오지만 수학 교과서의 개념 설명 속 논리를 이해하게 되면 "와! 알 것 같아.", "이제 진짜로 이해했다!", "아니, 분수가 나눗셈하고 연결되네!" 등 수학 개념에 대한 이해나 개념의 연결성에 대한 감탄의 언어가 나옵니다.

수학을 개념적으로 공부하는 방법은 매일 학교에서 배우는 진도에 맞춰 그날 밤을 넘기지 않고 교과서 복습을 통해 수학 개념을 깊이 있게 자기 것으로 소화하는 것입니다. 복습의 골든타임은 '그날 밤'입니다. 가능하다면 옆집 친구와 서로 설명하면서 진행해보세요. 훨씬 효율적인 학습이 이루어질 것입니다. 부모님이 아이의 설명을 들어주는 '선생님 놀이' 시간을 갖는 것도 좋습니다. 문제 풀이는 우선 교과서와 익힘책에 나온 문제를 최대한 스스로 푸는 방식으로, 시간 여유가 있다면 시중 문제집을 한 권 사 여러 번 반복해 풀어볼 것을 권합니다. 이때 사교육을 이용하지 않아도 공부하는 시간만 충분히 확보할 수 있다면 불안해할 필요가 없습니다. 사교육을 받지 않으면서 그 시간에 집에서 논다면 사교육을 받는 아이들에게 뒤질 것이 뻔합니다. 그래서 사교육 받는 시간 정도의 자기주도 학습 시간을 확보하는 게 꼭 필요합니다.

수학을 공부하는 최고의 비결은 무엇일까요?

수학은 절대적으로 개념에 대한 이해를 통하지 않으면 제대로 공부했다고 할 수 없습니다. 누구나 수학 공부의 최고 비결로 개념에 대한 충분한 이해를 꼽습니다. 수학 학습 심리학에서는 개념적으로 충분히 이해하기 전 문제를 푸는 학습 방법을 경고합니다. 개념적인 이해가 부족한 상태에서 문제를 접하면 당연히 풀리지 않고 걸리는 부분이 있는데, 이 순간 학생들은 앞으로 되돌아가 개념을 다시 공부하기보다 뒤의 풀이를 보고 절차적인 학습, 즉 문제 푸는 기술만 익힐 가능성이 크기 때문입니다. 문제 풀이 위주로 공부하며 개념을 이해할 수 있으면 좋지 않느냐고 반문할 수도 있는데, 절차적인 방법이 개념적인 이해보다 우선하면 사람의 심리는 그 문제를 이해한 것으로 착각해 다시 개념을 이해할 필요성을 느끼지 못합니다. 결국 자신이 잘 이해하지 못했다는 사실 자체를 모르는 경우가 발생합니다. 이게 선행학습의 문제점이기도 합니다.

개념학습에서 가장 중요한 것은 개념 사이의 논리적 연결성입니다. 수학 개념은 연결성이 강하기 때문에 수학을 공부하다 보면 논리적 사고력이 신장됩니다. 정말이냐고요? 덧셈의 기본이 되는 받아올림이 있는 덧셈은 기본적으로 초등학교 1학년에 나오는 가르기와 모으기에서 연결됩니다. 그래서 이런 연결성 없이 받아올림이 있는 계산을 하려면 정말 난감합니다. 4차 산업혁명시대에 수학이 중요한 이유 역시 수학이 논리적 사고력을 키워주기 때문입니다.

수학사전은 왜 필요할까요?

수학 개념의 연결성에 대한 전문 지식이 부족한 아이가 많습니다. 어떤 개념에 대한 이해가 부족하면 관계있는 이전 개념을 찾아 복습을 해야 하는데, 이때 수학사전이 필요합니다.또한 지금 배우는 개념이 장차 어떻게 발전하는지 알고 싶을 때 수학사전이 필요합니다. 스스로 공부할 때 수학사전을 활용하면 기억나지 않는 과거의 수학 개념을 찾아보고, 새로 배우는 개념과 연결할 수 있습니다. 새로운 수학 개념은 항상 과거에 배운 개념과 연결되기 때문에 이들 사이의 연결성을 파악하는 것은 아주 중요한 학습 요소입니다.

수학 개념에 결손이 있는 아이들, 수학 문제를 풀 때 실수가 잦은 아이들에게 도움이 되고 싶습니다. 최고의 방법은 예방입니다. 예방책은 기초를 튼튼히 쌓는 것입니다. 예습만으로는 전체 개념을 이해하기가 쉽지 않습니다. 수업 시간에 배운 내용을 반드시 복습하는 습관이 중요합니다.

개념 연결로 수학에 대한 내적 동기가 생겨납니다

교사 등 성인의 도움을 최소한으로 줄이고, 수학 교과서로 학교에서 나간 진도를 자기주도적으로 차근차근 소화해나가는 복습을 그날 밤을 넘기지 않는 습관으로 들이다 보면 분명히 개념이 이해되면서 각 개념이 연결되는 순간이 옵니다. 자기 것으로 남겨야 기초가 쌓이고, 기초가 쌓이는 그 순간부터 수학에 대한 내적 동기가 살아납니다. 개념 연결로부터 수학에 대한 내적 동기가 발생해 결국 수학을 좋아하게 되지요. 이쯤 되면 수학 공부를 말리기 위해 즐거운 비명을 지르는 상상을 해봅니다

휴대성과 편의성을 더했습니다

지난 2015년 8월 기존에 없었던 희한한 사전이 나왔습니다. 초등학생이 가장 궁금해하는 질문과 개념에 자세한 해설을 곁들인『개념연결 초등수학사전』입니다. 이 책은 출간되자마자 학부모님의 열화와 같은 성원과 호응에 힘입어 이 분야 최고의 베스트셀러가 되었습니다.
하지만『개념연결 초등수학사전』은 초등수학 전체를 아우르다 보니 두껍고 무거워서 아무래도 부담스럽다는 독자들의 요구가 있었습니다. 이에 따라 1~6학년 수학사전과 별개로 1·2학년, 3·4학년, 5·6학년 세 권으로 나누게 되었습니다. 분권 초등수학사전은 친환경용지를 사용해 얇고 가벼워졌습니다. 갖고 다니기 편해서 언제 어디서든 필요할 때 바로 펼쳐

볼 수 있고, 해당 학년 내용을 집중적으로 참고할 수 있도록 했습니다. 또한 부록으로 3·4학년 학부모님들이 빈번하게 질문하는 수학학습에 관한 질문과 답변, 그리고 교육과정을 알기 쉽게 분석한 글을 실었습니다

3·4학년 학부모에게

초등학교 3·4학년에서 배우는 수학의 핵심은 나눗셈과 분수입니다. 나눗셈은 1·2학년에서 배운 덧셈, 뺄셈과 곱셈의 통합 개념이며, 이후 분수로 연결됩니다. 나눗셈과 분수를 정확하게 이해해야만 이후 5·6학년에 나오는 비와 비율을 이해할 수 있고, 비와 비율은 또한 중·고등학교 수학에 다루는 많은 개념의 기초가 됩니다.

이 시기에는 1·2학년에 비해 수학 개념과 내용이 확장됩니다. 개념적인 학습 방법을 습관화할 수 있는 절호의 기회를 만들어주세요. 그래야 5·6학년을 거쳐 중학교에 올라가 본격적으로 수학을 공부할 수 있는 힘이 생깁니다

2018년 6월
초등수학사전팀을 대표하여
최수일 씀

차례

- 책머리에 • 4
- 도전! 수학사전으로 개념을 연결하자! • 12
- 개념연결 초등수학사전 사용설명서 • 14

3학년 수학사전

수와 연산

덧셈과 뺄셈	받아내림을 2번이나 하면 헷갈려요. • 24
나눗셈	'8 − 2 − 2 − 2 − 2 = 0'이 어떻게 '8 ÷ 2 = 4'예요? • 28
나눗셈	나눗셈 상황을 그림으로 표현하지 못하겠어요. • 32
나눗셈	더 이상 나눌 수가 없어요! • 36
분수와 소수	2개 중 하나(1)이면 $\frac{1}{2}$인 거죠? • 40
분수와 소수	$\frac{1}{3}$과 $\frac{1}{4}$중에서 분모가 더 큰 $\frac{1}{4}$이 더 큰 수 아니에요? • 44
분수와 소수	소수는 어떤 수예요? • 48
분수	6의 $\frac{1}{3}$은 얼마예요? • 52
분수	가분수가 가짜 분수이면, 분수가 아니라는 말인가요? • 56

도형과 측정

평면도형	곧게 그으면 모두 직선 아닌가요? • 60
평면도형	각 ㄱㄴㄷ, 각 ㄷㄴㄱ, 각 ㄴㄱㄷ이 다 같은 거죠? • 64
평면도형	기울어진 도형에서는 직각을 찾지 못하겠어요. • 68
평면도형	직각이 있는 사각형은 모두 직사각형이죠? • 72

원	삼각형, 사각형은 자를 대고 그리는데, 원은 어떻게 그려요?	• 76
원	원에는 지름이 1개 아닌가요?	• 80
길이와 시간	키는 140인데 신발은 210이라는 게 말이 되나요?	• 84
길이와 시간	km와 mm는 어떤 관계인지 궁금해요.	• 88
길이와 시간	2km 200m − 1km 800m를 어떻게 계산하나요?	• 92
들이와 무게	1000g이 1kg보다 더 무거운 것 아닌가요?	• 96
들이와 무게	들이가 정확히 무엇인가요?	• 100
들이와 무게	3L 600mL + 5L 700mL는 어떻게 계산해요?	• 104

자료와 가능성

자료의 정리	그림그래프에는 꼭 그림을 그려 넣어야 해요?	• 108

4학년 수학사전

수와 연산

큰 수	24는 이십사, 204는 이십사… 어, 뭐가 잘못된 거예요?	• 118
큰 수	83268010236031167은 어떻게 읽어요?	• 122
큰 수	1,000이나 10,000에는 쉼표가 찍혀 있어요. 꼭 찍어야 하나요?	• 126
큰 수	숫자가 크면 큰 수 아닌가요?	• 130
곱셈과 나눗셈	400 × 500을 계산하려면 4와 5를 곱하고 0을 4개 붙이면 되죠?	• 134
곱셈과 나눗셈	수가 커지니까 곱셈을 하다가 자꾸 헷갈려요.	• 138
곱셈과 나눗셈	나눗셈인데 왜 뺄셈을 해요?	• 142
분수의 덧셈과 뺄셈	분수의 덧셈에서 왜 분자만 더하고 분모는 더하지 않아요?	• 146
분수의 덧셈과 뺄셈	대분수를 가분수로 고치지 않고 대분수끼리 그대로 더할 수는 없나요?	• 150
분수의 덧셈과 뺄셈	문제를 2가지 방법으로 풀라고 할 때가 있어요. 답을 구할 수 있는데 왜 꼭 2가지 방법으로 풀어야 해요?	• 154
소수의 덧셈과 뺄셈	소수의 덧셈에서 소수점을 어디에 찍는지 잘 모르겠어요.	• 158

| 소수의 덧셈과 뺄셈 | 1.5 - 0.7을 계산하는데 0.1의 개수는 왜 구해요? • 162 |
| 소수의 덧셈과 뺄셈 | 소수의 세로셈도 자연수의 세로셈처럼 끝자리를 맞추면 되죠? • 166 |

변화와 관계

| 규칙 찾기 | 문제에서 다음에 올 그림을 그릴 수는 있는데 수로 나타내는 건 어려워요. • 170 |

도형과 측정

각도	각도기로 잴 때마다 각이 달라요. • 174
각도	내가 잰 각도는 45°인데 알고보니 135°라고요? • 178
각도	각도의 덧셈과 뺄셈은 어떻게 해요? • 182
각도	예각, 직각, 둔각을 모르겠어요 • 186
각도	두 각이 예각인데 왜 둔각삼각형이라고 해요? • 190
평면도형의 이동	도형을 뒤집으라는데, 뒤집으니까 아무것도 없어요. • 194
삼각형	이등변삼각형은 두 변의 길이가 같은 삼각형인데, 어떻게 두 각의 크기도 같아요? • 198
사각형	직각, 수직, 수선이 뭐가 달라요? • 202
사각형	같은 평행선에서 평행선 사이의 거리를 쟀는데 잴 때마다 다른 값이 나와요. • 206
사각형	평행사변형이 어떻게 사다리꼴이에요? • 210
사각형	정사각형이 마름모예요? • 214
다각형	정다각형을 쓰면 평면을 빈틈없이 덮을 수 있을 것 같아요. • 218

자료와 가능성

막대그래프	표로 나타내도 충분한데 막대그래프를 왜 그려요? • 222
막대그래프	막대그래프의 가로와 세로에는 무엇을 어떻게 나타내요? • 226
꺾은선그래프	꺾은선그래프를 보고 미래를 예측할 수 있어요? • 230
꺾은선그래프	특별히 꺾은선그래프로 나타내야 하는 내용이 있어요? • 234
꺾은선그래프	≈(물결선)은 왜 있어요? • 238

- 교육과정 완전 정복 3·4학년군 수학(초등학교 중학년) • 242
- 이것이 궁금하다! 3·4학년 질문과 답변 • 246

도전!
수학사전으로 개념을 연결하자!

초등수학사전 사용설명서

내비게이션
새로 바뀐 교과서의 단원 요소를 명시했습니다. 복습이 필요할 때 이 부분을 보고 찾을 수 있습니다.

학년과 영역
해당 학년과 교육과정의 영역명을 명시하였습니다. 학습할 때 관련 영역을 쉽게 찾을 수 있습니다.

주제어
학습 내용입니다. 학습 내용은 곧 학습 주제가 됩니다. 개념의 흐름과 연결 관계를 파악할 때 좋은 지침이 될 수 있습니다.

대표 질문
학년별, 영역별로 초등학생들이 수학에서 가장 어려워하는 질문 134개를 모았습니다. 아이들은 수학 공부를 하면서 질문을 하게 됩니다. 아이들의 공부 방식이란 대부분 문제를 푸는 것으로 이루어지기 때문에 문제를 푸는 상황에서 바로 나올 수 있는 구체적인 질문으로 만들어보았습니다. 따라서 질문에 나오는 수치에는 차이가 있을 수 있지만 질문의 내용은 마찬가지일 것입니다.

아이는 왜?
아이들의 모든 질문에는 이유가 있습니다. 이유는 명시적이고 표면적이기도 하지만 잘 드러나지 않는 내면의 문제이기도 합니다. 따라서 아이의 질문에 대해 부모님은 그 이면을 읽어보아야 합니다. 질문한 이유까지 생각해보아야 아이가 질문을 해결하도록 도울 수 있습니다. 하지만 이는 쉽지 않은 부분입니다.
'아이는 왜?'는 아이가 왜 이런 질문을 하는지에 대해 부모님의 이해를 돕기 위해 만든 코너입니다. 단순한 계산 실수로 인한 질문이라면 간단히 해결되겠지만 모르는 개념의 뿌리가 깊으면 해결 방안 역시 근본적이어야 할 것입니다.

30초 해결사
'30초 해결사'는 대표 질문에 대한 답입니다. 이 부분을 먼저 읽고 '그것이 알고 싶다'를 보면 아이가 해당 개념을 이해하도록 천천히 지도하는 데 도움이 됩니다. 이 책을 아이가 보는 경우, 이 부분의 내용만으로도 궁금한 점이 해결된다면 질문의 해결 방안이 자세히 담겨 있는 '그것이 알고 싶다'를 건너뛰어도 괜찮습니다.

사전은 처음부터 쭉 공부하거나 문제를 푸는 책이 아닙니다. 아이가 어려워하는 내용이 있으면 손쉽게 찾아 적절한 처방을 내릴 수 있는 책입니다. 수학사전을 유용하게 활용하기 위해서 사용설명서를 꼭 읽어보시기 바랍니다.

분수

3학년 수와 연산

진분수, 가분수, 대분수의 의미

가분수가 가짜 분수이면, 분수가 아니라는 말인가요?

아이는 왜?

보통 용어의 의미를 이해하면 개념을 이해하는 데 도움이 되지만 오히려 용어 때문에 혼란을 겪는 경우도 있습니다. 가분수가 그런 경우입니다. 가분수를 가짜 분수라고 설명하는데, 분수에 가짜 분수라는 것은 없습니다.

30초 해결사

분수를 분류하는 기준

- 진분수 : 1보다 작은 분수 예) $\frac{1}{3}, \frac{3}{5}$
- 가분수 : 1과 같거나 1보다 큰 분수 예) $\frac{3}{3}, \frac{7}{5}, \frac{10}{8}$
- 대분수 : 자연수와 진분수로 이루어진 분수 예) $1\frac{1}{3}, 4\frac{2}{5}$

그것이 알고 싶다

　진분수, 가분수, 대분수와 같은 수학 용어의 의미를 제대로 모르고 사용하는 경우가 대부분입니다. 수학 용어를 어느 정도 이해하고 있으면 수학을 공부하는 데 많은 도움이 됩니다. 수학 용어에 대한 정확한 개념을 알고자 한다면 수학 사전을 권장합니다. 또 인터넷 검색을 통해서도 수학 용어의 뜻을 찾아볼 수 있습니다.
　분수는 초등학교 3학년 1학기 때 처음 배웁니다. 하나(1)를 똑같이 몇으로 나눈 것 중에 몇을 나타내는 수가 분수입니다.

분수(分數) : 分(나눌 분) 數(셈 수)

　진분수, 가분수, 대분수는 분수의 형식(모양)을 구분하는 용어입니다. 아이들과 진분수, 가분수, 대분수가 어떤 모양이고, 거기에 왜 그런 이름이 붙었는지 함께 이야기해 보면 분수를 좀 더 재미있게 공부하는 데 도움이 될 것입니다.

- 진분수(眞分數) : $\frac{1}{3}$, $\frac{2}{3}$와 같이 분자가 분모보다 작아 1보다 작은 분수. 전체에 대한 부분을 나타내는 분수를 말한다.

- 가분수(假分數) : $\frac{3}{3}$, $\frac{4}{3}$, $\frac{5}{3}$와 같이 분자가 분모보다 크거나 같은 분수. 분수의 원래 의미와는 상반되기 때문에 가분수라는 이름이 붙었다.

- 대분수(帶分數) : $1\frac{1}{3}$, $4\frac{2}{5}$처럼 자연수와 분수를 함께 나타낸 분수. 대분수라는 이름은 분수가 자연수를 허리에 차고 있는 모양(帶 : 띠 대)을 나타낸 것이다.

그것이 알고 싶다

기초가 부족한 아이에게 처음부터 차근차근 알려 주기 위한 자세한 설명입니다. 아이와 이 부분을 같이 읽는 것만으로도 충분할 만큼 해당 내용을 자세히 설명해두었습니다.
'30초 해결사'로 이해가 부족했다면 이 코너를 천천히 읽으면서 해당 개념을 이해해 나갑니다. 아이가 이 부분을 스스로 읽으면서 자신의 속도에 맞게 이해하도록 유도하면 좋습니다.

한 발짝 더!

　분수에는 크게 3가지 의미가 있습니다.
　첫째, 3학년에서 배운 바와 같이 전체를 똑같이 나눈 것 중 일부를 나타냅니다. 보통 우리가 알고 있는 분수의 의미입니다. 예를 들어, $\frac{3}{4}$이라고 하면 전체를 넷(4)으로 똑같이 나누는 것 중 셋(3)을 의미합니다.
　둘째, 6학년에서 배우는 분수에는 비교하는 개념도 있습니다. 아들의 나이가 아버지 나이의 $\frac{1}{3}$이라고 하면, 아버지의 나이는 아들 나이의 3배입니다. 아들이 13세라면 아버지는 39세입니다. 이것을 비로 나타내면 1 : 3 = 13 : 39이고, 1 : 3의 비율은 $\frac{1}{3}$과 같습니다.
　셋째, 몫이라는 개념도 있습니다. 3 ÷ 5 = $\frac{3}{5}$입니다. 사과 3개를 5명이 나누어 먹을 때 한 사람이 먹을 수 있는 양(몫)은 사과 1개의 $\frac{3}{5}$입니다. 이와 같은 개념은 6학년에서 배웁니다.
　분수를 제대로 이해하려면 단위분수를 알아야 합니다. 단위분수는 분수를 세는 기준입니다. 즉, $\frac{2}{3}$는 $\frac{1}{3}$이 2개이고, $\frac{4}{5}$는 $\frac{1}{5}$이 4개라고 말할 수 있습니다.
　그렇다면 $\frac{1}{3}$이 1개, 2개, 3개, 4개, 5개, …인 경우도 생각해 볼 수 있습니다.
　$\frac{1}{3}$이 1개 → $\frac{1}{3}$, $\frac{1}{3}$이 2개 → $\frac{2}{3}$, $\frac{1}{3}$이 3개 → $\frac{3}{3}$, $\frac{1}{3}$이 4개 → $\frac{4}{3}$, $\frac{1}{3}$이 5개 → $\frac{5}{3}$, …
　피자 조각이나 분수 모형을 사용하여 단위분수의 개수를 구해 보는 활동을 해 봅니다.

> **단위분수**
> $\frac{1}{2}$, $\frac{1}{3}$, $\frac{1}{4}$…과 같이 분자가 1인 분수로서 분수를 세는 기준이 되는 분수가 단위분수다.

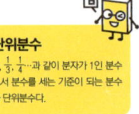

피자 $\frac{3}{8}$조각

한 발짝 더!

질문에 대한 해결은 '그것이 알고 싶다'로 충분합니다. 하지만 심화된 내용을 더 공부할 수 있다면 개념을 확실히 하는 데 도움이 될 것입니다.
모든 공부는 필요할 때, 다른 개념과 연결할 수 있을 때 하는 것이 효과적입니다. '그것이 알고 싶다'를 보기 전이라면 다소 심화된 개념이라 느껴지겠지만, '그것이 알고 싶다'를 이해한 후라면 보다 심화된 내용을 통해 큰 성취를 이룰 수 있습니다. 그래서 다소 어려운 내용이지만 관련성을 고려하여 이곳에서 소개하였습니다.
아이마다 수준이 다를 수 있으니 스트레스가 되지 않는 범위에서 활용할 것을 권합니다. 아이가 부담을 느낀다면 건너뛰어도 됩니다.

덤

본문 내용이나 설명 중에 보충 설명을 필요로 하는 전문용어나 수학 개념을 설명하고, 아이들이나 부모님이 알면 도움이 될 만한 수학적인 사고를 여기에서 설명하였습니다. 읽지 않고 건너뛰어도 됩니다.

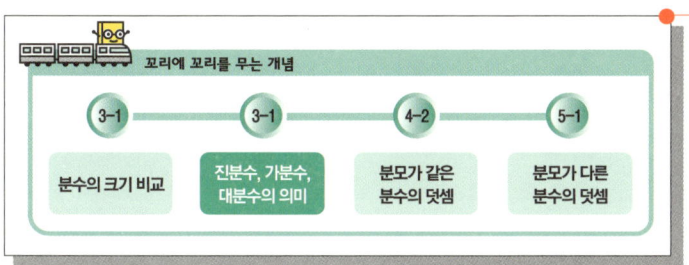

꼬리에 꼬리를 무는 개념

수학 개념은 전 학년에 걸쳐 모두 연결되어 있습니다. 그래서 새로운 개념을 배울 때 이전에 배운 관련 개념에서 출발하면 복습 효과를 누리면서 새로운 개념에 대한 친근감을 키울 수 있습니다. 그리고 중·고등학교 수학과의 연결 관계를 보여줌으로써 예습의 효과도 노렸습니다. 중·고등학교에 갔을 때는 반대로 초등학교 개념을 기억하며 복습하면 수학에 대한 어려움을 많이 줄일 수 있을 것입니다.

무엇이든 물어보세요

대표 질문과 관련되어 인터넷에 올라온 많은 질문 중에서 도움이 될 만한 질문 2~3개를 골라 답변을 달아보았습니다. 동시에 다소 어려운 내용의 질문도 실었습니다. 질문이 어려우면 답변 또한 어려울 것입니다. 아이들이 직접 읽으면서 궁금증을 해결할 것을 추천합니다. 아이들이 이 부분을 읽는다면 문제를 푸는 효과도 노릴 수 있습니다.

3학년에 나오는 수학 용어와 기호

수와 연산
★ **분수** 분수 • 분모 • 분자 • 단위분수 • 진분수 • 가분수 • 대분수 • 자연수
★ **소수** 소수 • 소수점(.)
★ **나눗셈** 나눗셈 • 몫 • 나머지 • 나누어떨어진다 • 나눗셈기호(÷)

도형과 측정
★ **평면도형** 선분 • 반직선 • 직선 • 각 • (각의)꼭짓점 • (각의)변, 직각
★ **삼각형** 직각삼각형
★ **사각형** 직사각형 • 정사각형
★ **원** 원의 중심 • 반지름 • 지름
★ **시간** 시 • 분 • 초
★ **길이** mm • cm • m • km
★ **들이** L • mL
★ **무게** g • kg • t

자료와 가능성
★ **자료의 정리** 자료 • 분류 • 그림그래프 • 가로 눈금 • 세로 눈금

3학년 수학사전

3학년은 연산의 기초가 다져지는 중요한 시기입니다. 또한 3학년 수학에서는 2학년에 비해 개념과 내용이 확장되기 때문에 아이들이 어려워할 수 있습니다. 하지만 3학년 수학이라고 해서 특별히 어려울 것은 없습니다. 1·2학년 때에 비하면 우리 아이들도 무럭무럭 자랐습니다. 수학을 개념적으로 이해하려 노력하고 이해되지 않는 부분을 꼼꼼히 챙겨 학습하는 습관을 기른다면 큰 어려움 없이 수학 공부를 잘 할 수 있게 될 것입니다.

3학년의 자기 주도 학습 5계명

❶ 알고 있는 것을 말로 설명해 보는 경험이 중요합니다.
  엄마, 아빠, 친구에게 알고 있는 내용을 설명해 봅니다.
❷ 덧셈이나 뺄셈은 여러 가지 방법으로 확실하게 풀 수 있어야 합니다.
❸ '(세 자리 수)×(한 자리 수)', '(두 자리 수)×(몇십)'의 곱셈 역시 자신 있게 풀 수 있도록
  많은 시간 연습해 봅니다.
❹ 시간, 길이, 들이, 무게의 단위를 실제 생활에 사용해 보면 실제로 얼마나 되는지 알 수 있습니다.
  또한 이들 단위를 원하는 단위로 바꿀 수 있도록 반복하여 학습합니다.
❺ 점판이나 종이에 도형을 많이 그려 봅니다. 특히 각, 원은 크기를 다르게 하여 많이 그려 봅니다.

3학년은 무엇을 배우나요?

3학년 1학기		
영역명	주제	공부할 내용
수와 연산	• 세 자리 수의 덧셈과 뺄셈의 이해하기 • 세 자리 수의 덧셈과 뺄셈의 계산하기 • 자연수의 나눗셈 이해하기 • 곱셈과 나눗셈의 관계 알기 • 나눗셈의 몫 구하기 • 자연수의 곱셈하기 • 곱셈의 계산 원리와 계산 형식 이해하기	1. 세 자리 수의 덧셈과 뺄셈의 계산 결과를 어림하고 그 값을 확인한다. 2. 여러 가지 방법으로 세 자리 수의 덧셈과 뺄셈을 한다. 3. 받아올림이 없는 세 자리 수의 덧셈의 계산 원리를 이해하고 그 계산을 한다. 4. 받아올림이 한 번, 두 번, 세 번 있는 세 자리 수의 덧셈의 계산 원리를 이해하고 그 계산을 한다. 5. 받아내림이 없는 세 자리 수의 뺄셈의 계산 원리를 이해하고 그 계산을 한다. 6. 받아내림이 한 번, 두 번 있는 세 자리 수의 뺄셈의 계산 원리를 이해하고 그 계산을 한다. 7. 똑같이 나누는 활동을 통해 나눗셈을 이해하고 나눗셈식으로 나타낸다. 8. 묶어 세는 활동을 통해 나눗셈을 이해하고 나눗셈식으로 나타낸다. 9. 곱셈과 나눗셈의 관계를 안다. 10. 나눗셈의 몫을 곱셈식으로 구한다. 11. 나눗셈의 몫을 곱셈구구로 구한다. 12. (몇십)×(몇)의 계산 원리와 계산 형식을 이해하고 계산한다. 13. 올림이 없는 (두 자리 수)×(한 자리 수)의 계산 원리와 계산 형식을 이해하고 계산한다. 14. 십의 자리에서 올림이 있는 (두 자리 수)×(한 자리 수)의 계산 원리와 계산 형식을 이해하고 계산한다. 15. 일의 자리에서 올림이 있는 (두 자리 수)×(한 자리 수)의 계산 원리와 계산 형식을 이해하고 계산한다. 16. 십의 자리와 일의 자리 모두에서 올림이 있는 (두 자리 수)×(한 자리 수)의 계산 원리와 계산 형식을 이해하고 계산한다. 17. (두 자리 수)×(한 자리 수)의 결과를 어림한다. 18. (두 자리 수)×(한 자리 수)를 활용하여 실생활 문제를 해결한다.

초등학교 수학은 수와 연산, 변화와 관계, 도형과 측정, 자료와 가능성의 네 가지 영역으로 구성되어 있습니다. 그중 3학년에서 다루고 있는 내용을 영역별로 살펴보면 표와 같습니다.
표에서 제시한 주제에 따른 공부할 내용은 학생들이 수업을 통해 배우고 익히는 내용입니다.

3학년 1학기		
영역명	주제	공부할 내용
수와 연산	• 분수 이해하기 • 분수의 크기 비교하기 • 소수 이해하기 • 소수의 크기 비교하기	19. 전체와 부분의 관계를 분수로 나타낸다. 20. 분수를 쓰고 읽는다. 21. 분모가 같은 진분수의 크기를 비교한다. 22. 단위분수의 크기를 비교한다. 23. 한 자리의 소수를 이해한다. 24. 자연수와 소수로 이루어진 수를 이해한다. 25. 소수를 쓰고 읽는다. 26. 소수의 크기를 비교한다.
도형과 측정	• 도형의 기초 이해하기 • 각의 의미 이해하기 • 여러 가지 삼각형 이해하기 • 여러 가지 사각형 이해하기 • 길이(mm, km) 이해하기 • 시간 단위 이해하기 • 시각 읽기 • 시간의 덧셈과 뺄셈	1. 선분, 직선, 반직선을 알고 구별한다. 2. 각의 의미를 알고 생활 주변에서 각을 찾아본다. 3. 직각을 이해하고 생활 주변에서 직각을 찾아본다. 4. 여러 가지 모양의 삼각형에 대한 분류 활동을 통하여 직각삼각형을 이해한다. 5. 여러 가지 모양의 사각형에 대한 분류 활동을 통하여 직사각형과 정사각형을 이해한다. 6. 1mm 단위를 이해하고 1cm=10mm의 관계를 통해 길이를 단명수와 복명수로 표현한다. 7. 1km 단위를 이해하고 1km=1000m의 관계를 통해 길이를 단명수와 복명수로 표현한다. 8. 길이와 거리를 어림하고 잰다. 9. 1분은 60초임을 이해하고 초 단위까지 시각을 읽는다. 10. 시, 분, 초 단위의 시간의 덧셈과 뺄셈을 한다.

3학년 2학기		
영역명	주제	공부할 내용
수와 연산	• 자연수 곱셈하기 • 곱셈의 계산 원리와 계산 형식 이해하기 • 자연수 나눗셈하기 • 몫과 나머지 구하기 • 분수 이해하기 • 진분수, 가분수, 대분수의 의미 이해하기 • 분수의 크기 비교하기	1. (세 자리 수)×(한 자리 수)의 계산 원리를 이해하고 그 계산을 한다. 2. 올림이 한 번 있는 (두 자리 수)×(두 자리 수)의 계산 원리를 이해하고 그 계산을 한다. 3. 올림이 여러 번 있는 (두 자리 수)×(두 자리 수)의 계산 원리를 이해하고 그 계산을 한다. 4. (두 자리 수)×(두 자리 수)를 활용하여 실생활 문제를 해결한다. 5. 내림이 없는 (몇십)÷(몇)의 계산 원리를 이해하고 계산한다. 6. 내림이 있는 (몇십)÷(몇)의 계산 원리를 이해하고 계산한다. 7. 내림이 없는 (몇십몇)÷(몇)의 몫과 나머지를 구한다. 8. 내림이 있는 (몇십몇)÷(몇)의 몫과 나머지를 구한다. 9. 이산량에서 부분의 양을 전체의 양과 비교하여 분수로 나타낸다. 10. 분수를 수직선에 나타낸다. 11. 진분수, 가분수, 대분수의 의미를 알고 분수를 분류한다. 12. 대분수를 가분수로, 가분수를 대분수로 나타내고 그 관계를 이해한다. 13. 분모가 같은 여러 가지 분수의 크기를 비교한다. 14. 분수를 활용하여 실생활 문제를 해결한다.

3학년 2학기		
영역명	주제	공부할 내용
도형과 측정	• 원의 구성 요소 알기 • 원의 성질 이해하기 • 원 그리기 • 들이를 나타내는 표준 단위 알기 • 무게를 나타내는 표준 단위 알기 • 들이의 덧셈과 뺄셈하기 • 무게의 덧셈과 뺄셈하기	1. 원을 그리는 방법을 알아본다. 2. 원의 중심, 지름, 반지름을 알아본다. 3. 컴퍼스를 이용하여 원을 바르게 그린다. 4. 원의 지름과 반지름 사이의 관계를 안다. 5. 원을 이용하여 여러 가지 모양을 그린다. 6. 원을 이용한 모양을 보고 어떤 규칙이 있는지 찾고 말한다. 7. 1L와 1mL 단위를 알고 1L=1000mL의 관계를 통해 들이를 측정하고 어림한다. 8. 1kg, 1g, 1t 단위를 알고 1kg=1000g, 1t=1000kg의 관계를 통해 무게를 측정하고 어림한다. 9. 들이를 단명수와 복명수로 표현한다. 10. 무게를 단명수와 복명수로 표현한다. 11. 들이의 덧셈과 뺄셈을 이해하고 계산한다. 12. 길이의 덧셈과 뺄셈을 이해하고 계산한다.
자료와 가능성	• 자료를 정리하고 표로 나타내기 • 간단한 그림그래프로 나타내기	1. 자료를 정리하고 표로 나타낸다. 2. 그림그래프의 특성을 알고, 그림그래프를 그린다. 3. 실생활 자료를 수집, 분류, 정리하여 간단한 그림그래프로 나타낸다. 4. 그림그래프를 보고 여러 가지 사실을 찾아낸다.

덧셈과 뺄셈 | 받아내림이 2번 있는 세 자리 수의 뺄셈

3학년 수와 연산

받아내림을 2번이나 하면 헷갈려요.

 **아이는 왜?**

아이들은 받아내림이 1번 있는 뺄셈을 학습한 후 받아내림이 2번 있는 뺄셈을 공부하게 됩니다. 지금까지 수의 구성에 대한 개념을 충분히 갖추지 못하고 100이라는 수가 10씩 10묶음이라는 것만 학습해 왔다면 여기서 실수를 하게 됩니다. 그래서 교과서에는 100을 다양한 방법으로 약속하는 활동이 포함되어 있습니다.

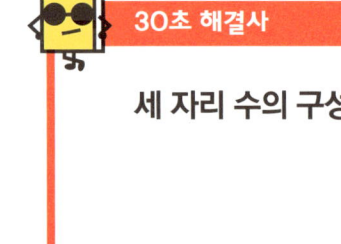 **30초 해결사**

세 자리 수의 구성

300 ─ 100이 3개
    ├ 100이 2개, 10이 10개
    └ 100이 2개, 10이 9개, 1이 10개

 **그것이 알고 싶다**

100은 어떤 수일까요? 교과서에서는 99보다 1 큰 수로 100을 약속하고 있습니다. 또 100을 어떤 방법으로 약속할 수 있을까요?

① 99보다 1 큰 수 ② 90보다 10 큰 수 ③ 10씩 10묶음
④ 50이 2번인 수 ⑤ 1이 100개인 수

이렇게 다양한 방법으로 100을 학습한 아이는 백의 자리에서 받아내림할 경우, 90과 10으로 받아내림하는 것을 어렵지 않게 생각해 낼 수 있습니다. 하지만 받아내림을 큰 자리 수에서 10을 받아내림하는 것으로만 알고 있는 아이들은 이러한 내용을 이해하지 못합니다.

수의 구성을 학습할 수 있는 대안이 되는 도구는 수 모형입니다. 수 모형으로 학습하면 수의 구성을 이해할 수 있습니다. 다음은 수 모형을 활용하는 방법입니다.

① 수 모형(백 모형, 십 모형, 일 모형) 중 원하는 모형 8개로 수를 나타낸다.	② 친구와 함께 서로 자신이 만든 수를 말하고, 어떤 모형이 몇 개씩인지 맞혀 본다.
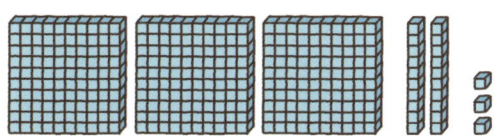	
③ 이번에는 수 모형 중 원하는 모형 15개로 수를 나타낸다.	④ 친구와 함께 서로 자신이 만든 수를 말하고, 어떤 모형이 몇 개씩인지 맞혀 본다.
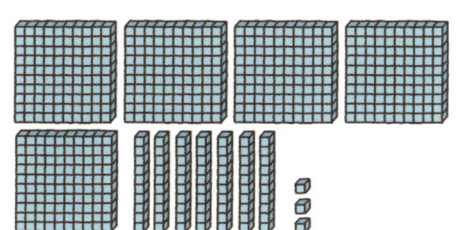	

한 발짝 더!

받아내림이 2번 있는 세 자리 수의 뺄셈에서 아이들이 가장 어려워하는 것은 (몇백) − (몇백 몇십 몇), 즉 300 − 128과 같은 유형의 문제입니다. 이때 300이 백 모형 2개와 십 모형 9개, 일 모형 10개로 이루어져 있다는 것을 알면 어렵지 않게 해결할 수 있습니다.

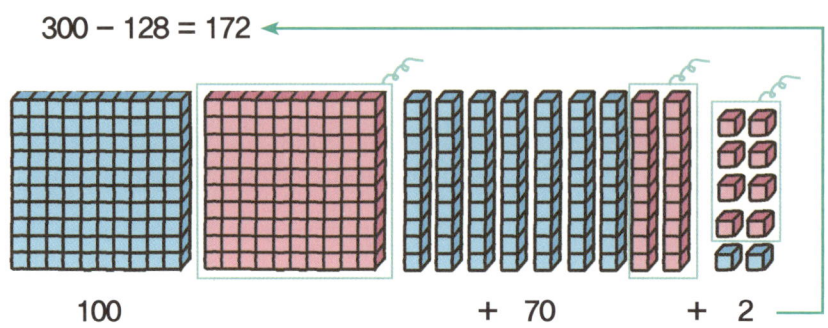

나아가 수 모형 25개로 655를 만들어 봅니다.

655는 백 모형 5개, 십 모형 15개, 일 모형 5개로 만들 수 있고, 백 모형 6개, 십 모형 4개 일 모형 15개로도 만들 수 있습니다. 수를 다양한 방법으로 구성해 보는 활동은 아이들의 다양한 사고를 촉진하고 창의적 사고에 도움이 됩니다.

또 수 모형의 개수를 달리 하여 어떤 수를 만들어 보면 받아내림을 이해하는 데 도움이 됩니다.

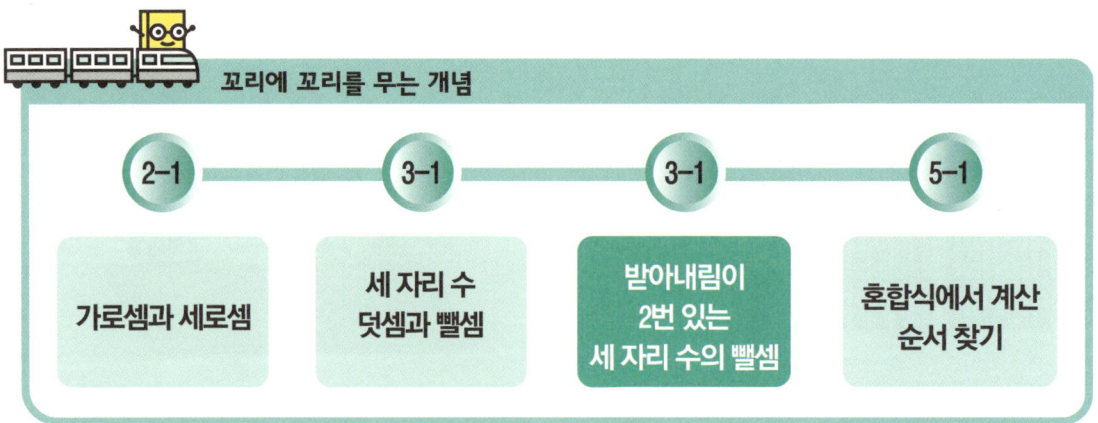

무엇이든 물어보세요

 받아내림이 2번 있는 뺄셈은 언제 사용하나요?

주로 돈 계산에 많이 이용됩니다. 1,000원으로 740원짜리 과자를 샀다면 거스름돈을 계산할 때 받아내림을 2번 사용하게 됩니다. 거스름돈을 제대로 받으려면 받아내림 계산을 잘 해야겠지요?

 받아내림이 2번 있는 뺄셈에서 실수를 줄이려면 어떻게 해야 할까요?

실수를 많이 하는 아이들의 특징 중 하나는 연산 과정을 제대로 이해하지 않고 알고리즘만 외워서 계산한다는 것입니다. 구체물이나 수 모형을 이용하여 연산의 개념을 이해하면 실수를 줄일 수 있습니다.

 계산기를 사용하면 되지 않나요?

계산기는 계산 원리를 충분히 익히고 난 후 사용해야 합니다. 이 과정 없이 계산기를 성급하게 사용하면 아이들의 계산 능력이 저하될 수 있습니다. 저학년 때는 연산의 원리를 이해하는 것이 학습 목표이므로 계산기의 도움 없이 원리를 생각하며 계산 값을 구할 수 있도록 지도합니다.

| 나눗셈 | **나눗셈은 뺄셈** |

> '8 - 2 - 2 - 2 - 2 = 0'이 어떻게
> '8 ÷ 2 = 4'예요?

 **아이는 왜?**

2학년에서 덧셈을 기초로 곱셈을 공부하였다면, 3학년에서는 뺄셈을 기초로 나눗셈을 공부하게 됩니다. 그런데 많은 아이들이 구구단을 통한 곱셈은 쉽게 해결하면서 나눗셈은 어려운 것으로 생각합니다. 나눗셈의 기본 원리인 동수누감(同數累減, 같은 수를 여러 번 뺌)에 대한 이해 없이 계산 방법만 익히기 때문입니다. 뺄셈 개념을 이용한 나눗셈을 제대로 이해하지 못하는 것이지요.

 30초 해결사

나눗셈은 뺄셈이다.

15 ÷ 5 = 3

15(나누어지는 수)에서 5(나누는 수)를 3(몫)번 뺄 수 있다.

➡ 15 - 5 - 5 - 5 = 0

 **그것이 알고 싶다**

동수누감은 같은 수를 여러 번 빼는 것입니다. 아래와 같은 상황을 말합니다.

즉, 귤 8개를 2개씩 봉지에 나누어 담으면 4개의 봉지에 담을 수 있습니다.

이를 식으로 나타내면 $8 - 2 - 2 - 2 - 2 = 0$입니다.

이번에는 같은 상황에서 귤 8개를 한 친구에게 2개씩 주려고 합니다. 몇 명의 친구에게 줄 수 있을까요? 4명이지요.

식으로 나타내면 아래와 같습니다.

$$8 \div 2 = 4$$

이는 8에서 2를 4번 뺄 수 있다는 의미입니다. 뺄셈식 $8 - 2 - 2 - 2 - 2 = 0$과 같은 의미를 지닌다는 사실을 알 수 있습니다. 따라서 아래와 같이 뺄셈을 나눗셈으로 나타낼 수 있는 것입니다.

$$8 - 2 - 2 - 2 - 2 = 0 \quad \rightarrow \quad 8 \div 2 = 4$$

한 발짝 더!

곱셈에서 '같은 수를 여러 번 더하는 상황'을 곱셈으로 나타냈습니다. 예를 들어, 4 + 4 + 4 = 12는 4 × 3 = 12로 나타냈습니다. 그리고 이번에는 12 - 4 - 4 - 4 = 0을 12 ÷ 4 = 3으로 나타내어 보았습니다. 아이들에게 곱셈과 나눗셈은 서로 밀접한 관계를 맺고 있다고 얘기하면, 곱셈식을 나눗셈식으로 만들고 나눗셈식을 곱셈식으로 만드는 정도의 관계만 생각하기 쉽습니다. 하지만 앞에서 이야기했듯이 상황을 통하여 식을 해석할 수 있어야 그 의미가 파악됩니다.

귤이 1봉지에 3개씩 들어 있습니다. 5봉지에 들어 있는 귤은 모두 몇 개입니까?

이러한 문제에서 아이들은 3 × 5 = 15라는 식을 세워 문제를 해결합니다. 그럼 이 식을 나눗셈식으로 나타내면 어떻게 될까요?

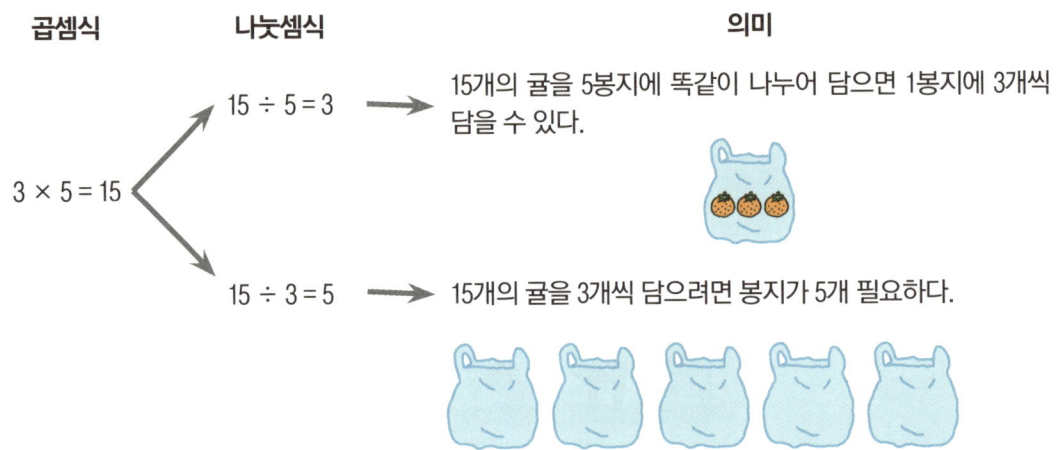

꼬리에 꼬리를 무는 개념

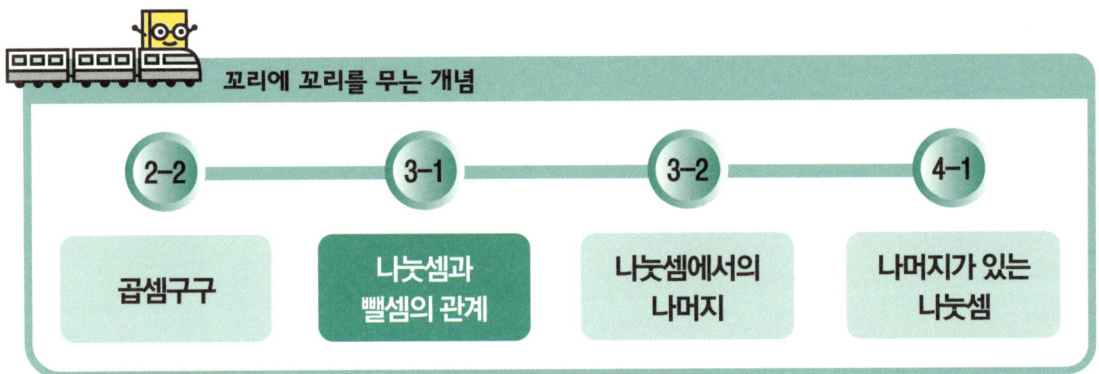

무엇이든 물어보세요

12 − 4 − 4 − 4 = 0, 즉 12 ÷ 4 = 3은 알겠는데 이 나눗셈식에서 3은 무엇을 의미하나요?

나눗셈식 12 ÷ 4 = 3은 12에서 4를 3번 뺄 수 있다는 의미입니다. 여기서 3을 몫이라고 하지요. 몫은 문제 상황에 따라 다른 의미를 가집니다. 예를 들어, 12개의 사과를 하루에 4개씩 먹으면 며칠을 먹을 수 있을까요? 3일이지요. 하지만 12개의 연필을 친구들에게 4개씩 선물로 준다면 몇 명의 친구에게 줄 수 있을까요? 3명의 친구에게 줄 수 있습니다. 이처럼 3이라는 몫은 상황에 따라 '3일'도 되고, '3명'도 됩니다.

14 − 3 − 3 − 3 − 3 = 2인 경우도 나눗셈식으로 나타낼 수 있나요?

나눗셈을 처음 배우는 3학년 학생이 이해하기에는 다소 어렵지만 14 − 3 − 3 − 3 − 3 = 2는 나머지가 있는 나눗셈식으로 나타낼 수 있습니다.
즉, 14에서 3을 4번 덜어내고, 나머지가 2인 경우이므로 14 ÷ 3 = 4 ⋯ 2와 같이 나타낼 수 있습니다. 나머지가 있는 나눗셈은 3학년 2학기 때 배웁니다.

| 나눗셈 | **나눗셈의 표현** |

나눗셈 상황을 그림으로 표현하지 못하겠어요.

 **아이는 왜?**

아이들은 나눗셈 상황을 나눗셈식으로 표현하는 방법을 배울 때 나눗셈을 왜 그림으로 표현해야 하는지, 의문을 가질 수 있습니다. 하지만 나눗셈식은 상황에 따라 의미가 다르기 때문에 그림으로 표현해 보면 나눗셈의 서로 다른 상황을 이해하는 데 도움이 됩니다.

 30초 해결사

나눗셈의 서로 다른 2가지 상황 예) 6 ÷ 2

- 똑같이 나누어 주는 상황(등분제)
  예) 쿠키 6개를 2봉지에 똑같이 나누어 담는다. → 3개씩 담는다.
- 똑같은 수로 묶어서 덜어 내는 상황(포함제)
  예) 쿠키 6개를 2개씩 나누어 봉지에 담는다. → 3봉지에 담는다.

 그것이 알고 싶다

아래 2가지 나눗셈 상황을 살펴보겠습니다.

$8 \div 2 = 4$ 라는 식은 하나인데 그 의미는 하나가 아님을 보여 줍니다. 왼쪽 상황에서는 1봉지에 담을 수 있는 귤의 개수가 몫이고, 오른쪽 상황에서는 봉지의 개수가 몫입니다. 이처럼 상황을 달리 하면, 그림이 달라질 수밖에 없습니다. 나눗셈식이 같아도 나눗셈 상황은 다르다는 것을 경험해야 나눗셈이 필요한 상황을 쉽게 이해할 수 있습니다.

그럼 각각의 경우를 그림으로 나타내어 차이를 알아보겠습니다.

귤 8개를 봉지 2개에 똑같이 나누려면, 봉지 1개에 몇 개씩 담아야 할까요?

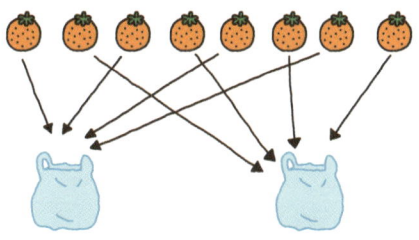

귤 8개를 봉지 1개에 2개씩 담으면 봉지가 몇 개 필요할까요?

교과서에서는 이를 '똑같이 나누어 주는 상황'과 '묶어서 덜어 내는 상황'으로 제시합니다.

한 발짝 더!

'똑같이 나누어 주는 상황'과 '묶어서 덜어 내는 상황'을 의도적으로 경험하게 하려면 식을 말로 표현해 보는 활동이 필요합니다. 아이들은 식을 세우고 계산 값을 구하는 순간, 문제가 해결되었다고 생각합니다. 그런데 식을 세운 이유와 과정 등을 물어보면 자신 있게 대답하지 못합니다. 이는 식의 의미를 이해하지 못했기 때문입니다. 8 ÷ 2 = 4를 말로 표현해 보면 이 하나의 식에 여러 가지 상황이 있다는 사실을 경험하게 됩니다.

그런데 '똑같이 나누어 주는 상황'을 '묶어서 덜어내는 상황'으로 이해할 수도 있습니다. 그러면 두 상황은 서로 같다고도 볼 수 있어서 둘을 꼭 엄격히 구분해야 하는 것은 아닙니다. 귤 8개를 봉지 2개에 '똑같이 나누어 담는 상황'에서 우선 귤을 1개씩 담으면 봉지 2개에 1개씩, 즉 2개를 덜어내게 되므로 2개씩 '묶어서 덜어내는 상황'과 같은 경우가 됩니다.

이렇게 1개씩 담는 일을 4번 하면 모두 나누어지므로 몫은 4가 됩니다.

나눗셈 상황은 나눗셈을 이해하기 쉽게 모델링한 것입니다. 포함제나 등분제와 같은 용어를 익히기보다 다양한 나눗셈 상황을 경험하고 이해하는 것이 중요합니다.

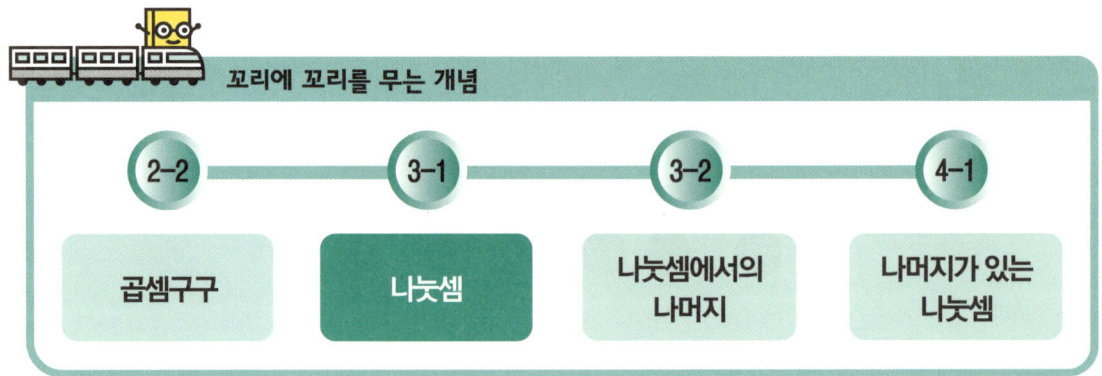

무엇이든 물어보세요

 그림을 다르게 그리면 문제를 잘못 푼 것인가요?

그림은 설명하는 방법 중 하나입니다. 문제를 푸는 방법이 여러 가지이듯 그림으로 나타내는 방법도 여러 가지입니다. 따라서 그림을 다르게 그렸다고 해서 문제를 잘못 푼 것은 아닙니다. 아래 두 그림을 설명할 수 있는지 알아보면 문제를 제대로 풀었는지 확인할 수 있을 것입니다.

$8 \div 4 = 2$ $8 \div 4 = 2$

 **나눗셈 상황을 일목요연하게 정리해 주세요.**

나눗셈 상황은 곱셈 상황과 별도일 수 없습니다. 예를 들어, 기윤이가 과자 □봉지를 가지고 있는데 각 봉지에 △개씩 들어 있으면 과자의 총 개수는 □ × △입니다. 봉지 수와 각 봉지에 든 과자 개수를 알고 총 개수를 구하는 상황이면 곱셈입니다.

반면 과자의 총 개수와 이를 담을 과자 봉지의 개수를 알고 각 봉지에 들어갈 과자 개수를 구하는 상황은 '똑같이 나누는 나눗셈'이고, 과자의 총 개수와 각 봉지에 들어갈 과자 개수를 알고 봉지의 개수를 구하는 상황은 '똑같은 수로 묶어서 덜어내는 나눗셈'입니다.

| 나눗셈 | 나눗셈에서의 나머지 |

더 이상 나눌 수가 없어요!

아이는 왜?

아이들은 3학년 1학기 때 처음 나눗셈을 학습합니다. 이때는 나누어떨어지는 경우만 학습하고, 2학기에는 나머지가 있는 나눗셈을 다룹니다. 나머지 기호와 나머지 개념을 이때 처음으로 학습하게 되므로 많은 주의가 필요합니다.

30초 해결사

나머지 : 나눗셈에서 나누어떨어지지 않는 양

$$17 \div 5 = 3 \cdots 2$$
몫   나머지

 **그것이 알고 싶다**

먼저 나머지가 왜 생기는지부터 생각해 봅니다. 15 ÷ 3 = 5라는 것을 알고 있는 아이들이 16 ÷ 3 = □와 같은 상황을 접하면 큰 부담을 갖게 됩니다. 이때 성급히 설명하려 들면 아이들은 수학을 싫어하게 될 수밖에 없습니다. 따라서 현재 가지고 있는 나눗셈 지식을 활용하면 효과적입니다. 아이들은 어떤 상황이 나눗셈 상황인지 이미 알고 있고, 나눗셈 상황을 그림으로 표현하면 어떻게 달라지는지 역시 알고 있으므로 그림을 그려 표현해 보면 나머지 개념을 쉽게 이해하는 데 도움이 됩니다.

남은 귤

귤 16개를 친구 3명에게 똑같이 나누어 주는 상황에서 남은 귤 1개가 무엇을 의미하는지 생각해 봅니다. 아이들에게 "이게 뭐지?" 하고 물으면 어렵지 않게 "남은 귤이요." 하고 말할 수 있습니다. 그럼 남은 것을 어떻게 할지 생각할 수 있도록 지도해야 하겠습니다. 아이들 스스로 "남은 것이니까 나머지라고 해요." 하고 수학적으로 의사소통할 수 있도록 도와주면 보다 효과적입니다. 그럼 이제 나머지를 나타내는 기호(…)를 가르쳐 주면 되겠습니다.

똑같이 나누는 상황이 아니라 묶어서 덜어 내는 상황에 대해서도 생각해 봅니다. 예를 들어, 연필 17자루를 3개씩 묶어 친구에게 선물하려 할 때, 과연 몇 명의 친구들에게 선물할 수 있을까요? 5명의 친구들에게 연필 3자루씩을 선물하면 2자루가 남습니다. 즉 나머지가 있는 나눗셈은 '똑같이 나누어 주는 상황'보다 '묶어서 덜어내는 상황'에 적합하다는 것을 경험적으로 인식할 수 있도록 도와주어야 하겠습니다.

한 발짝 더!

'나머지' 개념이 형성되었다면 연산 과정을 통해 이를 더욱 확고히 합니다. 그런데 다양한 나머지 상황을 학습하다 보면 이런 의문을 가질 수 있습니다.

예를 들어, 어떤 수를 5로 나누는 경우에 나머지가 5라면 1번 더 5로 나눌 수 있고, 나누어떨어지므로 나머지는 0입니다. 마찬가지로 5 이상이면 나머지가 5보다 작은 수가 나올 때까지 계속 나눌 수 있으므로 결국 나머지는 5보다 작은 수가 됩니다.

(어떤 수) ÷ 5 = (몫) ⋯ (나머지)

5보다 작은 수인 0, 1, 2, 3, 4 중 하나

그럼 15 ÷ 5 = 3 ⋯ 0과 같이 나누어떨어지는 경우, '0'도 나머지가 될 수 있을까요?
나머지가 0인 경우에는 나누어떨어진다는 표현을 씁니다.
0은 없는 경우이므로 나머지가 0이라고 하면 나누어떨어지는 것입니다.

나머지가 0이다 = 나머지가 없다 = 나누어떨어진다

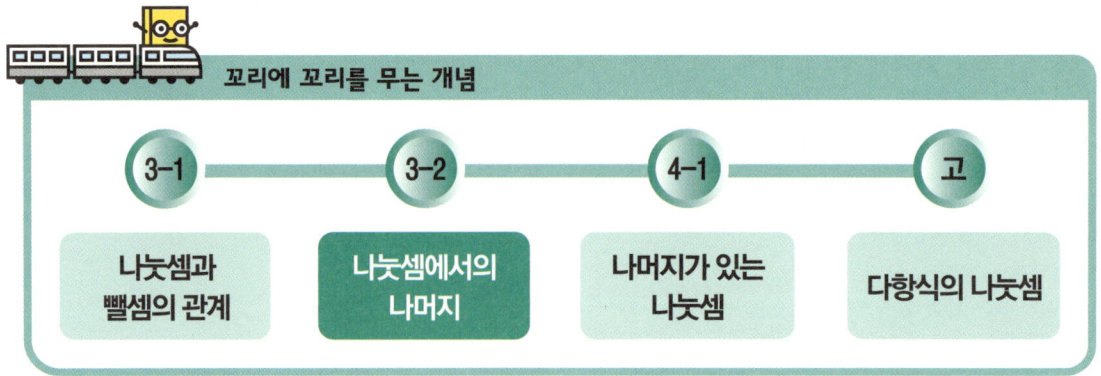

무엇이든 물어보세요

 나머지가 0이면 15 ÷ 3 = 5 … 0과 같이 나타내야 하나요?

그렇지 않습니다. 나머지가 0이면 '나누어떨어진다'고 하며 '0'을 생략합니다.

$$15 \div 3 = 5$$

 **사과 17개를 5명이 똑같이 나누어 먹는 상황은 나머지가 있는 상황인가요, 없는 상황인가요?**

문제에 '똑같이' 나누어 먹는다고 되어 있으니 나머지가 없어야 하겠습니다. 17 ÷ 5 = 3 … 2에서 남은 사과 2개를 5명이 나누어 먹는 방법은 5학년에서 배우게 됩니다. 미리 간단히 소개하자면 (자연수) ÷ (자연수) = (분수)이므로 $2 \div 5 = \frac{2}{5}$, 즉 한 사람이 먹을 수 있는 사과는 $3\frac{2}{5}$개입니다.

 27 ÷ 4 = 5 … 7과 같이 계산해도 되나요?

27 ÷ 4 = 5 … 7은 틀린 식은 아닙니다. 다만 수학에서는 나머지가 나누는 수보다 작은 값이 되도록 약속하고 있습니다.

따라서 27 ÷ 4 = 6 … 3과 같이 계산해야 하겠습니다.

| 분수와 소수 | 분수와 소수 |

2개 중 하나(1)이면 $\frac{1}{2}$인 거죠?

아이는 왜?

분수는 아이들에게 가장 생소한 개념이기도 하고 아이들이 어려워하는 내용이기도 합니다. 아이들이 분수를 어려워하는 이유는 수가 2개 나오기 때문입니다. 고려해야 할 사항이 2가지인 것입니다. 그중에서도 분모를 어려워합니다. 전체라는 개념이 없으면 위와 같이 헷갈리게 됩니다.

30초 해결사

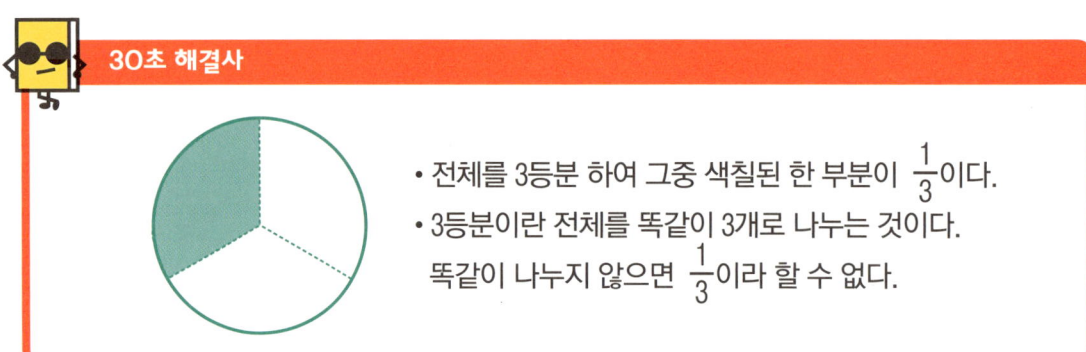

- 전체를 3등분 하여 그중 색칠된 한 부분이 $\frac{1}{3}$이다.
- 3등분이란 전체를 똑같이 3개로 나누는 것이다. 똑같이 나누지 않으면 $\frac{1}{3}$이라 할 수 없다.

 **그것이 알고 싶다**

 분수에는 다양한 의미가 있지만, 분수는 한마디로 전체 중 부분을 나타냅니다. 즉 전체를 똑같은 크기로 나누었을 때 전체에 대한 부분을 나타내는 방법입니다. 그래서 한자로 나눌 분(分)이라는 글자를 이용하여 분수(分數)라고 씁니다.

 전체 중 일부분을 나타내는 분수에서 전체는 항상 1입니다. 따라서 보통 분수는 1보다 작은 수를 나타냅니다. 전체가 1이 아닌 경우의 분수는 3학년 2학기 때 다룹니다.

 아이들이 색칠된 부분과 색칠되지 않은 부분을 비교하는 것이 분수라고 잘못 이해하는 경우가 많습니다. 전체를 똑같이 3등분하였으므로 분모가 전체를 나타내는 3이 됨을 이해해야 합니다. 다음 그림에서 두 번째에 해당하는 내용입니다. 이를 위해서는 주어진 그림에서 분수를 찾기보다 전체를 똑같이 나누어 보는 등분 개념을 먼저 이해하도록 지도해야 하겠습니다.

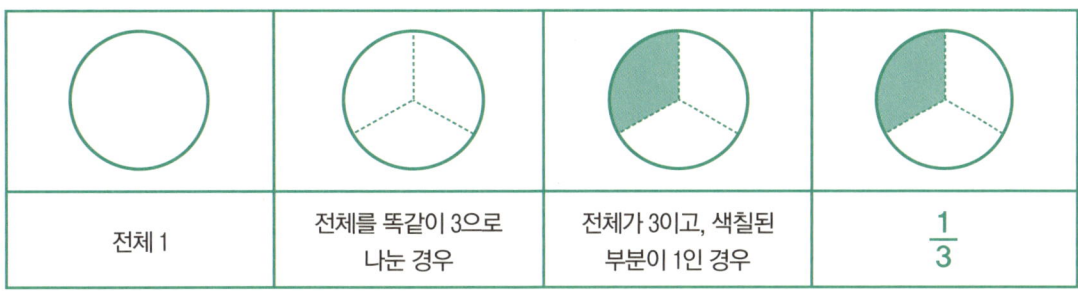

 아이들에게 등분 개념은 쉽지 않습니다. 아래 두 번째 그림의 경우, 똑같이 3개씩 색칠했지만 초등학교 수학에서 이는 똑같이 나눈 것이 아닙니다. 초등학교 수학에서는 모양과 크기가 모두 같은 경우에만 똑같이 나누었다(등분했다)고 합니다. 세 번째 그림에서처럼 모양과 크기가 똑같이 3등분되어 있는 경우에만 각각의 색이 나타내는 양을 $\frac{1}{3}$이라고 말할 수 있습니다. 그러므로 아이들이 등분 상황을 경험한 후에 분수를 학습하도록 지도해야 하겠습니다.

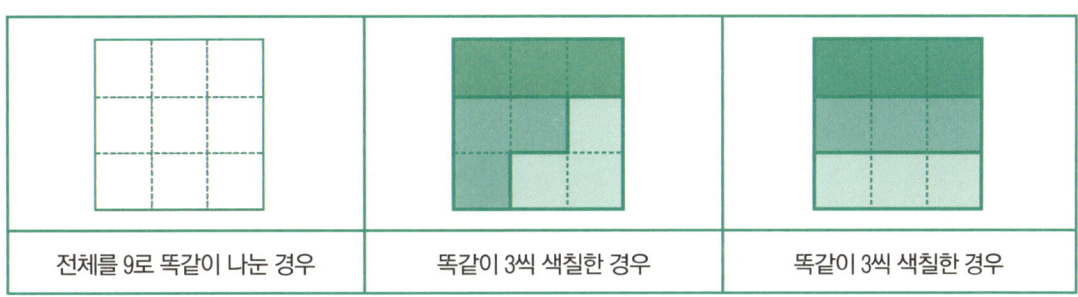

한 발짝 더!

교과서에는 똑같이 나누어져 있는 상황에서 분수를 나타내는 활동이 많습니다. 아이에게 실제로 전체를 똑같이 나누는 것에서부터 문제를 해결해 보게 하면 관련 내용을 잘 이해하고 있는지 알 수 있습니다. 예를 들어, 아래와 같은 정사각형에 $\frac{3}{4}$을 나타내어 보게 하면 각자 다양한 방법으로 등분하고 분수로 나타낼 것입니다.

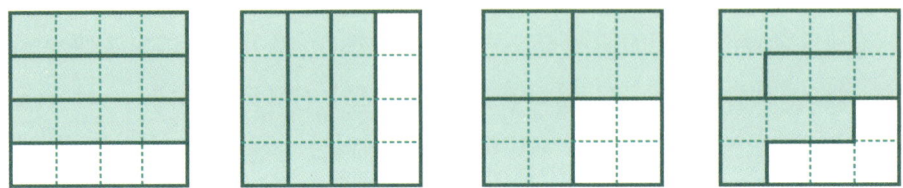

분수의 개념을 익힐 때 부분을 알고 전체를 찾아내는 활동도 유익합니다.

오른쪽 그림은 먹고 남은 과자로, 처음 과자의 $\frac{3}{5}$에 해당합니다. 이때 처음 과자의 크기를 알아보겠습니다.

이 문제를 해결하는 데는 몇 가지 방법이 있겠지만, 1가지 예를 들어 보겠습니다.

먹고 남은 과자는 처음 과자를 5등분한 것 중 3에 해당되므로 남은 과자를 3등분하면 한 부분은 $\frac{1}{5}$에 해당됩니다. 따라서 남은 과자에 $\frac{2}{5}$를 더해 처음 과자의 크기를 구할 수 있습니다.

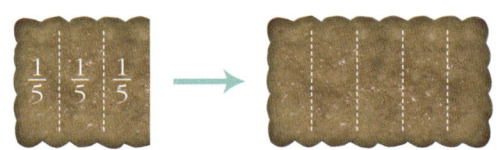

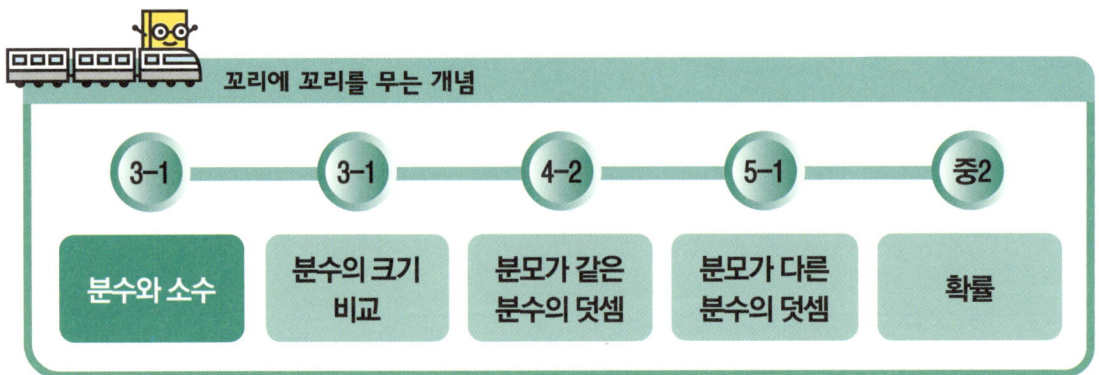

무엇이든 물어보세요

 $\frac{4}{4}$도 분수인가요?

$\frac{4}{4}$는 전체를 4개로 똑같이 나눈 것 중 4개 모두를 의미합니다. 따라서 분수입니다. 하지만 실제 그림으로 나타내면 $\frac{4}{4}$는 전체, 즉 1개이므로 1과 같은 값입니다.

 **분수를 지도하기에 좋은 교구가 있을까요?**

실제로 분수의 개념 학습을 돕기 위해 다양한 교구들이 나와 있습니다. 그 중에서도 분수막대는 3학년 단계에서 분수의 개념과 분수 연산을 학습하기에 적당한 교구입니다. 두꺼운 종이에 분수를 프린터로 출력하여 사용할 수도 있습니다.

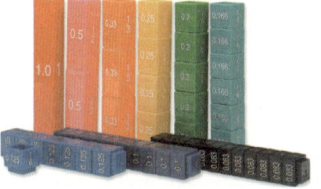

분수와 소수 | 분수의 크기 비교

3학년 수와 연산

$\frac{1}{3}$과 $\frac{1}{4}$ 중에서 분모가 더 큰 $\frac{1}{4}$이 더 큰 수 아니에요?

아이는 왜?

분수의 표현을 학습하고 나면 이제 분수의 크기 비교를 배우게 되는데, 아이들은 아직 덧셈적 사고(덧셈을 기반으로 하는 사고)를 가지고 있기 때문에 비례적 사고를 필요로 하는 분수의 크기를 한눈에 비교하지 못합니다.

30초 해결사

분수의 크기 비교

$\frac{1}{3}$과 $\frac{1}{4}$의 크기를 분수 모형으로 확인해 보는 활동을 통해 분수의 크기 비교를 할 수 있다.

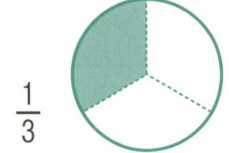
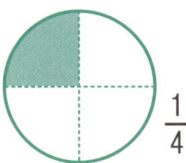
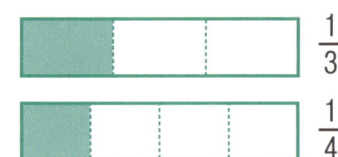

그것이 알고 싶다

분수의 크기 비교는 기본적으로 기준이 같은 대상에서 이루어집니다.

사과 $\frac{1}{2}$과 수박 $\frac{1}{2}$의 크기를 비교하는 것은 처음부터 잘못된 비교 방법입니다.

분수 $\frac{1}{3}$과 $\frac{1}{4}$을 비교한다면 크기가 같은 1가지 대상을 놓고 그것의 $\frac{1}{3}$과 $\frac{1}{4}$을 비교해야 합니다. 예를 들어 크기가 같은 색종이 $\frac{1}{3}$과 $\frac{1}{4}$의 크기 비교는 한눈에 가능합니다.

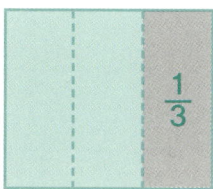
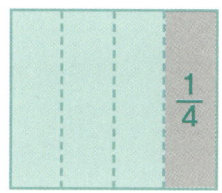

'분수막대(Fraction Rod)'를 이용하여 분수의 크기를 쉽게 비교해 볼 수 있습니다. $\frac{1}{3}$을 나타내는 막대와 $\frac{1}{4}$을 나타내는 막대의 크기를 비교해 보면 두 분수의 크기가 한눈에 들어옵니다.

또한 똑같은 크기의 피자를 3명이 나누어 먹을 때와 4명이 나누어 먹을 때를 생각해 보면 3명이 나누어 먹을 때 더 많이 먹는다는 것을 경험적으로 판단할 수 있습니다.

피자 $\frac{1}{3}$조각   피자 $\frac{1}{4}$조각

 **한 발짝 더!**

분수막대는 집에서 간단히 제작할 수 있습니다. 인터넷에서 '분수막대' 또는 'Fraction Rod'를 검색하여 다음과 같은 그림을 출력하면 됩니다.

분수막대는 분수의 개념을 형성하는 데 도움이 됩니다. 예를 들어, 분수막대를 통해 $\frac{1}{6}$을 2개 더한 것은 $\frac{1}{3}$과 같다는 것을 쉽게 이해할 수 있습니다.

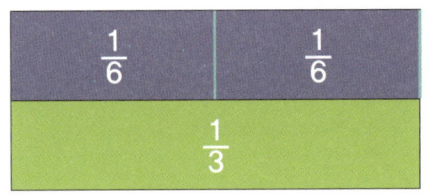

$$\frac{1}{6} + \frac{1}{6} = \frac{1}{3}$$

분수막대로 분수의 크기 비교 활동을 해 봅니다. 나아가 분자가 1이면 분모가 커질수록 분수의 크기가 작아진다는 사실을 발견하도록 지도합니다. 이렇게 시각적으로 먼저 확인한 후 왜 그런지 생각해 보도록 하면 훌륭한 탐구 수업이 이루어집니다.

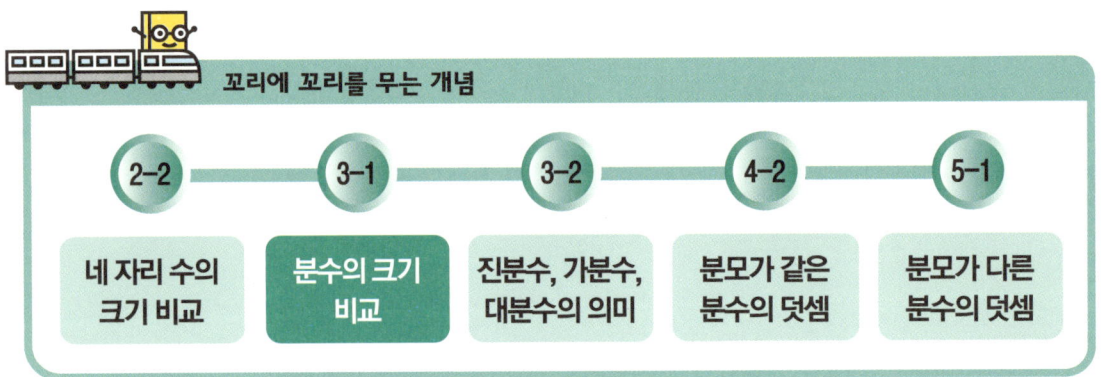

무엇이든 물어보세요

$\frac{1}{3}$과 $\frac{1}{4}$ 중 $\frac{1}{3}$이 항상 더 큰가요?

수의 크기로만 따진다면 그렇습니다. 하지만 실제 상황에서 역전이 되는 경우도 있습니다. 전체 양이 다른 경우입니다. 예를 들어, 6개의 $\frac{1}{3}$은 2개이지만, 12개의 $\frac{1}{4}$은 3개이므로 이때는 6개의 $\frac{1}{3}$이 12개의 $\frac{1}{4}$보다 작습니다. 하지만 대부분은 전체 양이 같은 경우에 크기를 비교하기 때문에 $\frac{1}{3}$이 $\frac{1}{4}$보다 작은 경우가 없습니다.

호루스 분수

이집트 신화에서 호루스는 왼쪽 눈에 상처를 입지만 토트 신의 치료로 이를 회복한다. 이집트인들은 호루스의 눈 보고 각 부분에 단위분수를 배치하였다. 그리하여 $\frac{1}{2} + \frac{1}{4} + \frac{1}{8} + \frac{1}{16} + \frac{1}{32} + \frac{1}{64} = \frac{63}{64}$이 되도록 만들고, 모자라는 $\frac{1}{64}$은 지혜의 신 토트가 보충한다고 믿었다. 그래서 이집트에서는 단위분수를 호루스 분수라고 한다.

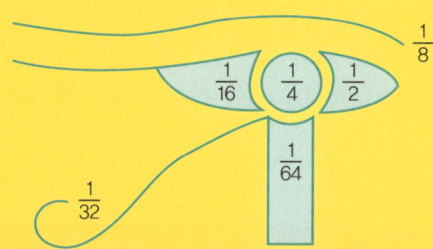

| 분수와 소수 | **소수의 의미** |

소수는 어떤 수예요?

 **아이는 왜?**

3학년 1학기에 처음 소수를 배우게 되는데, 아직 생활 속에서 소수를 사용한 경험이 많지 않기 때문에 아이들 대부분은 소수를 생소하게 생각합니다. 반면 서구 사회에서는 돈을 계산할 때를 비롯하여 생활 속에서 소수를 자주 사용하고 있습니다.

30초 해결사

분수와 소수의 관계

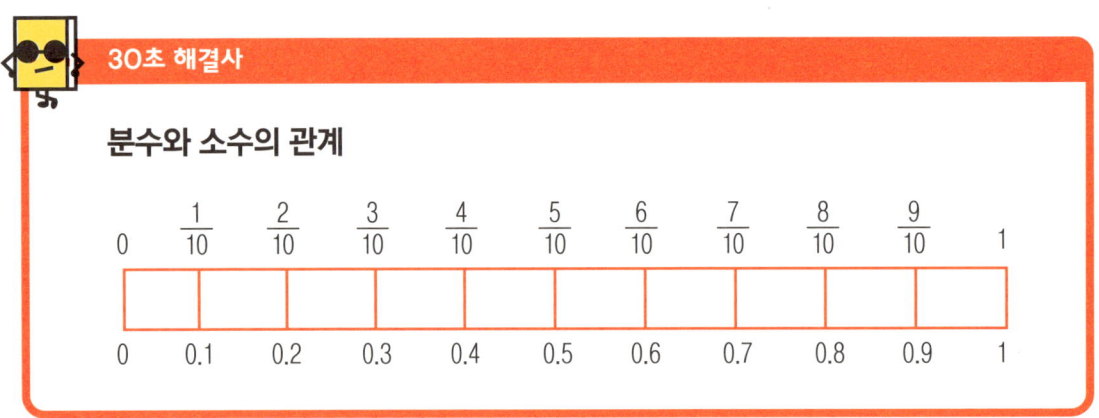

그것이 알고 싶다

소수를 실생활에서 경험해 보지 못한 아이들에게 소수를 어떻게 가르쳐야 할까요? 아이들의 선수 지식을 이용할 수밖에 없을 것입니다. 아이들이 이미 알고 있는 지식 중 소수와 관련된 지식은 분수와 측정 개념입니다.

> **선수 지식**
> 미리 알고 있는 지식들로 학교에서 배웠거나 생활 속에서 배운 모든 지식을 선수지식이라 한다.

아이들과 0과 1 사이에도 수가 있을지 생각해 봅니다. 아이들 대부분은 아직 자연수 안에서 생각하는 것이 익숙하기 때문에 0과 1 사이에는 수가 없다고 말할 것입니다. 그럼 분수를 떠 올릴 수 있는 힌트를 제공해야 할 텐데, 그중 하나가 띠 그림입니다.

아이들이 띠 그림을 통해 0과 1 사이가 10칸이라는 것을 시각적으로 확인하게 된 후 같은 내용을 다시 질문해 보면 몇몇 아이들은 분수를 생각합니다. 분수로 표현하였을 때 각각의 위치가 나타내는 수를 표현하면 다음과 같습니다.

소수를 사용한 가격 표시

분수와 소수의 관계를 통해 분수로 표현했던 것을 소수로 표현해 보면 소수의 개념을 이해할 수 있습니다. 분수 $\frac{1}{10}$은 소수 0.1로 나타냅니다. 또 분수 $\frac{2}{10}$는 소수 0.2로 나타냅니다.

분수가 소수로 바뀌는 과정을 논리적으로 설명할 필요는 없습니다. 분수에 알맞은 소수를 찾아보는 활동만으로도 분수와 소수 사이의 관계를 이해할 수 있습니다.

분수 카드와 소수 카드를 만들어 분수와 소수를 비교하고 소수를 크기순으로 나열해 보는 간단한 활동도 분수와 소수의 관계를 이해하는 데 도움이 됩니다.

한 발짝 더!

우리 실생활에는 소수가 사용되는 예가 많지 않습니다. 그나마 가장 많이 사용하는 경우는 측정을 할 때입니다. 복명수로 표현되는 수를 단명수로 표현하고자 할 때 가장 많이 쓰입니다. 예를 들어, 3cm 5mm를 소수로 표현하면 3.5cm로 간단해집니다. 몸무게나 키 측정 값을 하나의 단위로 표현하는 활동은 소수의 쓰임을 아는 데 도움이 됩니다.

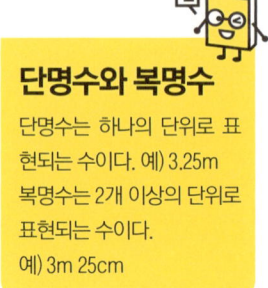

단명수와 복명수

단명수는 하나의 단위로 표현되는 수이다. 예) 3.25m
복명수는 2개 이상의 단위로 표현되는 수이다.
예) 3m 25cm

한편, 소수를 처음 상용하기 시작한 사람은 네덜란드의 수학자 스테빈으로 알려져 있습니다. 스테빈은 기부금이나 병사의 월급을 계산하는 일을 하였는데 이는 매우 복잡한 일이어서 그는 어떻게 하면 좀 더 간단하게 계산할 수 있을지 늘 고민했습니다. 결국 오랜 연구 끝에 간단한 계산법을 찾아내었는데, 그것은 분수의 분모를 10, 100, 1000 등으로 바꾸는 것이었습니다.

$$\frac{5123}{1000} \rightarrow 5⓪1①2②3③ \rightarrow 5.123$$

동그라미 안의 수는 소수점, 소수 첫째 자리, 둘째 자리, 셋째 자리를 뜻합니다.

이후 소수를 나타내는 모양은 여러 가지로 바뀌다가 오늘날과 같이 소수점을 찍은 소수가 만들어졌습니다. 소수를 나타내는 방법은 지금도 세계적으로 완전히 통일된 것은 아니어서 유럽에서는 소수점 대신 쉼표를 찍기도 합니다.

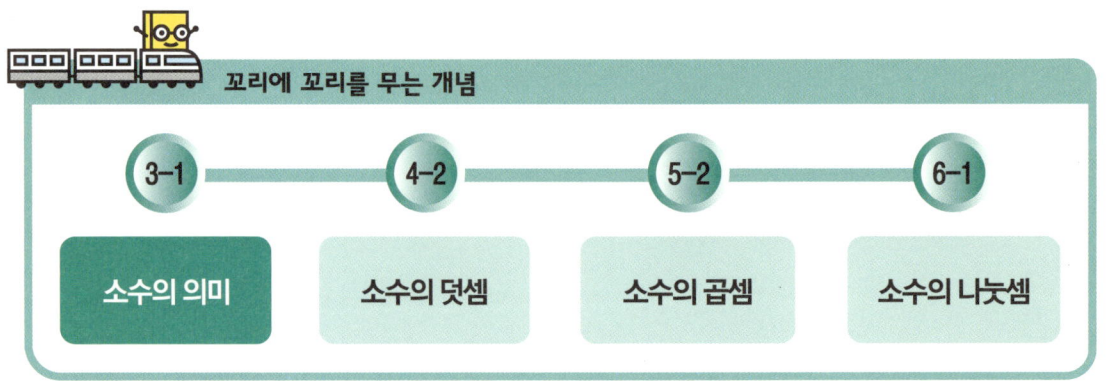

무엇이든 물어보세요

소수를 분수로 나타낼 때 분모가 10이어야 하는 이유가 있나요?

소수를 배우는 이유 중 하나는 계산이 편리하기 때문입니다. 그런데 우리가 많이 사용하는 계산은 십진법입니다. 10이 되면 자릿값을 하나 올려 주지요. 따라서 분모가 10이어야 우리가 알고 있는 자연수의 사칙연산 방법을 소수에도 그대로 사용할 수 있습니다.

이후 소수 두 자리 수나 소수 세 자리 수 이상의 소수를 배울 때 분모가 100, 1000 ……인 분수로 나타내게 됩니다.

소수와 분수 중 어느 것이 더 편리한가요?

수의 쓰임에 따라 다릅니다.

수를 더하거나 곱하는 등 수의 연산에서는 소수가 분수보다 훨씬 더 편리하고, 요리에 필요한 재료의 양을 재거나 비율을 나타낼 때는 분수를 많이 사용합니다. 일반적으로 분수에 비해 소수가 많이 쓰이지만 두 수 모두 나름의 장점을 갖고 있습니다.

| 분수 | **분수 표현** |

6의 $\frac{1}{3}$은 얼마예요?

 아이는 왜?

아이들은 지금까지 전체에 대한 부분을 나타내는 방법으로 분수를 배웠습니다. 이때 분수는 하나(1) 중 부분으로 1보다 작은 값을 갖게 됩니다. 그러다 낱개로 떨어져 셀 수 있는 이산량에서 분수를 표현하려 하니 전체에 대한 부분의 값이 1보다 커지게 되므로 혼란스러워합니다.

30초 해결사

분수 표현

1. 묶음으로 표현한다.
2. 묶음 중 얼마인지를 알아본다.

   예) 6의 $\frac{1}{3}$ → 6을 3묶음으로 → 1묶음에 2개씩 → 2개

   6의 $\frac{2}{3}$ → 6을 3묶음으로, 그중 2묶음 → 2개씩 2묶음 → 4개

 **그것이 알고 싶다**

하나씩 낱개로 떨어져 개수를 셀 수 있는 이산량에서 나눗셈에 대한 분수의 지도 방법에 대해 알아보겠습니다.

①단계 이산량 분수 표현하기

사과가 모두 6개 있습니다. 초록 사과는 전체 사과의 $\frac{2}{6}$입니다. 이와 같이 개수를 셀 수 있는 여러 가지 구체물로 분수를 표현해 봅니다. 이때 아이들에게는 아직 약분의 개념이 없으므로 약분을 할 필요는 없습니다.

> **연속량과 이산량**
>
> 분리될 수 없는 연속된 양은 연속량이다. 액체의 양이나 길이 등을 의미한다. 물건 1개를 똑같이 나누는 상황을 연속량의 등분할이라 한다. 한편 낱개로 떨어져 개수를 셀 수 있는 양은 이산량이다. 귤의 개수, 연필의 개수 등을 의미한다.

②단계 묶음으로 알아보기

사과를 2개씩 묶으면 모두 3묶음입니다. 초록 사과는 3묶음 중 1묶음, 즉 $\frac{1}{3}$입니다. 이때 확인해야 할 것은 사과의 개수는 변하지 않았다는 사실입니다. 1묶음은 2개이므로 초록 사과는 여전히 2개라는 사실을 확인하고 다음 단계로 넘어가야 하겠습니다.

③단계 6의 $\frac{1}{3}$은 얼마일까?

6의 $\frac{2}{6}$라고 하면 전체 6개 중 2개라는 사실을 직관적으로 알 수 있습니다. 하지만 6의 $\frac{1}{3}$은 아이들이 직관적으로 이해하기 쉬운 표현은 아닙니다. 아이들은 아직 묶음의 개념으로 생각하지 못하기 때문입니다. 이때 아이들에게 "전체가 6인데 분모는 3이네. 어떻게 해야 될까?" 이러한 질문을 던져 ②단계에서 묶음으로 분수를 표현했던 기억을 상기시킵니다. 묶음으로 생각할 수 있어야 원리를 이해할 수 있습니다.

 **한 발짝 더!**

묶음의 개념을 자연스럽게 생각해 내면, 이제 12의 $\frac{3}{4}$도 쉽게 그림으로 표현할 수 있습니다.

먼저 전체인 12개를 4묶음이 되도록 3개씩 묶습니다.

그리고 묶음의 개념으로 4묶음 중 3묶음을 생각해 보면 9개임을 알 수 있습니다.

12의 $\frac{3}{4}$은 9

이러한 과정을 아이들 대부분이 $12 \div 4 = 3$, $3 \times 3 = 9$와 같은 방식으로 학습하기 때문에 아이들에게 올바른 분수의 개념이 형성되기 어려운 것입니다. 결국 공식이나 알고리즘이 아닌 묶음의 개념을 이용해야 합니다.

"12의 $\frac{3}{4}$은 12를 4묶음으로 나눈 것 중 3묶음이에요."

아이가 이처럼 '전체'의 '얼마'를 말로 표현하고 결과를 말할 수 있어야 합니다. 이는 단순해 보이지만 분수를 이해하는 데 꼭 필요한 부분입니다.

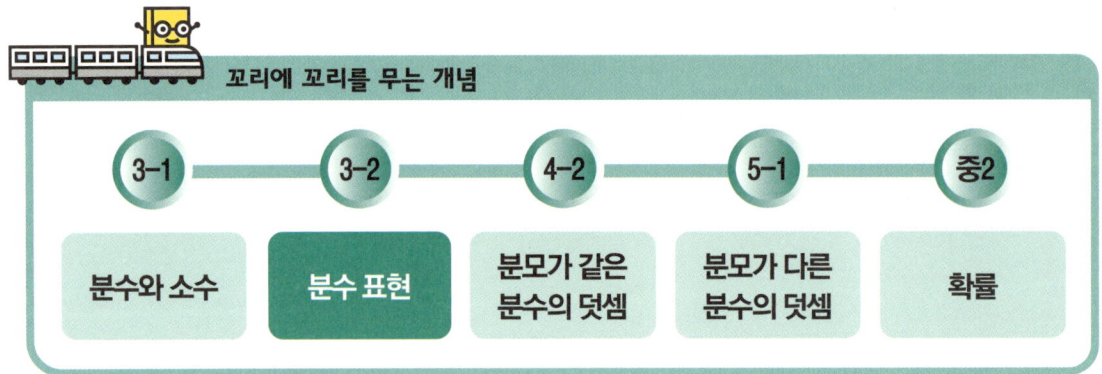

무엇이든 물어보세요

 6의 $\frac{2}{6}$와 6의 $\frac{1}{3}$은 같은 것인가요?

6의 $\frac{2}{6}$는 전체 6개 중 2개이고, 6의 $\frac{1}{3}$은 6개를 똑같이 3묶음으로 나눈 것 중 1묶음이므로 2개입니다. 결국 개수가 같습니다.

$$6\text{의 } \frac{2}{6} = 2,\ 6\text{의 } \frac{1}{3} = 2\text{이므로}$$
$$6\text{의 } \frac{2}{6} = 6\text{의 } \frac{1}{3}$$

어른이라면 식만으로도 충분히 이해가 되지만, 아이들에게는 실제 경험이 필요합니다.

 $\frac{2}{6}$ $\frac{1}{3}$

구체물을 6개 놓고 이것을 6묶음으로 나눈 것 중 2개(6의 $\frac{2}{6}$)와 3묶음으로 나눈 것 중 1개(6의 $\frac{1}{3}$)로 구분한 후 두 결과가 같음을 통해 두 식이 같은 식이라는 것을 이해하도록 지도합니다.

 **아이가 푸는 문제집에 "8의 $3\frac{1}{2}$은 얼마입니까?"와 같은 문제가 나옵니다. 이러한 문제도 풀 수 있어야 하나요?**

이는 5학년 분수의 곱셈에 나오는 문제입니다. 8의 $3\frac{1}{2}$은 8의 $3\frac{1}{2}$배라는 의미입니다. 즉 8의 $3\frac{1}{2}$은 '8의 3배와 8의 $\frac{1}{2}$배의 합'이라는 의미를 가집니다. 문제집이나 학원 수업에서 이런 문제를 3학년에 제시하는 경우가 있는데, 3학년이 풀 수 있는 문제는 아닙니다.

모든 공부가 그렇듯이 분수도 각 학년에 맞는 내용을 공부해야 합니다.

| 분수 | 진분수, 가분수, 대분수의 의미 |

가분수가 가짜 분수이면, 분수가 아니라는 말인가요?

아이는 왜?

보통 용어의 의미를 이해하면 개념을 이해하는 데 도움이 되지만 오히려 용어 때문에 혼란을 겪는 경우도 있습니다. 가분수가 그런 경우입니다. 가분수를 가짜 분수라고 설명하는데, 분수에 가짜 분수라는 것은 없습니다.

30초 해결사

분수를 분류하는 기준

- 진분수 : 1보다 작은 분수 예) $\frac{1}{3}, \frac{3}{5}$
- 가분수 : 1과 같거나 1보다 큰 분수 예) $\frac{3}{3}, \frac{7}{5}, \frac{10}{8}$
- 대분수 : 자연수와 진분수로 이루어진 분수 예) $1\frac{1}{3}, 4\frac{2}{5}$

그것이 알고 싶다

진분수, 가분수, 대분수와 같은 수학 용어의 의미를 제대로 모르고 사용하는 경우가 대부분입니다. 수학 용어를 어느 정도 이해하고 있으면 수학을 공부하는 데 많은 도움이 됩니다. 수학 용어에 대한 정확한 개념을 알고자 한다면 수학 사전을 권장합니다. 또 인터넷 검색을 통해서도 수학 용어의 뜻을 찾아볼 수 있습니다.

분수는 초등학교 3학년 1학기 때 처음 배웁니다. 하나(1)를 똑같이 몇으로 나눈 것 중에 몇을 나타내는 수가 분수입니다.

분수(分數) : 分(나눌 분) 數(셈 수)

진분수, 가분수, 대분수는 분수의 형식(모양)을 구분하는 용어입니다. 아이들과 진분수, 가분수, 대분수가 어떤 모양이고, 거기에 왜 그런 이름이 붙었는지 함께 이야기해 보면 분수를 좀 더 재미있게 공부하는 데 도움이 될 것입니다.

- **진분수(眞分數)** : $\frac{1}{3}$, $\frac{2}{3}$와 같이 분자가 분모보다 작아 1보다 작은 분수. 전체에 대한 부분을 나타내는 분수를 말한다.

- **가분수(假分數)** : $\frac{3}{3}$, $\frac{4}{3}$, $\frac{5}{3}$와 같이 분자가 분모보다 크거나 같은 분수. 분수의 원래 의미와는 상반되기 때문에 가분수라는 이름이 붙었다.

- **대분수(帶分數)** : $1\frac{1}{3}$, $4\frac{2}{5}$처럼 자연수와 분수를 함께 나타낸 분수. 대분수라는 이름은 분수가 자연수를 허리에 차고 있는 모양(帶 : 띠 대)을 나타낸 것이다.

한 발짝 더!

분수에는 크게 3가지 의미가 있습니다.

첫째, 3학년에서 배운 바와 같이 전체를 똑같이 나눈 것 중 일부를 나타냅니다. 보통 우리가 알고 있는 분수의 의미입니다. 예를 들어, $\frac{3}{4}$이라고 하면 전체를 넷(4)으로 똑같이 나눈 것 중 셋(3)을 의미합니다.

단위분수
$\frac{1}{2}, \frac{1}{3}, \frac{1}{4}$…과 같이 분자가 1인 분수로서 분수를 세는 기준이 되는 분수가 단위분수다.

둘째, 6학년에서 배우는 분수에는 비교하는 개념도 있습니다. 아들의 나이가 아버지 나이의 $\frac{1}{3}$이라고 하면, 아버지의 나이는 아들 나이의 3배입니다. 아들이 13세라면 아버지는 39세입니다. 이것을 비로 나타내면 1 : 3 = 13 : 39이고, 1 : 3의 비율은 $\frac{1}{3}$과 같습니다.

셋째, 몫이라는 개념도 있습니다. 3 ÷ 5 = $\frac{3}{5}$입니다. 사과 3개를 5명이 나누어 먹을 때 한 사람이 먹을 수 있는 양(몫)은 사과 1개의 $\frac{3}{5}$입니다. 이와 같은 개념은 6학년에서 배웁니다.

분수를 제대로 이해하려면 단위분수를 알아야 합니다. 단위분수는 분수를 세는 기준입니다. 즉, $\frac{2}{3}$는 $\frac{1}{3}$이 2개이고, $\frac{4}{5}$는 $\frac{1}{5}$이 4개라고 말할 수 있습니다.

그렇다면 $\frac{1}{3}$이 1개, 2개, 3개, 4개, 5개, …인 경우도 생각해 볼 수 있습니다.

$\frac{1}{3}$이 1개 → $\frac{1}{3}$, $\frac{1}{3}$이 2개 → $\frac{2}{3}$, $\frac{1}{3}$이 3개 → $\frac{3}{3}$, $\frac{1}{3}$이 4개 → $\frac{4}{3}$, $\frac{1}{3}$이 5개 → $\frac{5}{3}$, …

피자 조각이나 분수 모형을 사용하여 단위분수의 개수를 구해 보는 활동을 해 봅니다.

피자 $\frac{3}{8}$조각

꼬리에 꼬리를 무는 개념

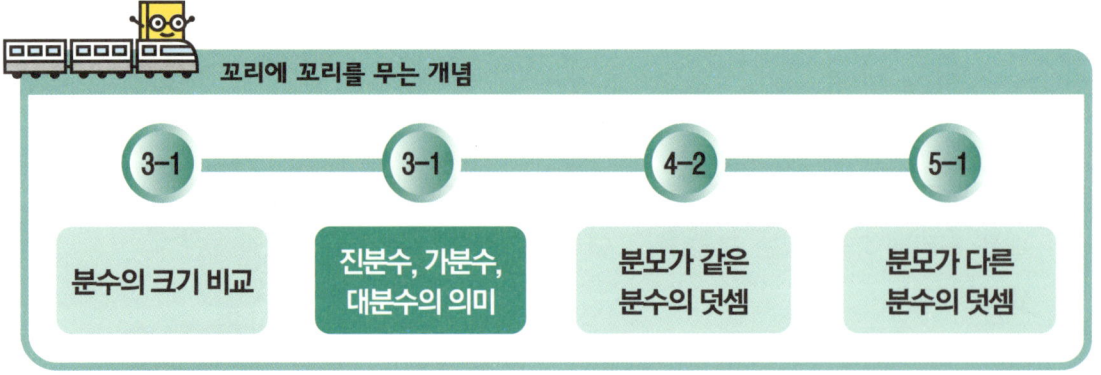

3-1 분수의 크기 비교 → 3-1 진분수, 가분수, 대분수의 의미 → 4-2 분모가 같은 분수의 덧셈 → 5-1 분모가 다른 분수의 덧셈

무엇이든 물어보세요

$2\frac{1}{3}$은 $2 + \frac{1}{3}$인가요, $2 \times \frac{1}{3}$인가요?

초등학생 아이들보다 어른들이 볼 때 잘 이해되지 않는 부분일 것입니다. 어른들은 중학교 이후 줄곧 $ab = a \times b$로 알고 지내 왔으니까요. 대분수는 분수의 표현 방법 중 하나입니다. $2\frac{1}{3}$은 자연수 2와 분수 $\frac{1}{3}$을 하나의 분수로 묶어 표현한 것입니다. 따라서 $2\frac{1}{3} = 2 + \frac{1}{3}$입니다.

중학교에서도 수 사이에는 곱셈기호(×)를 생략하여 2×3을 $2 \cdot 3$이나 23으로 줄여 쓰지는 않습니다. 수와 문자 또는 문자와 문자 사이의 곱셈에서만 곱셈기호를 생략합니다.

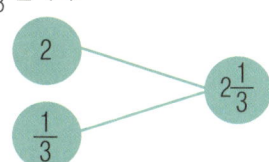

분수 문제를 풀 때 결과가 가분수이면 대분수로 고쳐야 하나요?

초등학교에서 흔히 겪는 딜레마입니다. 많은 경우 습관적으로 가분수를 대분수로 고치는데, 문제의 조건에서 결과를 대분수로 나타내라는 말이 없다면 굳이 대분수로 고치지 않아도 됩니다.

$$\frac{2}{3} + \frac{2}{3} = \frac{4}{3} (\bigcirc)$$
$$\frac{2}{3} + \frac{2}{3} = 1\frac{1}{3} (\bigcirc)$$

| 평면도형 | 선분, 직선, 반직선 |

곧게 그으면 모두 직선 아닌가요?

 **아이는 왜?**

직선, 선분을 배울 때 곧은 선이 강조됩니다. 따라서 아이들은 굽은 선이 아닌 것은 모두 직선으로 생각할 수 있습니다. 하지만 곧은 선이 연결된 지그재그 모양의 꺾인 선은 직선이 아닙니다.

 30초 해결사

- **선분 : 두 점을 곧게 이은 선**

  선분 ㄱㄴ   ㄱ●────────●ㄴ

- **직선 : 선분을 양쪽으로 끝없이 늘인 곧은 선**

  직선 ㄱㄴ   ─────ㄱ●────────●ㄴ─────

- **반직선 : 한 점에서 한쪽으로 끝없이 늘인 곧은 선**

  반직선 ㄱㄴ   ㄱ●────────●ㄴ─────

 그것이 알고 싶다

• 곧은 선과 굽은 선

집이나 주변에는 다양한 선들이 존재하는데, 우리는 그 선들을 곧은 선과 굽은 선으로 구분할 수 있습니다. 아이와 함께 주변에서 선들을 찾아 곧은 선과 굽은 선으로 분류해 봅니다.

- 곧은 선 : 책상, 텔레비전, 책장, 창문 등
- 굽은 선 : 자동차 바퀴, 소파, 장난감 배 등

이 중 곧은 선은 자를 이용하여 긋는 선을 말합니다. 직선이라고 합니다. 자는 직선을 긋는 데 있어 아주 중요한 도구입니다. 아이들은 자를 사용하더라도 아직 비뚤비뚤하고 부정확하게 선을 그을 수 있습니다. 또한 자를 사용하지 않으려는 아이도 있을 수 있는데, 수학에서 직선은 반드시 자를 사용하여 그리도록 지도합니다.

자를 사용하지 않고 구불구불하게 그린 선은 굽은 선입니다. 그런데 굽은 선도 도구를 사용하여 그리는 경우가 있습니다. 원을 그리려면 컴퍼스나 둥근 모양이 필요합니다. 초등학교에서는 원을 제외한 굽은 선에 대해서는 비중 있게 다루지 않습니다.

• 선분과 직선 그리고 반직선

선분	직선	반직선
ㄱ ———— ㄴ ㄷ ———— ㄹ	ㄱ ———— ㄴ ㄷ ———— ㄹ	ㄱ ———— ㄴ ㄷ ———— ㄹ

두 점을 곧게 이은 선을 선분이라 하고, 점 ㄱ과 점 ㄴ을 이은 선분을 선분 ㄱㄴ이라고 합니다. 이때 수평으로 된 선분만 보게 되면 비스듬한 선분은 선분이 아니라고 생각할 수 있습니다. 여러 방향의 선분을 다양하게 보여 주어야 하겠습니다.

이제 곧은 선을 선분의 두 점을 지나 양쪽으로 끝없이 곧게 늘입니다.

선분을 양쪽으로 끝없이 늘인 곧은 선이 직선입니다. 점 ㄱ, 점 ㄴ을 지나는 곧은 선을 직선 ㄱㄴ이라고 합니다.

한 발짝 더!

선분과 직선은 곧은 선입니다. 2학년 때 삼각형, 사각형을 배우면서 선분과 직선을 보았습니다. 그런데 그때는 그걸 변이라고 배웠습니다. 삼각형과 사각형은 모두 선분으로 둘러싸인 도형입니다. 삼각형, 사각형은 선분으로 만들어지고, 삼각형과 사각형의 선분은 변이라고 합니다.

직선의 표현 방법

선분, 변, 모서리는 모두 직선의 표현으로, 이들의 차이는 1차원, 2차원, 3차원적인 것이다. 처음과 끝이 있으면 직선은 선분이 되고, 평면도형(삼각형, 사각형 등)에서는 변이 되며, 입체도형에서는 모서리가 된다.

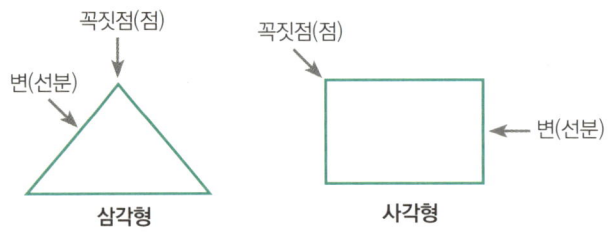

한편 직선에는 한 점을 지나는 직선과 두 점을 지나는 직선이 있습니다. 어떤 차이가 있을까요? 먼저 두 점을 지나는 직선은 그림과 같이 1개뿐입니다. 그러나 한 점을 지나는 직선은 무수히 많습니다.

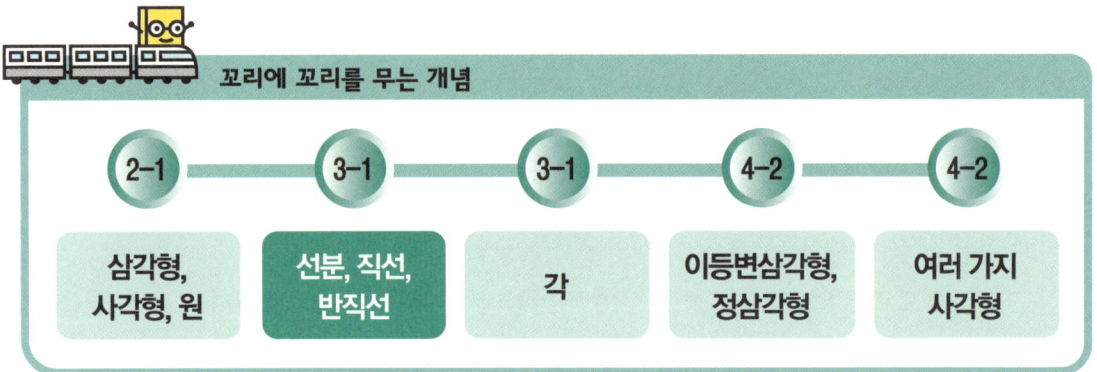

무엇이든 물어보세요

선분 ㄱㄴ과 선분 ㄴㄱ, 직선 ㄱㄴ과 직선 ㄴㄱ은 서로 다른 것인가요?

2가지 모두 같습니다. 다만 반직선의 경우, 순서에 맞게 이름을 붙여야 합니다. 각 혹은 다각형에서도 순서가 중요합니다. 삼각형은 순서에 상관이 없지만 사각형은 사각형 ㄱㄷㄹㄴ, 사각형 ㄱㄴㄹㄷ 등과 같이 순서와 상관없이 이름을 지으면 안 됩니다.

점, 선, 직선은 누가 정했나요?

기원전 300년경에 활약한 그리스의 수학자 유클리드는 그리스의 수학적 지식을 정리하여 체계화한 《원론》이라는 책을 썼습니다. 그 책에 점, 선, 직선에 관한 이야기가 나옵니다. 정리하자면,
- 점이란 '부분이 없는 것', 즉 크기가 없고, 위치만 표시하는 것이다. 점은 기하학에서 가장 기본이 되는 단위이고 공간에서 위치를 나타낸다.
- 선은 '폭이 없는 길', 즉 길이만 있고, 폭은 없는 것이다. 선의 양끝은 점이다.
- 직선, 즉 똑바로 곧은 선은 두 점 사이를 가장 짧은 거리로 연결한 선이다.

직선은 반듯하게 모인 수많은 점들로 이루어지며, 폭이 없고 양 방향으로 끝없이 뻗어 나갑니다. 요즘에는 점의 이동으로 선을 약속하기도 합니다. 종이 위에 연필로 점을 찍고 옆으로 쭉 그으면 선이 생깁니다. 이처럼 점이 움직이면 선이 만들어집니다.

| 평면도형 | 각 |

각 ㄱㄴㄷ, 각 ㄷㄴㄱ, 각 ㄴㄱㄷ이 다 같은 거죠?

3학년 도형과 측정

아이는 왜?

각을 학습한 후에 각을 그리고 이름 붙이는 활동을 해 보면 많은 아이들이 각 ㄱㄴㄷ을 각 ㄴㄱㄷ이라고 합니다. 이는 각에 대한 이해가 부족하거나 읽는 방법을 모르기 때문입니다.

30초 해결사

- **각** : 한 점에서 그은 두 반직선으로 이루어진 도형

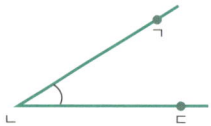

- **각의 이름** : 각 ㄱㄴㄷ, 각 ㄷㄴㄱ (O)

  각 ㄴㄱㄷ, 각 ㄱㄷㄴ (X)

그것이 알고 싶다

각에 대한 학습은 주변의 구체물에서 시작합니다. 액자, 식탁, 공책 등에서 모난 부분을 찾아보고, 모두 한 점에서 두 반직선이 뻗어 나가고 있다는 점을 찾도록 도와줍니다.

각은 '한 점에서 그은 두 반직선으로 이루어진 도형'입니다. 이때 한 점을 각의 꼭짓점이라고 합니다. 그림을 보고 각인 것과 각이 아닌 것을 찾고 그 이유를 설명해 보는 방법을 통해 아이가 이러한 내용을 이해하고 있는지 확인해 봅니다. 설명하는 동안 아이는 개념을 형성하기도 하고 개념을 정확히 가지고 있는지 스스로 확인하기도 합니다.

각이 무엇인지 이해했다면 이제 각에 이름을 붙여 봅니다. 아래 그림①에서 반직선 ㄴㄱ과 반직선 ㄴㄷ은 각의 구성 요소로서 변이 됩니다. 점 ㄴ은 꼭짓점입니다. 각은 시계 반대 방향으로 읽는 것이 원칙이지만 시계 방향으로 읽는 것도 허용하고 있습니다. 따라서 그림①의 각은 각 ㄱㄴㄷ 또는 각 ㄷㄴㄱ으로 읽습니다. 하지만 각 ㄴㄱㄷ으로는 읽을 수 없습니다. 점 ㄱ, 점 ㄴ, 점 ㄷ의 위치를 그대로 두었을 때 각 ㄴㄱㄷ은 그림②의 각을 뜻합니다.

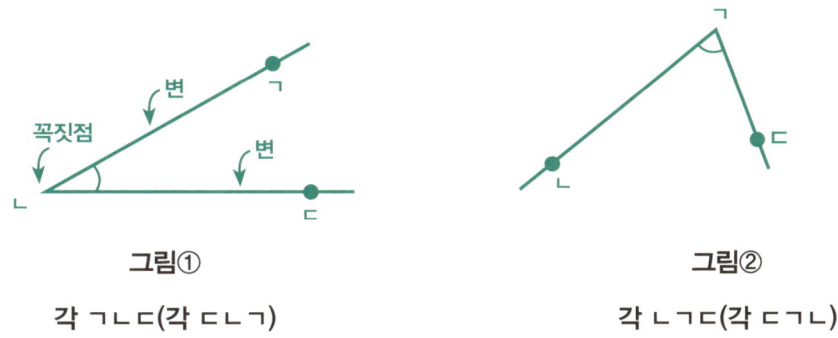

아이가 그림①, 그림②의 각이 어떻게 다른지 스스로 설명해 보도록 격려해 주어야 하겠습니다.

한 발짝 더!

각의 변과 꼭짓점을 손가락으로 짚어 가며 각 읽는 연습을 충분히 한 후, 각에 대한 개념을 확실히 알고 있는지 확인해 보는 활동으로 각을 그려 봅니다. 각 ㄱㄴㄷ, 각 ㄹㅁㅂ 등을 불러 주고 아이가 맞게 그리는지 확인합니다. 이때 아이에 따라서는 삼각자의 각을 이용해 그리려고 하는 아이가 있을 수 있는데, 삼각자가 아닌 곧은자를 이용하도록 지도합니다.

또한 각을 읽는 데 자신감을 갖도록 하기 위해 여러 그림 중에서 불러 주는 각 고르기, 손가락으로 불러 주는 각의 변 혹은 꼭짓점 짚기 등의 활동을 반복합니다. 이때 여러 가지 모양의 각을 보여 줄 필요가 있습니다. ∠와 같은 모양 외에 여러 방향으로 뒤집힌 모양을 제시하여 다양한 각을 접하도록 합니다.

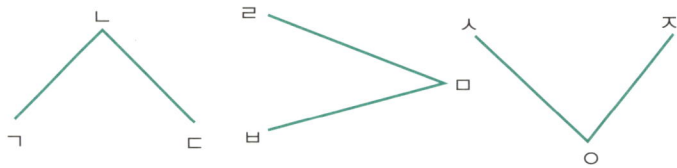

꼬리에 꼬리를 무는 개념

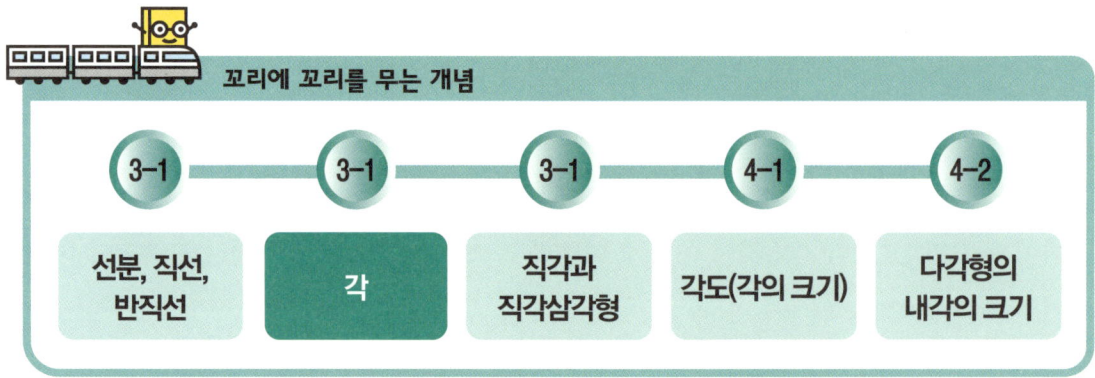

무엇이든 물어보세요

꼭짓점에 가, 나, 다로 이름을 붙여도 되나요?

ㄱ, ㄴ, ㄷ 외에 a, b, c, A, B, C, 가, 나, 다 등 다양한 방법으로 이름 붙일 수 있습니다. 그러나 점에는 주로 ㄱ, ㄴ, ㄷ이나 A, B, C를 사용합니다.

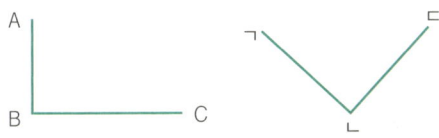

한 점에서 양쪽으로 반직선을 그리면 직선이 됩니다. 이것도 각인가요?

한 점에서 2개의 반직선을 반대 방향으로 그리면 평평한 각이 됩니다. 이것도 각입니다. 이런 각을 평각이라고 하지요. 4학년에서 각도를 배우고 나면 여러 가지 각의 이름을 익히게 됩니다.

선분과 변의 차이는 무엇인가요?

두 점을 곧게 이은 선이 선분입니다. 삼각형이나 사각형에서는 이 선분을 변이라고 합니다.

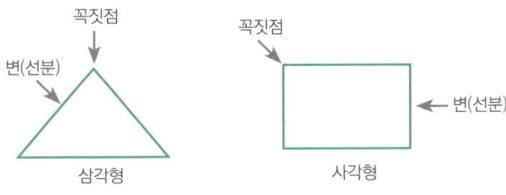

| 평면도형 | **직각과 직각삼각형** |

기울어진 도형에서는 직각을 찾지 못하겠어요.

 **아이는 왜?**

각을 배운 후에는 여러 가지 물건의 각을 통해 직각을 학습하게 됩니다. 그런데 책에서는 직각이 대부분 아래쪽에 반듯하게 자리하기 때문에 도형이나 물체가 기울어져 있으면 직각을 발견하지 못하는 일이 발생합니다.

 30초 해결사

직각
- 한 각이 직각인 삼각형을 직각삼각형이라고 한다.
- 네 각이 모두 직각인 사각형을 직사각형이라고 한다.

그것이 알고 싶다

초등학교 수학에서는 직각을 문장으로 설명하기보다 직각의 모양을 통해 직관적으로 약속합니다. 책에서 직각을 찾고 "각의 모양이 모두 같은데, 이런 각을 무엇이라고 하면 좋을까?" 하는 질문을 통해 "반듯한 모양, 곧은 모양의 각을 직각이라 한다."고 약속합니다. 즉 '각 ㄱㄴㄷ과 같은 모양의 각'이 직각입니다. 직각은 두 변 사이에 └ 로 표시합니다. 참고로 직각이 90°라는 것은 4학년에서 배웁니다.

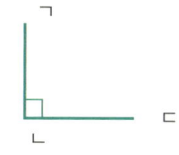

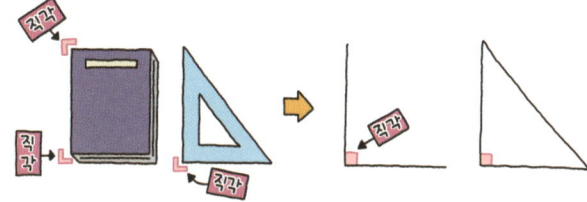

공책, 필통, 식탁, 문, 창문, 텔레비전 등 다양한 구체물 안에서 직각을 찾아보며 모양으로 접하면 이해하는 데 도움이 됩니다. 실제 주변 건물, 학용품 등 다양한 물건에서 직각을 찾을 수 있습니다. 이때 아이와 번갈아 가면서 직각을 찾아 이야기해 보는 것이 좋습니다. 아이가 직각이 아닌 각을 찾으면 이에 대해 바로 이야기 나눌 수 있고 서로 자기가 찾은 것을 바로 비교하며 공통점을 찾을 수도 있습니다.

이제 여러 삼각형 중에서 직각을 분류해 봅니다. 그리고 직각이 있는 삼각형의 이름을 아이가 직접 붙이도록 지도하고, 다음과 같이 약속합니다.

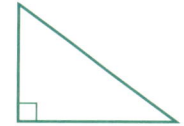

"한 각이 직각인 삼각형을 직각삼각형이라고 한다."

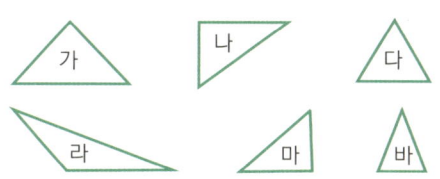

> **도형의 이해**
>
> 도형을 공부할 때 직접 그려 보고 색종이 등으로 제작해 보면 수학적 개념이 명확해지고 도형의 성질을 자연스럽게 알게 된다.

이제 직각삼각형인 삼각자를 여러 사물들에 겹쳐 보며 직각을 찾아봅니다. 투명한 삼각자를 사용하면 사물을 겹쳐 보았을 때 사물이 가려지지 않아 직각인지 확실히 확인할 수 있습니다. 이 과정에서 본을 뜰 수 있다면 직각이 있는 부분의 본을 떠서 확인하는 것도 좋은 방법입니다.

한 발짝 더!

생활 속에서 직각을 찾아보았다면 직각을 직접 만들어 보는 활동을 합니다. 종이를 반으로 반듯하게 접고 다시 다른 방향으로 반을 접으면 직각이 만들어집니다. 삼각자를 이용하면 종이를 접어서 만든 각이 정말 직각인지 확인할 수 있습니다. 이는 나중에 수선과 수직의 개념을 이해하는 바탕이 됩니다.

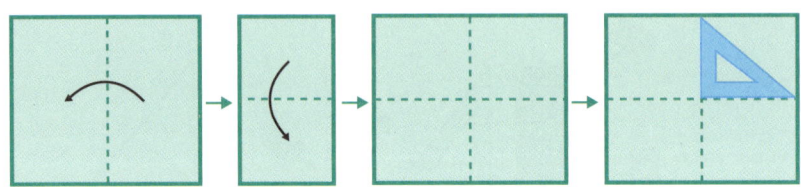

이번에는 여러 도형에서 직각을 찾아 세어 봅니다. 이때 직각이 각 도형에서 서로 다른 위치에 있도록 제시할 필요가 있습니다. 보통은 왼쪽 아래에 있는 직각을 보다 쉽게 찾기 때문에 다른 방향에 있는 직각도 찾아보도록 해 줍니다. 또한 정사각형을 비스듬히 놓아 다이아몬드처럼 보이게

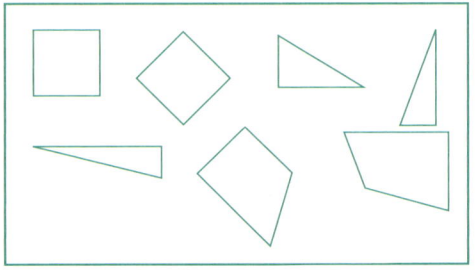

하면 직각이 아니라고 생각하기도 합니다. 처음에는 직관적으로 직각을 찾더라도 나중에는 삼각자나 책 모서리 등을 통해 모든 각을 직접 확인해 보는 것이 좋습니다. 다른 각은 왜 직각이 아닌지를 생각해 보도록 질문하는 것도 필요합니다.

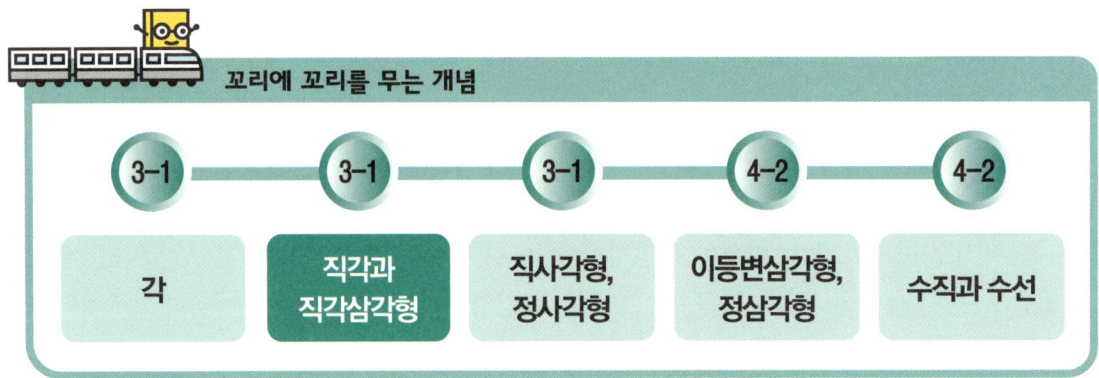

무엇이든 물어보세요

 상자나 책에는 왜 직각이 많은가요?

물건에 직각이 많으면 어떤 장점이 있을까요? 물건이나 상자가 둥근 모양이면 보기에 예쁘지만 정리하거나 쌓아 두기에는 빈틈이 많이 생깁니다. 어떤 면을 빈틈없이 채우려면 직각이 유리합니다. 서로 직각인 면을 가진 물건을 4개 모으면 빈틈없이 공간을 채울 수 있습니다. 건물 역시 직각이 들어 있도록 짓기 때문에 보다 안전하고 넓은 공간을 확보할 수 있습니다.

 **옛날에는 직각을 어떻게 만들었나요?**

고대 이집트 시대에도 토지를 측량하거나 건축물을 짓는 데 직각이 필요했습니다. 그때 사람들은 밧줄 매듭을 이용하여 직각을 만들었습니다. 같은 간격으로 매듭을 묶어 변의 길이가 3, 4, 5가 되는 삼각형을 만들면 한 각이 직각인 직각삼각형이 된다는 것을 알아냈던 것입니다.

수학자 피타고라스는 이 도형이 직각삼각형이 되는 이유를 수학적으로 증명하였습니다.

| 평면도형 | 직사각형과 정사각형 |

직각이 있는 사각형은 모두 직사각형이죠?

아이는 왜?

직각삼각형에는 직각이 하나뿐입니다. 그래서 한 각 또는 두 각이 직각인 사각형도 직사각형이라고 생각할 수 있습니다. 이는 직사각형의 개념을 확실히 알지 못하기 때문입니다. 네 각이 모두 직각인 경우에만 직사각형이라고 합니다.

30초 해결사

- **직사각형** : 네 각이 모두 직각인 사각형

- **정사각형** : 네 각이 모두 직각이고, 네 변의 길이가 모두 같은 사각형

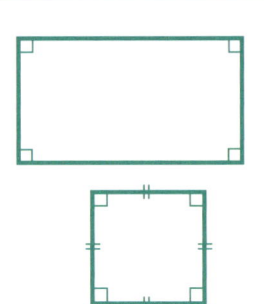

 **그것이 알고 싶다**

여러 가지 사각형에서 직각인 부분을 찾아 직각 표시(┗)를 해 봅니다. 어른들은 눈으로 쉽게 파악되지만 아이들은 아직 서툴기 때문에 삼각자를 이용하여 직각을 확인하는 것이 좋습니다.

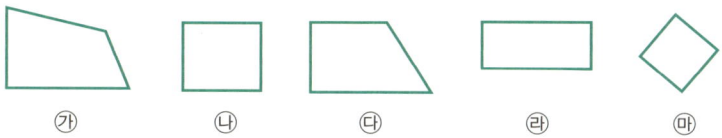

㉯, ㉰, ㉱와 같이 네 각이 모두 직각인 사각형의 이름을 생각해 본 후 다음과 같이 약속합니다.

"네 각이 모두 직각인 사각형을 직사각형이라고 한다."

직사각형인 것과 직사각형이 아닌 것을 분류하는 활동을 많이 하면 개념을 확실히 하는데 도움이 됩니다. 즉 직사각형의 개념을 확실하게 체득하기 위해서는 직사각형인 것들과 직사각형이 아닌 것을 많이 보고, 여러 도형을 직사각형인 것과 아닌 것으로 나누어 보는 활동을 많이 해야 합니다. 또한 직사각형이 아닌 것은 왜 직사각형이 될 수 없는지, 그 이유를 설명해 봅니다.

이번에는 직사각형 각 변의 길이를 재어 보고 그 특징을 알아보는 활동을 해 봅니다. ㉯, ㉰와 같이 네 각이 모두 직각이고 네 변의 길이가 모두 같은 사각형에 어울리는 이름을 생각해 본 후 다음과 같이 약속합니다.

"네 각이 모두 직각이고, 네 변의 길이가 모두 같은 사각형을 정사각형이라고 한다."

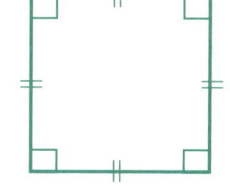

정사각형

도형의 이름을 정할 때 모든 변의 길이가 같고, 모든 각의 크기가 같으면 이름 맨 앞에 '정(正)'을 사용한다. 따라서 사각형 중 네 변의 길이가 모두 같고, 네 각의 크기가 모두 같은 것은 정사각형이다.

한 발짝 더!

직사각형과 정사각형의 성질을 알게 되었다면 도형을 직접 그리거나 만드는 활동을 통해 개념을 명확히 할 수 있습니다. 삼각자, 종이 또는 도형판을 이용하여 직사각형과 정사각형을 만들어 봅니다.

도형의 성질을 알아야 하는 이유

도형을 약속한 후에는 그 성질을 잘 알고 있어야 한다. 이후 도형을 그리고(제작, 작도), 정당화(증명)하는 데 기초가 되기 때문이다.

이때 만드는 방법을 직접적으로 가르쳐 주기보다 아이가 스스로 생각해 보도록 아이에게 질문을 하는 것이 좋습니다. 예를 들어, "색종이를 접고 잘라서 모양과 크기가 다른 직사각형을 4개 만들고 싶은데, 어떻게 하면 좋을까?", "직사각형 종이를 정사각형으로 만들려면 어떻게 해야 할까?" 등의 질문을 통해 생각을 유도하고, 아이가 스스로 종이를 접고 잘라 보면서 직각을 확인하고 각각의 직사각형의 모양과 크기가 어떻게 다른지 확인해 보도록 지도합니다.

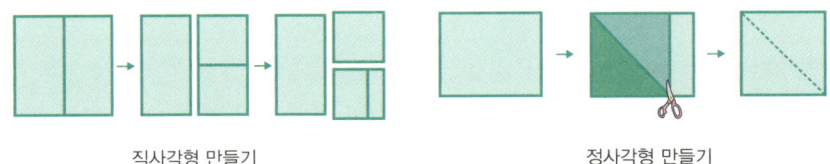

직사각형 만들기   정사각형 만들기

도형판을 이용하면 돌기에 고무줄을 걸어서 직사각형 만드는 시범을 보일 수 있습니다. 고무줄은 잘 늘어나기 때문에 변의 길이를 바꾸는 것이 용이합니다. 직사각형을 만든 후 고무줄을 늘였다 줄였다 하며 변의 길이에 변화를 주는 과정에서 직사각형과 정사각형 사이의 관계를 이해할 수 있습니다.

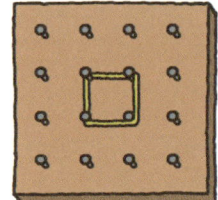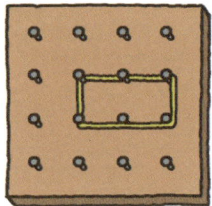

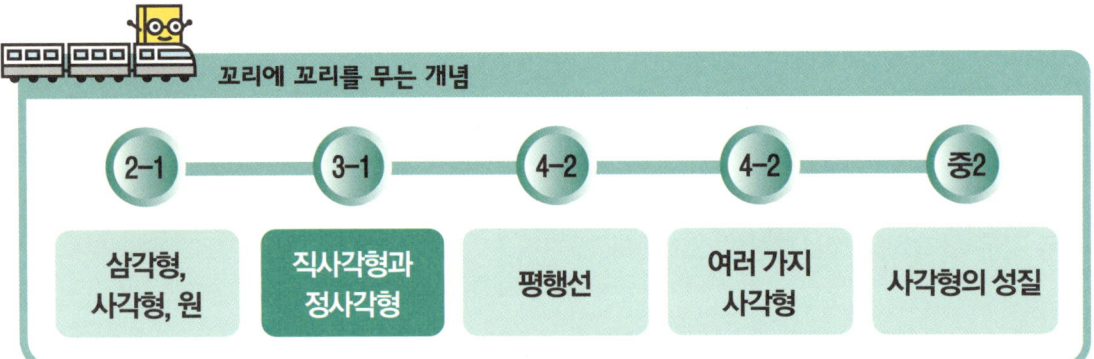

꼬리에 꼬리를 무는 개념

2-1 삼각형, 사각형, 원 — 3-1 **직사각형과 정사각형** — 4-2 평행선 — 4-2 여러 가지 사각형 — 중2 사각형의 성질

무엇이든 물어보세요

다양한 도형을 경험해야 한다는 점이 반복되는데, 많은 예를 보는 게 중요한가요?

도형을 공부하는 데는 두 종류의 다양성이 필요합니다.

첫째, 시각적인 다양성입니다. 이는 다양한 재료, 다양한 방식을 말합니다. 예를 들어, 빨대로 만든 삼각형, 젓가락으로 만든 삼각형, 색종이로 만든 삼각형을 보면서 삼각형이 다양하다는 사실을 느끼는 것입니다.

둘째, 수학적 다양성입니다. 이는 수학적 요소인 각의 크기, 변의 길이 등이 다양하다는 의미입니다. 예를 들어, 직각삼각형에서 변의 길이를 변화시키면 두 변의 길이가 같은 직각이등변삼각형과 세 변의 길이가 모두 다른 직각삼각형이 만들어집니다. 수학적 다양성을 보여 줄 수 있는 다양한 예를 통해 아이 스스로 변의 길이나 각의 크기를 변화시키며 어떤 도형이 만들어지는지 관찰하는 과정에서 수학적 개념이 확실해지고 도형 간의 관계를 이해하게 됩니다.

따라서 도형을 이해하려면 다양한 도형에 대한 경험이 필요합니다.

| 원 | **원의 중심과 반지름** |

3학년 도형과 측정

삼각형, 사각형은 자를 대고 그리는데, 원은 어떻게 그려요?

아이는 왜?

2학년에서는 원 모양을 본 떠 그려 보는 활동 등을 통해 직관적으로 원을 이해했습니다. 3학년에서는 본을 뜨지 않고 원의 중심과 반지름을 이용하여 원을 그립니다. 이때 배우는 원의 개념은 6학년에서 배우는 원주, 원의 넓이 등에 이용되므로 정확히 알아 둘 필요가 있습니다.

30초 해결사

종이 위의 한 점에서 일정한 거리에 있는 점들을 이어서 만든 도형이 '원'이다. 이때 한 점은 '원의 중심'이 되고, 일정한 거리는 '원의 반지름'이 된다. 한 원에서 반지름은 모두 같다.

그것이 알고 싶다

팔이나 다리로 원을 만들어 보고, 실에 단추를 묶어 돌리며 그 움직임을 관찰합니다. 팔과 다리, 단추가 지나간 길이 원이라는 것을 알게 됩니다. 또 실의 길이를 길게 하거나 짧게 하는 활동을 통해 원의 중심과 반지름의 길이를 직관적으로 익히도록 지도합니다.

이제 도구를 이용하여 원을 그려 봅니다. 두꺼운 종이와 압정을 이용합니다. 두꺼운 종이에 여러 개의 구멍을 뚫으면 중심이 같으나 크기가 다른 여러 개의 원을 그릴 수 있습니다.

활동이 끝나면 활동 내용을 통해 다음과 같이 약속합니다.

"압정이 있는 곳을 원의 중심이라 하고 두꺼운 종이의 구멍까지의 길이, 즉 원의 중심에서 원 위의 한 점까지의 거리를 원의 반지름이라고 한다."

원을 그리기 위해서는 원의 중심과 원의 반지름이 필요합니다. 그리고 원의 크기는 원의 반지름에 의해 결정됩니다. 다양한 크기의 원 그리기 활동을 통해 아이가 이를 간접적으로 인식하도록 지도합니다.

 **한 발짝 더!**

원이 어떻게 그려지는지 알게 되었으니 더 쉽고 정확하게 원 그리는 방법을 알아봅니다.

본을 뜨지 않고 도화지에 시계를 그릴 수 있는 방법이 있을까요? 반지름의 길이를 알면 시계와 같은 크기의 원을 그릴 수 있습니다. 또한 원의 반지름의 길이를 알면 컴퍼스를 이용하여 크기가 같은 원을 그릴 수 있습니다.

컴퍼스로 원 그리는 방법
1. 컴퍼스의 침과 연필심의 길이를 맞춘다.
2. 원의 중심이 되는 점을 정한다.
3. 컴퍼스를 원의 반지름의 길이만큼 벌린다.
4. 컴퍼스의 침을 원의 중심에 꽂고 원을 그린다.

이제 컴퍼스로 다양한 크기의 원을 그려 봅니다. 원의 중심은 같고 반지름의 길이가 다른 원, 원의 반지름의 길이는 같고 원의 중심이 다른 원 등 다양하게 그려 봅니다.

무엇이든 물어보세요

 원을 그릴 때 꼭 컴퍼스를 사용해야 하나요?

꼭 컴퍼스로 그려야 하는 것은 아닙니다. 원 모양의 물건을 대고 그려도 될 것입니다. 하지만 이 방법에는 원의 중심을 찾기가 어렵다는 단점이 있습니다. 컴퍼스는 원의 중심과 반지름의 길이를 이용하여 편리하게 원을 그리도록 만들어진 도구 중 하나입니다.

 **다음 디자인은 어떻게 그린 것인가요?**

분명 원으로 그린 것 같은데 직접 그리려고 하면 어떻게 그려야 할지 고민되는 경우가 있습니다. 원의 중심과 반지름을 생각하면서 처음 그려진 원의 모양을 떠올려 보세요. 이때 원의 중심을 도형의 밖에서 찾아야 하는 경우도 있으니 주의하여 보아야 할 것입니다.

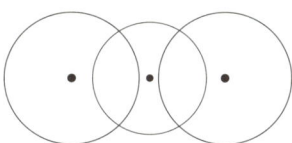

3학년 도형과 측정

| 원 | **원의 지름** |

원에는 지름이 1개 아닌가요?

 **아이는 왜?**

원을 배울 때 아이들은 원의 중심과 반지름을 먼저 배웁니다. 그리고 원을 반으로 나누는 과정을 통해 지름을 배웁니다. 이 과정에서 지름을 하나 그리고 나면 거기에 다른 선이 겹쳐서는 안 된다고 생각하는 경우가 있습니다. 원의 지름은 원의 중심을 지나는 모든 선분을 말합니다.

30초 해결사

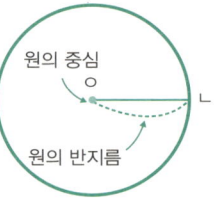

- 원의 중심을 지나는 선분 ㄱㄴ을 원의 지름이라고 한다.
- 반지름의 길이는 지름의 길이의 반이다.
- 지름의 길이는 반지름의 길이의 2배이다.

 **그것이 알고 싶다**

우리는 케이크나 피자를 자를 때 똑같은 크기의 조각을 만들고 싶어 합니다. 이런 활동에는 원의 중심과 지름이라는 수학적 개념이 포함되어 있습니다. 컴퍼스로 원을 그린 후 케이크나 피자를 자르듯이 여러 가지 선을 그려 보고, 이 중 가장 긴 선분을 찾아봅니다. 이 선분을 따라 원을 자르면 어떻게 될까요?

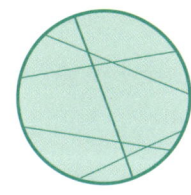

자만으로는 지름을 정확히 찾기가 어렵습니다. 따라서 원을 접을 때 생기는 선분의 길이를 재는 활동을 여러 번 해 봅니다. 그리고 원을 나누어 양쪽의 크기가 점점 비슷해질 때 선분의 길이가 어떻게 달라지는지, 양쪽이 아주 똑같으려면 선분의 길이가 어떻게 되어야 하는지 아이에게 질문해 봅니다.

"가장 긴 선분으로 자르면 똑같은 모양이 2개 나온다.", "반으로 나눌 수 있다."는 내용을 알고 있다면 이제 컴퍼스로 그린 하나의 원에 가장 긴 선분을 여러 개 긋고 그 선들의 공통점을 찾습니다. 그리고 원을 자르는 가장 긴 선분을 그릴 수 있는 방법을 생각해 봅니다. 대부분이 원의 중심을 지나도록 선을 그릴 것입니다. 그러면 원의 중심을 지나는 선분은 무수히 많고 그 선분의 길이는 모두 같다는 사실을 아이들이 찾을 수 있도록 지도한 후 다음과 같이 약속합니다.

"원의 중심을 지나는 선분 ㄱㄴ을 원의 지름이라고 한다."

원의 지름을 약속한 후에는 원의 반지름과 원의 지름과의 관계를 이해하도록 지도합니다.

원의 중심에서 원 위의 한 점을 잇는 선분을 많이 그리고 그 길이를 자로 재어 원의 지름의 길이와 비교하여 봅니다. 이 활동을 통해 아이들은 "한 원에서 반지름의 길이는 모두 같고 지름의 길이는 반지름 길이의 2배가 된다." 또는 "반지름의 길이는 지름의 길이의 반($\frac{1}{2}$)이다."라는 사실을 발견할 수 있습니다. 다양한 크기의 원에서 이러한 사실을 확인하도록 지도합니다.

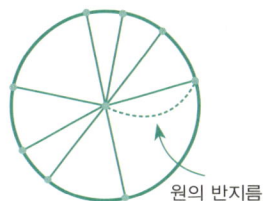

한 발짝 더!

원의 반지름과 지름의 이해를 돕는 또 다른 방법이 있습니다. 먼저 실을 묶어 작은 매듭을 만듭니다. 실의 한쪽을 핀으로 고정하고 반대쪽에 연필을 넣어 원을 그립니다. 원이 그려지면 실의 한쪽을 가위로 잘라 펼칩니다. 이 실의 길이가 원의 지름의 길이입니다. 그리고 실을 반으로 자르면 반지름의 길이가 됩니다. 이렇게 하면 아이들이 직관적으로 원의 지름과 반지름을 이해하는 데 도움이 됩니다.

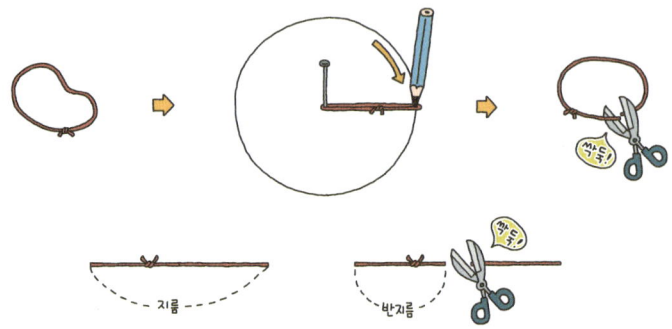

원의 중심과 반지름을 이해했다면 그 내용을 자신의 문장으로 정리하여 쓰거나 말해 봅니다. 다음 문장의 빈칸을 채우는 것도 개념을 정리하는 데 도움이 됩니다.

- 원 위의 모든 점은 [　　　]에서 같은 거리에 있다.
- 원 위의 점에서 원의 중심까지의 거리는 [　　　]과 같다.
- 원 위의 두 점을 잇는 선이 원의 중심을 지나면 그 선분은 [　　　]이다.

답 : (순서대로) 원의 중심, 반지름, 지름

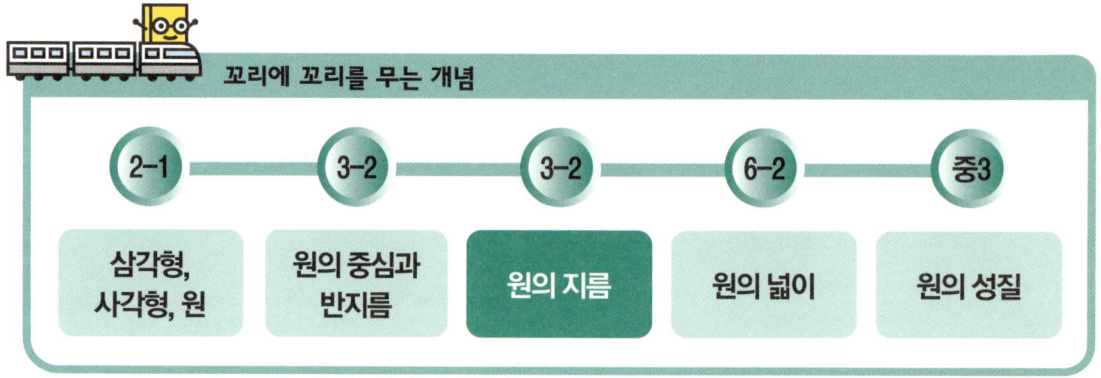

무엇이든 물어보세요

 **원기둥에서 밑면의 지름의 길이는 어떻게 재나요?**

　원기둥의 경우 밑면을 종이에 대고 본 뜬 후 지름의 길이를 잴 수 있습니다. 하지만 이런 방법으로 커다란 나무나 드럼통의 지름의 길이는 잴 수 없습니다. 이런 경우에는 버니어캘리퍼스라는 기구를 사용합니다. 버니어캘리퍼스에 있는 부리 모양의 조(jaw) 사이에 물건을 끼우고 눈금을 읽으면 물건의 지름의 길이를 알 수 있습니다. 이 원리를 이용하여 커다란 물건 주위에 긴 막대 2개를 나란히 놓고 막대 사이의 거리를 재면 버니어캘리퍼스를 사용하지 않고도 물건의 지름의 길이를 잴 수 있습니다.

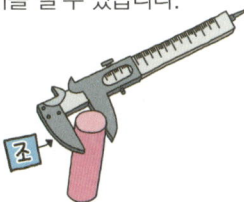

 **원 모양을 종이에 본 떴다면 거기에서 원의 중심을 어떻게 찾나요?**

　원에서 가장 긴 선분을 여러 개 그으면 만나는 점이 있습니다. 그 점이 바로 원의 중심입니다. 아니면 원을 반으로 접고 또 다른 방향으로 반을 접으면 만나는 점이 생깁니다. 마찬가지로 그 점이 원의 중심입니다. 수학적으로 정확한 중심 찾기는 중학교에서 다시 배우게 됩니다.

| 길이와 시간 | **1mm 알기**

키는 140인데 신발은 210이라는 게 말이 되나요?

 **아이는 왜?**

길이의 단위에서 m, cm, mm 사이의 관계를 정확히 모르면 혼동이 옵니다. mm(밀리미터)를 m(미터)가 2개 있는 것으로 여겨 mm가 m보다 더 긴 길이를 나타낸다고 생각하는 아이들이 많습니다. 또한 mm 개념을 정확히 알지 못하면 mm와 m를 구분하지 못할 수 있습니다.

 30초 해결사

1mm는 '일 밀리미터'라 읽고 다음과 같이 쓴다.
1cm = 10mm

$1mm$

그것이 알고 싶다

발의 길이와 같이 1cm보다 작은 길이를 정확히 잴 필요가 있을 때 1mm를 사용합니다. 1mm는 '일 밀리미터'라 읽고 다음과 같이 씁니다.

1mm

눈금자를 보면 숫자와 숫자 사이에 작은 눈금이 10칸 있습니다. 이 작은 눈금 한 칸이 1mm입니다. 그리고 5mm마다 눈금 길이가 조금 길게 표시되어 있습니다. 이는 눈금을 쉽게 읽도록 하기 위한 것입니다.

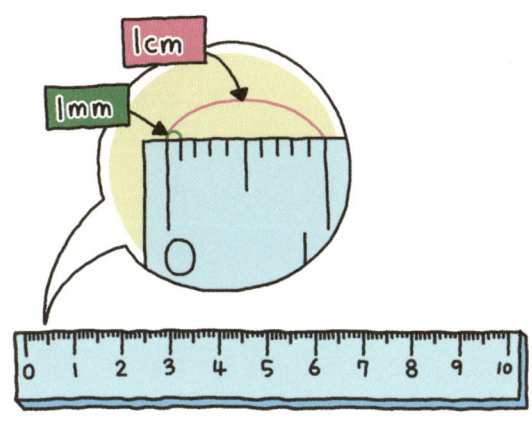

1cm = 10mm

mm가 일상생활에서 사용되는 예를 찾아보는 것도 mm를 익히는 데 도움이 됩니다. 샤프심의 두께, 볼펜심의 굵기, 신발의 치수 등 일상생활에서 mm가 사용되는 예를 찾으며 양감을 기르도록 도와줍니다.

1mm, 1cm, 1m는 모두 길이의 단위이고, 이들은 서로 관계를 맺고 있습니다.
1mm에서 m(밀리)는 $\frac{1}{1000}$을 뜻합니다.
따라서 1mm = $\frac{1}{1000}$m입니다.
1cm = $\frac{1}{100}$m이므로 1cm = 10mm인 관계가 형성됩니다.
1mm, 1cm, 1m 사이에 일정한 규칙이 있음을 알고 이를 발견해 나가는 과정에서 아이들은 발견의 기쁨과 성취감을 갖게 될 것입니다.

 **한 발짝 더!**

신발의 크기는 안전 및 건강과 관련이 있기 때문에 정확히 표기할 필요가 있습니다. 그래서 mm로 표기합니다. 즉, 신발 크기 200은 200mm를 뜻합니다. 그럼 200mm는 어느 정도 되는 길이일까요? 10mm가 1cm이므로 100mm는 10cm, 200mm는 20cm가 됩니다.

반대로 4cm 3mm는 몇 mm일까요?

$$4cm\ 3mm = 4cm + 3mm$$
$$= 40mm + 3mm$$
$$= 43mm$$

따라서 4cm 3mm = 43mm입니다.

우유의 양(mL), 과자에 들어 있는 성분의 양(mg), 샤프심의 두께(mm) 등 일상생활에서 m(밀리)를 사용하는 예는 아주 많습니다.

이때 m(밀리)는 $\frac{1}{1000}$의 의미를 갖습니다.

$$1m의\ \frac{1}{1000} = 1m \times \frac{1}{1000} = 1mm$$

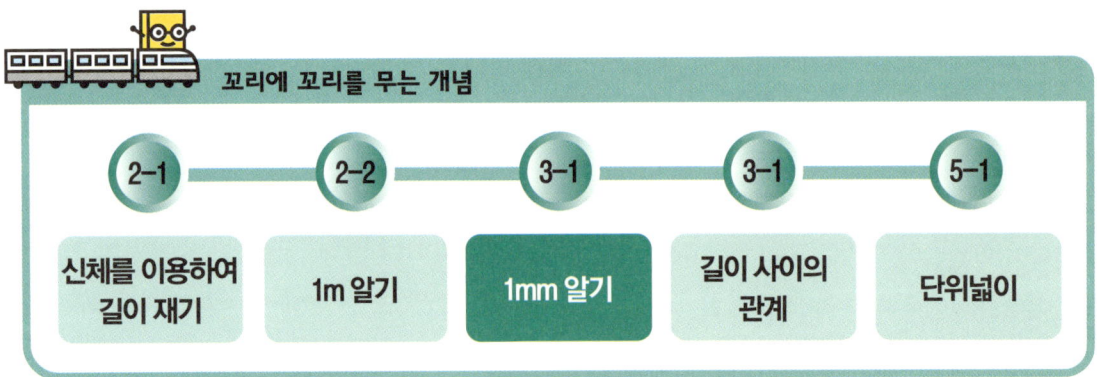

무엇이든 물어보세요

62mm를 5cm 12mm라고 하면 틀리나요?

5cm에 12mm를 더하면 62mm가 됩니다. 그런데 62mm를 5cm 12mm라고 표현하면 어색합니다. 12mm는 1cm 2mm이기 때문에 6cm 2mm가 자연스러운 표현입니다. 또한 수학에서는 간단하게 표현하는 데 가치를 두기 때문에 5cm 12mm보다는 6cm 2mm가 더 좋은 표현입니다.

"3cm − 1cm 5mm = ☐"와 같은 문제를 풀지 못해요.

길이의 합과 차를 구할 때는 작은 단위부터 계산합니다. 그런데 3cm에는 mm가 나타나 있지 않기 때문에 3cm = 2cm + 1cm = 2cm + 10mm로 바꾸어 계산합니다. 수의 덧셈과 뺄셈과 같이 세로셈으로 단위를 맞춰 쓴 후, 작은 단위부터 계산하면 편리합니다.

$$\begin{array}{r} \overset{2}{\cancel{3}}\text{cm}\ \ \overset{10}{} \\ -\ 1\text{cm}\ \ 5\text{mm} \\ \hline 1\text{cm}\ \ 5\text{mm} \end{array}$$

| 길이와 시간 | **길이 사이의 관계**

km와 mm는 어떤 관계인지 궁금해요.

 **아이는 왜?**

아이들은 지금까지 길이를 나타내는 단위인 mm, cm, m, km와 각 단위길이 사이의 관계를 배웠습니다. 그렇다면 km와 mm 사이에는 어떤 관계가 있는지 궁금증이 생길 수 있습니다. 이때 수가 커지기 때문에 아이들이 이 부분을 어려워하기도 합니다. 이를 해결하려면 단위 사이의 관계를 정확히 알아야 하겠습니다.

30초 해결사

mm, cm, m, km의 관계

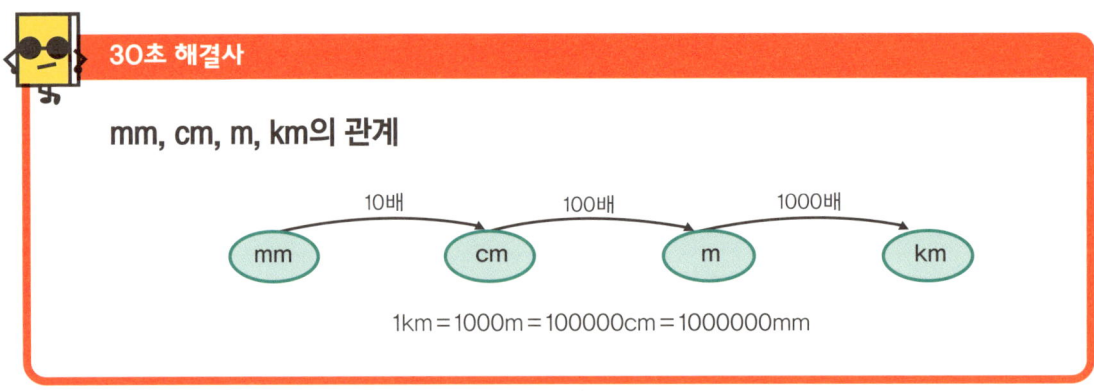

1km = 1000m = 100000cm = 1000000mm

그것이 알고 싶다

길이의 기준이 되는 것은 1m입니다. 1m를 100등분한 것 중 하나가 1cm입니다. 100cm가 1m와 같다는 것은 줄자를 활용해 알아볼 수 있습니다. 줄자로 양팔 벌린 길이를 재어 본다든가 책상의 길이를 재어 보면서 m와 cm의 관계를 확인합니다.

$$1m = 100cm$$

1cm를 10등분한 것 중 하나는 1mm입니다. 이는 눈금자를 통해 쉽게 알 수 있습니다.

$$1cm = 10mm$$

1m의 1000배는 1km(킬로미터)입니다.

$$1km = 1000m$$

따라서 mm, cm, m, km의 관계는 다음과 같습니다.

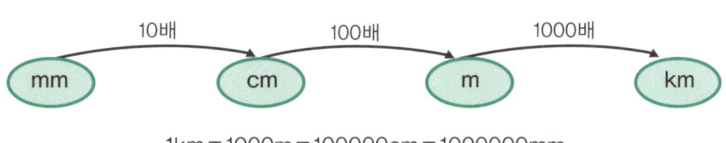

1km = 1000m = 100000cm = 1000000mm

mm는 신발 크기나 물건의 두께, 강우량, 적설량, 동식물의 성장 속도 등을 나타낼 때 사용되고, cm는 키, 물건의 길이 등을 나타낼 때, m는 주로 거리를 나타내며 km는 장거리를 나타낼 때, 도로 표지판 등에 사용됩니다.

미터법

계량법을 국제적으로 통일하기 위해 프랑스의 한 기관이 만든 도량형법. 지구 둘레 길이의 $\frac{1}{40000000}$을 1m로, 각 모서리 길이가 10cm인 정육면체와 같은 부피의 4℃ 물의 질량을 1kg으로, 그 부피를 1L로 정하였다.

한 발짝 더!

지구에서 태양까지의 거리는 약 1억 5000만km입니다. 이 거리를 걸어서 간다고 하면 우리는 4270년 후에야 태양에 도착합니다. 이렇게 먼 거리를 나타낼 때는 빛의 속도를 기준으로 하는 새로운 단위를 사용합니다.

1초에 약 30만km를 이동하는 빛이 지구에서 태양까지 가는 데 걸리는 시간은 8분 18초입니다. 그렇다면 1년 동안에는 얼마만큼 갈까요?

1년은 31536000초입니다. 여기에 빛의 속도 30만km/초를 곱하면, 빛은 1년에 약 9460800000000km를 이동합니다. 이렇게 빛이 1년 동안 가는 거리를 '1광년'이라고 합니다. 지구와 우주에 있는 별까지의 거리는 광년으로 나타냅니다.

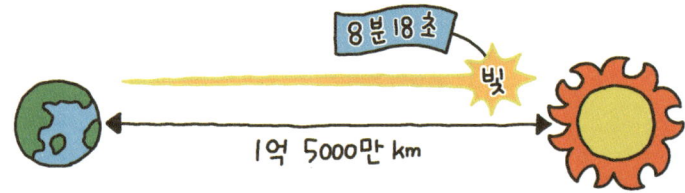

지구상에서는 아무리 긴 길이나 거리도 km로 충분히 나타낼 수 있습니다. 대신 1mm보다 작은 길이에는 새로운 단위들이 필요합니다. 최근에 많이 쓰이는 '나노'는 나노미터(nm)의 줄임말로 길이를 나타내는 단위입니다. $1\text{nm} = \frac{1}{10억}\text{m}$입니다. 나노는 전자현미경으로만 볼 수 있는 아주 미세한 세계입니다.

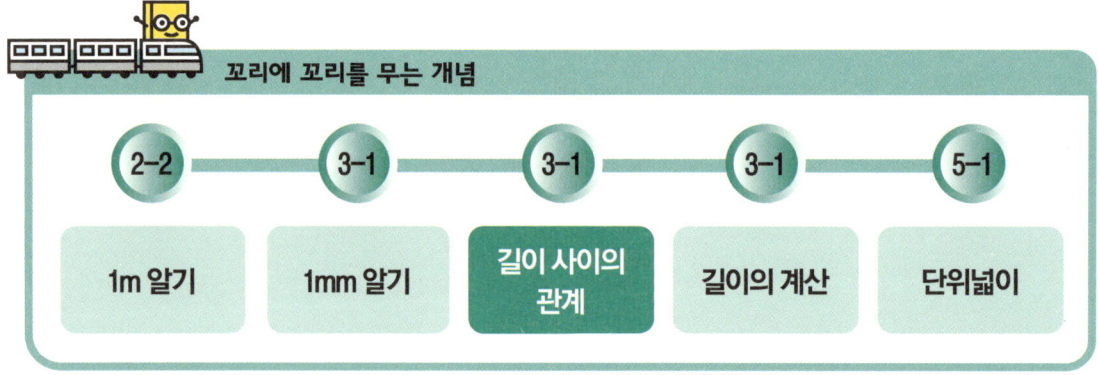

무엇이든 물어보세요

 1in(인치)는 몇 cm인가요?

1in는 2.54cm입니다. 미국이나 영국 등에서는 길이의 단위로 in, yd(야드), mile(마일)을 많이 사용합니다. 1yd는 0.9144m, 1mile은 1.6093km입니다. 우리나라에서는 허리둘레, 가슴둘레, 텔레비전이나 모니터의 크기 등에 in를 사용합니다.

> 1in = 2.54cm
> 1yd = 3ft = 91.44cm
> 1mile = 1760yd = 1.6km

 미터법이 있는데 미국 등에서는 왜 in(인치)를 사용하나요?

미국은 과거 영국의 식민지였던 관계로 아직도 영국의 영향을 받아 야드파운드법을 사용하고 있습니다. 1ft(피트)는 보통 사람의 발 길이, 1yd는 코끝에서 팔을 내린 손의 중지 끝까지 길이에서 유래했습니다.

 왜 길이 단위에는 '메가'나 '기가'를 쓰지 않나요?

일상생활에서 그렇게 큰 단위를 사용할 필요성을 느끼지 못하기 때문입니다. 대신 아주 긴 길이는 빛의 속도를 뜻하는 '광년'이라는 단위를 써서 나타내기도 합니다.

| 길이와 시간 | **길이의 계산** |

2km 200m − 1km 800m를 어떻게 계산하나요?

 **아이는 왜?**

2km 200m − 1km 800m를 계산하기 위해 km를 m로 환산하는 과정을 이해하지 못하는 경우가 있습니다. 단위 사이의 관계는 아이들이 많이 어려워하는 내용입니다. 또한 1km가 1000m임을 알지 못하는 경우에도 이와 같은 질문을 할 수 있습니다.

 30초 해결사

길이의 합(덧셈)과 차(뺄셈)를 구하는 방법

① 단위를 1가지로 통일한다.
  예) 3km 200m + 5km 400m = 3200m + 5400m = 8600m

② 같은 단위끼리 계산한다.   예)
```
    30km   400m
  +  1km   900m
  ─────────────
    31km  1300m
           1 ← 1000
  ─────────────
    32km   300m
```

 **그것이 알고 싶다**

길이를 더하거나 뺄 때는 2가지 방법을 생각할 수 있습니다.

첫 번째 방법은 단위를 하나로 통일하는 것입니다. 다시 말해 2km 300m + 3km 800m를 계산하려면 km를 모두 m로 바꿉니다.

2km 300m = 2km + 300m = 2000m + 300m = 2300m
3km 800m = 3km + 800m = 3000m + 800m = 3800m
2km 300m + 3km 800m = 2300m + 3800m = 6100m = 6km 100m

두 번째 방법은 같은 단위끼리 더하거나 빼는 것입니다. 같은 단위끼리 줄을 맞춰 세로셈으로 계산하면 편리합니다. 같은 단위끼리 길이를 합한 후 10mm는 1cm로, 100cm는 1m로,

```
   12cm   5mm            30km   400m
 +  8cm   6mm          +  1km   900m
 ─────────────         ─────────────
   20cm  11mm            31km  1300m
    1 ← 10                1  ← 1000
 ─────────────         ─────────────
   21cm   1mm            32km   300m
```

1000m는 1km로 바꾸어 계산합니다.

같은 단위끼리 비교하여 빼는 수가 더 크다면 1cm는 10mm로, 1m는 100cm로, 1km는 1000m로 바꾸어 계산합니다.

```
   11   10              2   1000
   12cm  5mm            3km  400m
 -  8cm  6mm          - 1km  900m
 ─────────────        ─────────────
    3cm  9mm            1km  500m
```

한 발짝 더!

서영이가 집에서 자전거를 타고 민주네 집에 들러 민주와 같이 도서관에 갔다가 박물관으로 이동한 거리는 다음과 같습니다. 집에서 박물관까지의 거리를 구해 보겠습니다.

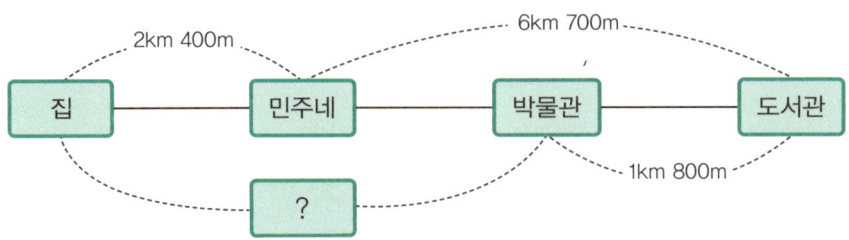

주어진 조건에 의해 식을 세우면 다음과 같습니다.

$$2km\ 400m + 6km\ 700m - 1km\ 800m$$

계산 방법은 다음과 같이 두 가지로 생각할 수 있습니다.

① 2km 400m + 6km 700m − 1km 800m = 8km 1100m − 1km 800m
                                        = 7km 300m

②
```
    2km  400m           8km 1100m
  + 6km  700m         − 1km  800m
   ─────────           ─────────
    8km 1100m           7km  300m
```

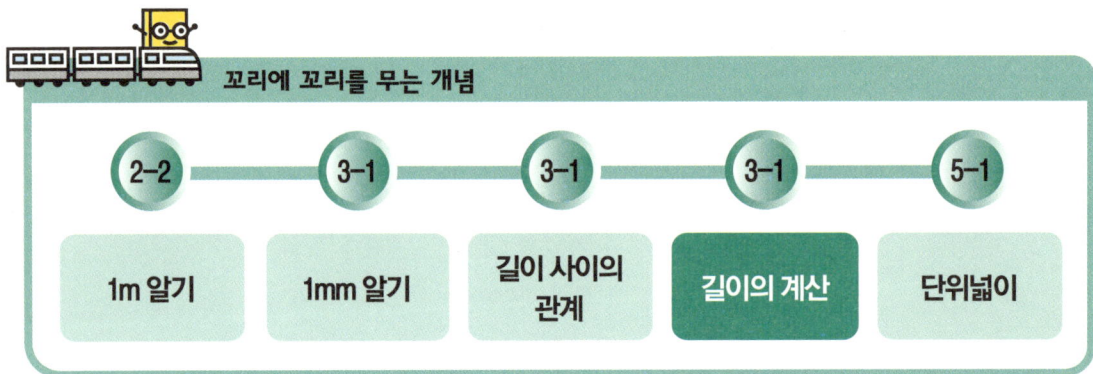

무엇이든 물어보세요

 **받아내림 때문에 길이 계산을 어려워합니다.**

길이의 뺄셈을 잘 하려면 km, m, cm, mm 사이의 관계를 이해하고, 이들 단위를 환산할 수 있어야 합니다. 단위 환산에 문제가 없는데 길이 계산을 잘 하지 못한다면, 이는 받아내림에서 지속적으로 실수를 범하기 때문일 수 있습니다.

3학년이면 대부분 덧셈과 뺄셈을 쉽게 계산해 내지만 아직 받아내림에서 어려움을 겪는 아이들이 있습니다. 그렇다면 3학년이라 할지라도 수 모형, 바둑돌과 같은 (반)구체물로 받아내림을 연습해야 합니다.

학부모 중에는 암산을 선호하여 손가락, 바둑돌 등으로 계산하는 아이를 나무라는 경우가 있습니다. 학년이 올라가고 연산에 익숙해지면 자연스럽게 손가락셈이나 구체물을 활용하지 않게 되기도 하며, 계속 손가락을 이용한다 해도 문제가 있는 것은 아닙니다.

 **단위 사이의 관계를 쉽게 암기하는 방법이 있을까요?**

무조건 암기가 최선은 아닙니다.

단위 사이의 관계는 그 관계를 그림으로 그려 가면서 파악할 수 있습니다. 수학에서 그림 그리기는 관계를 이해하는 데 매우 유용한 전략입니다.

또 단위를 나타낼 때는 접두어라고 하는 기호를 사용합니다.

1km에서 k(킬로)는 1000을,
1cm에서 c(센티)는 $\frac{1}{100}$을,
1mm에서 m(밀리)는 $\frac{1}{1000}$을 나타냅니다.

이처럼 단위의 접두어를 살펴보는 것도 단위 사이의 관계를 이해하는 데 도움이 됩니다.

| 들이와 무게 | **무게 알기** |

1000 g이 1kg보다 더 무거운 것 아닌가요?

 **아이는 왜?**

무게를 비교하려면 2가지 사실을 알고 있어야 합니다. 두 수의 크기 비교를 할 수 있어야 하고, 단위 사이의 관계를 알아야 합니다. 즉, 무게에 대한 개념뿐 아니라 두 수의 크기 비교 방법과 무게의 단위 사이의 관계도 정확히 알아야 하겠습니다.

 30초 해결사

무게란 무거운 정도를 말한다.
- '무겁다', '가볍다'
- 무게의 단위 : g, kg
- 1000 g = 1kg

 그것이 알고 싶다

　무게는 어떤 물건의 무거운 정도, 지구가 어떤 물체를 잡아당기는 힘을 말합니다. 무거운 정도는 '무겁다', '가볍다'로 나타내는데, 시소나 천칭, 양팔 저울을 이용해 무게를 비교할 수 있습니다. 무거운 정도는 상대적인 개념입니다. 시소에서 무거운 쪽은 아래로 내려가고, 가벼운 쪽은 위로 올라가는 현상에 대해 이야기 나누면서 무게가 같은 경우에는 어떻게 될지 생각해 봅니다.

　이후 주변에서 무게가 비슷한 경우를 찾아보며 정확한 무게 재기의 필요성을 인지하도록 지도하고, 무게를 재는 도구에 대해서도 알아봅니다.

　몸무게를 잴 때는 체중계를 사용하고, 채소나 고기의 무게는 접시 자동 저울로 잽니다. 접시 자동 저울을 이용할 때는 눈금을 0에 맞춘 다음 접시 위에 물건을 올려놓고 눈금을 읽습니다. 두 물건의 무게를 비교할 때는 양팔 저울이나 윗접시 저울을 사용합니다.

　무게를 나타내는 단위는 g(그램) 또는 kg(킬로그램)입니다.

$$1000\,g = 1\,kg$$

　우리가 가볍다고 생각하는 물체의 무게는 대부분 g으로 나타나고, 사람의 몸무게나 쌀 등은 kg을 단위로 하여 나타냅니다.

한 발짝 더!

단위는 필요에 의해 만들어 낼 수 있습니다. 예전에는 컴퓨터 저장 장치 용량을 나타낼 때 MB(메가바이트)를 사용했지만 지금은 GB(기가바이트), TB(테라바이트) 등으로 나타냅니다. 파일의 용량이 늘어났기 때문입니다. 무게 단위도 마찬가지입니다.

> **수를 나타내는 접두어**
> K(킬로) : 1000(천)
> M(메가) : 1000000(백만)
> G(기가) : 1000000000(십억)
> T(테라) : 1000000000000(조)

1kg보다 훨씬 무거운 물체의 무게는 t(톤)을 사용하여 나타냅니다. 저수지 물의 양이나 운송 수단에 실을 수 있는 무게 등을 t으로 나타낼 수 있습니다. 1t은 1000kg과 같은 무게입니다.

반대로 약의 용량같이 1g보다 더 가벼운 물체의 양은 mg(밀리그램)으로 나타냅니다. 1000mg은 1g과 같습니다.

이러한 무게 단위 사이의 관계를 정리하면 다음과 같습니다.

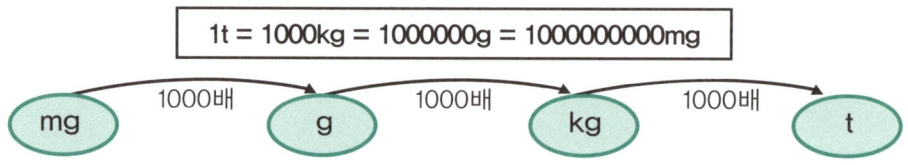

우리 주변에서는 g, kg, t을 어떤 경우에 사용하고 있을까요?
- mg : 약이나 음식물의 성분 함량을 나타낼 때
- g : 과일, 야채 등의 무게, 요리 재료의 필요량을 나타낼 때
- kg : 노트북, 텔레비전, 세탁기 등 큰 물건의 무게나 몸무게를 나타낼 때
- t : 운송 수단에 실을 수 있는 무게, 저수지 물의 양 등을 나타낼 때

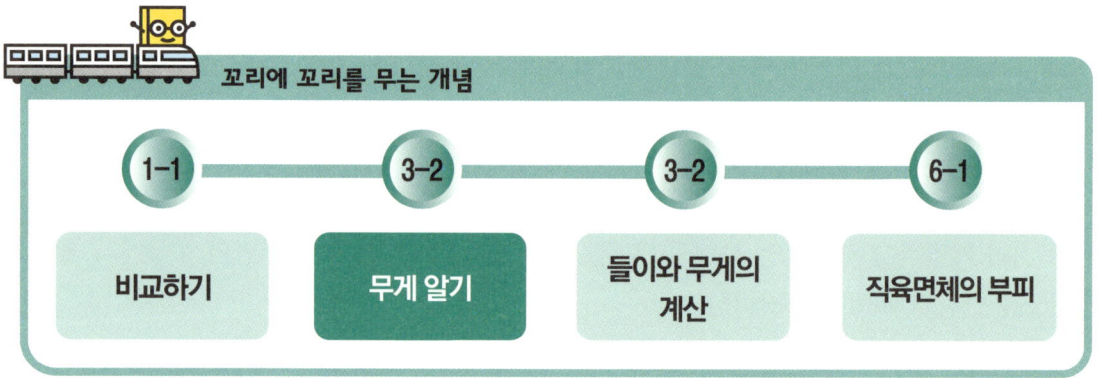

무엇이든 물어보세요

크기가 크면 무게도 무거운가요?

반드시 그렇지는 않습니다. 풍선은 크기가 커도 안이 비어 있기 때문에 가볍습니다. 반대로 돌멩이는 크기가 작아도 안이 차 있기 때문에 무겁습니다.

왜 달에서는 몸무게가 줄어드나요?

무게는 지구가 물체를 끌어당기는 힘을 말합니다. 우리 몸무게는 지구의 중력이 잡아당기는 힘에 의해 결정됩니다. 그래서 사실 몸무게는 '30kg중'으로 나타내는 것이 정확한 표현입니다.

달은 지구보다 중력이 약하기 때문에 달에서는 몸무게가 적게 나갑니다. 마찬가지로 중력이 전혀 없는 우주 공간에서는 몸무게가 거의 0에 가깝습니다.

아이가 3kg 420g와 3400g 중 어느 쪽이 더 무거운지를 모르는데, 어떻게 지도해야 할까요?

kg과 g이 섞여 있는 두 무게를 비교할 때는 단위가 작은 g으로 바꾸어 계산하면 편리합니다. 즉 1kg = 1000g이므로 3kg = 3000g, 3kg 420g = 3420g이 됩니다. 이제 3420g과 3400g을 비교하면 3kg 420g이 더 무겁다는 답을 얻게 됩니다.

3학년 도형과 측정

| 들이와 무게 | 들이 알기 |

3학년 도형과 측정

들이가 정확히 무엇인가요?

 **아이는 왜?**

들이는 부피와 자주 혼동되어 쓰이는 용어입니다. 아이들이 들이의 개념을 정확히 이해하지 못하고 들이와 관련된 문제를 접하면 혼란스럽기 마련입니다.

 **30초 해결사**

들이 : 어떤 통이나 용기(그릇) 안에 들어갈 수 있는 공간의 크기

그릇의 들이 : 그릇에 담을 수 있는 최대한의 양

그릇의 들이

100 초등수학사전

 **그것이 알고 싶다**

들이는 어떤 통이나 용기(그릇) 안에 들어갈 수 있는 공간의 크기를 말합니다. 흔히 그릇 안에 담을 수 있는 양을 생각하면 됩니다.

들이를 학습할 때는 여러 모양의 그릇을 놓고 어떤 그릇의 들이가 가장 큰지 알아보는 등 직접 보고 판단할 수 있는 경험을 반복하는 것이 중요합니다.

흔히, 들이 지도에 가장 많이 쓰이는 것이 크기와 모양이 다른 2개의 그릇에 물을 가득 넣은 후 어느 그릇에 물이 더 많이 들었는지 알아보는 것입니다.

들이
들이는 양이므로 들이를 비교할 때는 '많다' 또는 '적다'라는 말을 사용한다.

크기와 모양이 다른 그릇의 들이 비교

방법① 그릇에 물을 가득 채운 후, 크기와 모양이 같은 큰 수조나 투명한 그릇에 물을 채운다. 투명한 그릇의 물의 높이를 비교한다.

방법② 각각의 그릇에 물을 가득 채운 후, 담긴 물을 작은 컵에 따라 컵의 수로 비교한다. 이것은 그릇의 크기와 모양에 상관없이 모두 이용할 수 있는 방법이 된다.

 **한 발짝 더!**

주사기나 메스실린더, 계량컵 등에는 다음과 같은 눈금과 숫자가 쓰여 있습니다. 이것은 들이가 아니라 액체의 부피를 나타냅니다.

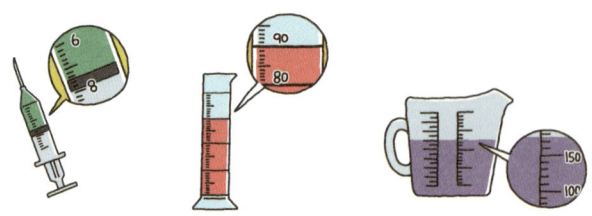

이때 주로 사용하는 단위는 1L(liter, 리터)와 1mL(milliliter, 밀리리터)입니다.

우유, 음료수 등에서 mL나 L를 사용하여 용기 안에 들어 있는 액체의 양(부피)을 나타낸 것을 쉽게 볼 수 있습니다.

마트에 판매되는 우유갑 중에는 크기가 같지만 우유의 양(부피)이 다른 것이 있습니다. 같은 크기의 우유갑이지만 어떤 것은 200mL이고 다른 것은 180mL이지요. 이것은 우유갑의 들이는 200mL보다 크지만 들어 있는 우유의 부피가 200mL, 180mL임을 나타냅니다. 또한 같은 들이의 용기라도 들어 있는 액체의 부피는 다를 수 있습니다. 부피와 들이를 잘 구별하여야 하겠습니다.

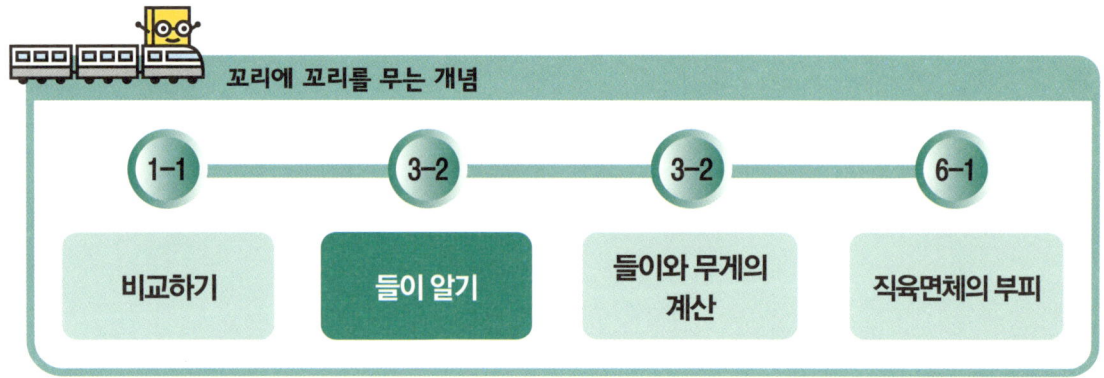

무엇이든 물어보세요

들이는 물이나 우유 같은 액체의 경우에만 사용하나요?

그렇지 않습니다. 들이는 어떤 그릇이나 용기가 차지하는 공간의 크기를 의미하기 때문에 밀가루, 쌀과 같은 고체, 부탄가스와 같은 기체를 잴 때도 사용합니다.

되, 말, 섬 등도 들이의 단위인가요?

되, 말, 섬은 옛날 우리 조상들이 사용했던 들이의 단위입니다. 예를 들어, '콩 1되', '쌀 1말' 등과 같이 곡식의 양을 나타낼 때 사용하였습니다.

1홉은 약 180mL, 1되는 약 1L 800mL이고, 1말은 약 18L, 1섬은 약 180L입니다. 따라서 각 단위 사이에 10배의 관계가 있다는 것을 알 수 있습니다.

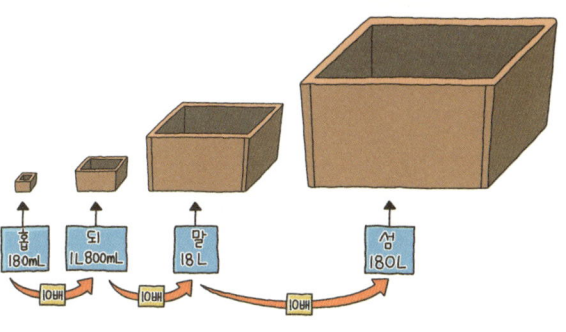

| 들이와 무게 | 들이와 무게의 계산

3L 600mL + 5L 700mL는 어떻게 계산해요?

3학년 도형과 측정

아이는 왜?

숫자 뒤에 단위가 있는 계산은 자연수의 덧셈, 뺄셈과 방법이 같지만, 아이들은 시간 계산 때와 같이 다른 방법이 있을 것으로 생각하는 경우가 있습니다. 무게와 들이의 계산은 자연수의 덧셈, 뺄셈과 같은 방법으로 하고 단위만 잘 처리해 주면 됩니다. 특히 단위 사이의 관계에 주의합니다.

30초 해결사

들이와 무게의 계산 방법

방법① 같은 단위로 바꾼 후 계산한다.

예) 8kg 100g − 3kg 900g = 8100g − 3900g
　　　　　　　　　　　　 = 4200g
　　　　　　　　　　　　 = 4kg 200g

방법② 같은 단위끼리 더하거나 뺀다.

예)　　4L　800mL
　　+ 5L　600mL
　　─────────
　　　　9L 1400mL
　　　　1 ←1000
　　─────────
　　　 10L　400mL

 그것이 알고 싶다

들이와 무게의 계산은 덧셈, 뺄셈을 정확히 할 줄 알면 크게 어려울 것이 없습니다. 들이와 무게 모두 더하거나 빼는 방법은 같기 때문입니다.

방법① 같은 단위로 바꾸어 계산한다.

kg을 g으로 바꾸어 계산합니다. 1kg은 1000g입니다. 8kg 100g - 3kg 900g을 계산해 보겠습니다.

단위의 통일

단위를 통일할 때는 작은 단위로 고친다. 큰 단위로 고치면 소수점이 생겨서 계산이 불편해진다.

$$
\begin{aligned}
8\text{kg } 100\text{g} &= 8\text{kg} + 100\text{g} \\
&= 8000\text{g} + 100\text{g} \\
&= 8100\text{g} \\
3\text{kg } 900\text{g} &= 3\text{kg} + 900\text{g} \\
&= 3000\text{g} + 900\text{g} \\
&= 3900\text{g}
\end{aligned}
$$

8kg 100g − 3kg 900g = 8100g − 3900g = 4200g = 4kg 200g

방법② 같은 단위끼리 더하거나 뺀다.

mL는 mL끼리, L는 L끼리 계산합니다. 단위가 작은 mL부터 계산하는 것이 보다 편리합니다. 덧셈에서 1000mL가 넘으면 1L로 바꾸어 더하고, 뺄셈에서 mL끼리 뺄 수 없으면 1L를 1000mL로 바꾸어 계산합니다.

```
    4L  800mL              5  1000
 +  5L  600mL              6L  200mL
 ─────────────          −  4L  900mL
    9L 1400mL           ─────────────
    1 ←1000                1L  300mL
 ─────────────
   10L  400mL
```

 **한 발짝 더!**

　시장에서 고기나 채소를 살 때는 '근'이라는 무게 단위를 사용할 때가 있습니다. 우리나라에서 고기 1근은 600g, 채소 1근은 500g입니다. 근은 종류에 따라 크기가 달라지는 탓에 혼란이 생기는 경우도 있습니다. 중국에서는 이런 혼란을 막기 위해 1근을 500g으로 통일하여 사용하고 있습니다.

　감자와 같은 채소를 살 때는 '관'이라는 단위도 사용합니다.
　1관은 3750g, 곧 3.75kg인데 옛날 엽전의 무게를 잴 때 사용했던 단위입니다.
　이 외에 금이나 은을 거래할 때는 '돈'이라는 단위를 사용합니다. 1돈은 약 3.75g입니다.
　이런 전통 단위는 그 종류가 많고 우리가 사용하는 미터법으로 바꾸는 것이 쉽지 않기 때문에 사용하는 데 있어 혼란스러운 경우가 많았습니다.
　그리하여 우리나라에서는 2007년부터 미터법에 의한 단위만 사용하도록 하고 자, 평, 돈과 같은 전통 단위의 사용을 금지하고 있습니다. 그러나 아직도 많은 사람들이 평, 인치, 근과 같은 단위를 사용하고 있습니다. 예전에 쓰던 단위에 익숙해져 있기 때문입니다.
　아이들이 미터법에 의한 단위를 생활 속에서 자연스럽게 사용할 수 있도록 지도하는 것이 좋습니다.

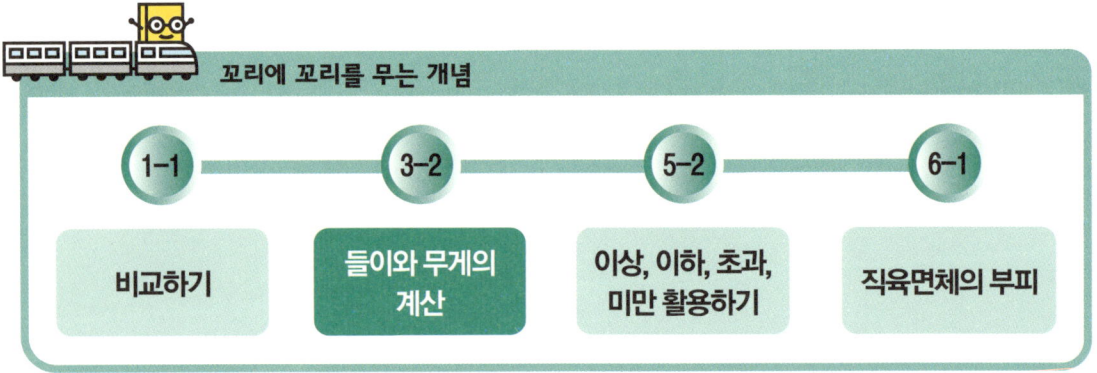

무엇이든 물어보세요

2L 350mL를 mL로 바꾸지 못합니다. 무엇이 문제일까요?

L와 mL 사이의 관계를 모르기 때문일 것입니다. L는 mL보다 큰 단위로, 1000mL는 1L와 같습니다. 따라서 2L는 2000mL, 2L 350mL은 2350mL로 나타낼 수 있습니다. 1.5L 페트병의 1.5L는 1500mL를 나타냅니다.

3kg 800g + 9kg 420g의 답을 12kg 1220g이라고 하면 틀린 건가요?

틀렸다고 할 수는 없지만 12kg 1220g은 답이 아니라 계산하는 과정입니다. 즉, 1000g은 1kg이므로 1220g을 1kg 220g으로 바꾸어 13kg 220g이라고 해야 정확한 표현이 됩니다. 수학에서는 간단한 표현을 사용합니다. 따라서 단위 사이의 관계를 정리하여 보다 간단하게 표현하는 것이 좋습니다.

| 자료의 정리 | 그림그래프

그림그래프에는 꼭 그림을 그려 넣어야 해요?

3학년
자료와 가능성

 **아이는 왜?**

그림그래프는 자료의 수를 그림으로 나타내어 이해하기 쉽게 만들어 놓은 그래프입니다. 그런데 주어진 수만큼 직접 그림을 그리려면 여간 어려운 일이 아닙니다. 또한 아이들은 그림을 자료의 수만큼 모두 그려야 한다고 생각할 수 있습니다.

 **30초 해결사**

- 그림그래프의 그림들은 스티커나 간단한 기호로 나타낼 수 있다.
- 그림을 그리는 것보다 그림그래프를 이해하는 것이 중요하다.
- 수치가 큰 경우에는 그림의 크기를 몇 가지로 구분하여 나타낸다.

 **그것이 알고 싶다**

　그림그래프는 그림의 크기나 모양으로 자료의 양을 나타내는 그래프입니다. 다른 그래프에 비해 무엇을 나타내는지 쉽게 알 수 있다는 장점이 있습니다.

　그림그래프는 그림의 상대적인 크기로 자료의 양을 표현합니다. 따라서 그림의 상대적인 크기를 비교하여 그림 하나가 얼마의 수를 나타내는지 알 필요가 있습니다.

　이 그림에서 크게 그려진 소 그림 하나는 소 10만 마리를 나타내고, 작게 그려진 소 그림 하나는 소 1만 마리를 나타냅니다. 그림그래프에 표시된 그림이 얼마를 나타내는지 정확히 구분할 수 있어야 그래프를 제대로 이해할 수 있습니다.

　또한 그림그래프를 만들 때는 소를 그리는 것이 핵심이 아닌 만큼, 스티커를 이용하거나 간단한 기호로 그림 그리기를 대신할 수 있습니다.

그래프

어떤 자료를 기준에 의해 분류하여 이해하기 쉽게 표현해 놓은 것을 말한다.

　이 시기의 아이들은 수학적 아이디어를 다양하게 표현을 만들고 활용할 수 있습니다. 문제의 다양한 특징을 부각시키기 위해 그림 같은 비수학적 표현을 활용합니다. 이러한 표현들은 수학적 사고를 유발하고 문제 해결의 도구가 되며, 다른 사람과 자신의 사고를 소통하는 수단이 되기도 합니다.

다양한 종류의 그림그래프

한 발짝 더!

그림그래프는 가로축과 세로축 없이 단순히 그림만으로 자료를 표현할 수 있기 때문에 수학에 대한 지식 없이도 이해하기 쉽다는 장점이 있습니다. 또 그림으로 표시하면 다른 종류의 그래프보다 친근하게 느껴지기도 합니다.

'지역별 쌀 생산량'과 같이 여러 집단의 자료를 비교하는 경우에 그림그래프를 이용하면 막대그래프나 꺾은선그래프 등 다른 그래프에 비해 많은 정보를 제공할 수 있습니다. 지역의 위치 정보와 함께 자료를 한눈에 비교할 수 있기 때문입니다. 다음 그래프는 도별 소의 마리 수를 나타낸 그림그래프입니다. 지도 위에 마리 수를 표시함으로써 각 도의 위치까지 알려주는 효과가 있습니다.

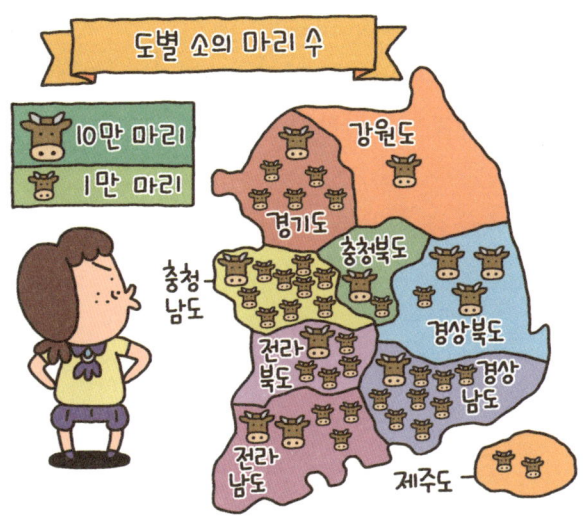

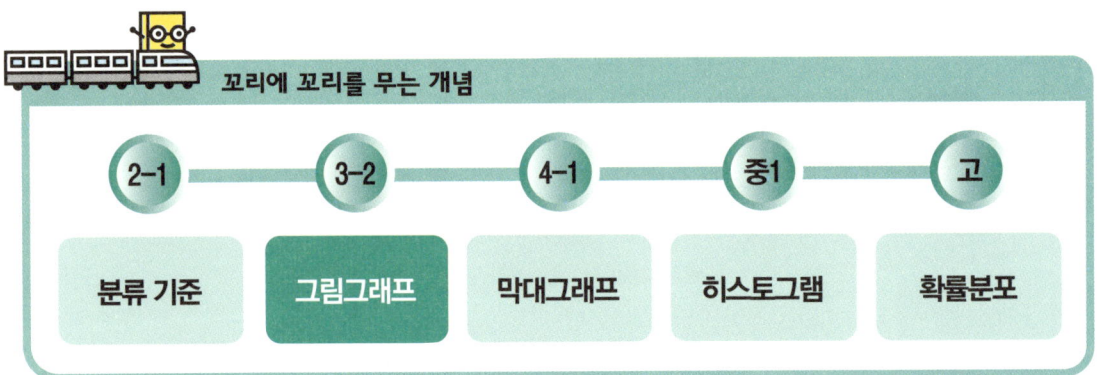

무엇이든 물어보세요

 그림그래프를 그릴 때 자료를 하나씩 빠뜨립니다.

자료를 읽고 해석하고 표현하는 능력은 짧은 기간에 완성되지 않습니다. 오랜 기간 꾸준히 노력하는 자세가 필요한 능력입니다. 따라서 아이들의 실수는 어떻게 보면 당연합니다. 그래프에 나타난 자료를 표에 나타낼 때 많은 아이들이 눈으로 자료의 개수를 세는 경향이 있는데, 이렇게 하면 1~2개씩 꼭 빠뜨리게 됩니다. 그림에서 표현된 자료의 값과 표에 나타난 자료의 값을 확인하는 과정을 거치도록 지도해야 하겠습니다.

 그림그래프는 한 종류의 자료만 나타낼 수 있나요?

막대그래프 또는 꺾은선그래프를 학습하고 나면 이러한 점을 궁금해할 수 있습니다. 예를 들어 '우리 학교 학생들이 좋아하는 음식'을 조사할 경우, 피자, 짜장면, 라면, 탕수육, 불고기 등 다양한 음식이 나올 수 있습니다. 이를 그림으로 나타내려면 어려움이 많을 것입니다. 그림그래프는 다양한 종류의 자료를 나타내기에는 어려움이 있기 때문에 1~2종류의 양을 나타낼 때 주로 쓰입니다.

4학년에 나오는 수학 용어와 기호

수와 연산
★ **수** 큰 수 • 다섯 자리 수 • 십만 • 백만 • 천만 • 억 • 조 • 소수 두 자리 수 • 소수 세 자리수

★ **연산** 곱셈 • 나눗셈 • 분수의 덧셈 • 분수의 뺄셈 • 소수의 덧셈 • 소수의 뺄셈

변화와 관계
★ **규칙** 배열 • 배열표

도형과 측정
★ **각도** 각 • 직각 • 예각 • 둔각

★ **수직과 평행** 수직 • 수선 • 평행 • 평행선 • 평행선 사이의 거리

★ **삼각형** 이등변삼각형 • 정삼각형 • 직각삼각형 • 예각삼각형 • 둔각삼각형

★ **다각형** 직사각형 • 정사각형 • 사다리꼴 • 평행사변형 • 마름모 • 다각형 • 정다각형 • 대각선

★ **평면도형의 이동** 밀기 • 뒤집기 • 돌리기

★ **각도** 도(°) • 각도기 • 각도기의 중심 • 각도기의 밑금 • 각도의 합 • 각도의 차

★ **어림** 이상 • 이하 • 초과 • 미만 • 반올림 • 올림 • 버림

자료와 가능성
★ **그래프** 막대그래프 • 꺾은선그래프 • 물결선 • 가로 눈금 • 세로 눈금

4학년 수학사전

4학년 수학은 5·6학년에서 배우게 될 수학의 기초가 되고, 수학의 여러 개념과 연계가 됩니다. 따라서 어느 하나 소홀히 해서는 안 됩니다. 큰 수를 다룰 때는 꼼꼼히 따져 보고 풀이 과정을 정리하는 학습 습관을 갖추고, 혼합 계산을 학습할 때는 논리적인 판단력이 요구되므로 자신이 푼 방법을 말로 설명해 보는 습관을 들입니다. 도형에서는 직각, 수직, 수선, 평행 등 용어의 뜻을 정확히 알고 이해하는 자세가 필요하며, 어림하기에 나오는 용어 역시 제대로 이해하지 못하면 실수하기 쉽습니다.

4학년의 자기 주도 학습 5계명

❶ 수학이 어렵게 느껴지는 시기입니다. 교과서에서 배운 내용을 말로 설명해 보는 훈련을 통해 기본 개념을 자신의 것으로 만들어야 합니다.

❷ 빠르게 풀기만 하는 연산은 이제 그만! 4학년에서 다루는 연산은 하나씩 차근차근 이해하고 계산 원리를 꼼꼼히 익힌 다음, 반복하여 연습합니다.

❸ 4학년에서는 새로운 도형을 많이 다루고 그리는 활동을 합니다. 각도기를 이용하여 정확히 각도를 재고, 자를 이용하여 도형을 깔끔하게 그릴 수 있도록 연습합니다.

❹ 자료를 조사하여 분류하고 방안지(모눈종이)에 직접 그래프를 그려 봅니다.

❺ 지금까지 교과서나 문제집만 풀었나요? 학교 밖에서 수학을 찾아보는 활동을 해 봅니다. 수학 체험 활동에 참여하거나 수학 관련 도서를 읽으며 수학이 어디에 사용되는지, 수학을 왜 배우는지 생각해 보세요.

4학년은 무엇을 배우나요?

4학년 1학기		
영역명	주제	공부할 내용
수와 연산	• 다섯 자리 이상의 수 이해하기 • 큰 수의 크기 비교하기 • 자연수의 곱셈과 나눗셈하기 • 곱셈의 계산 원리와 형식 이해하기 • 나눗셈의 계산 원리와 형식 이해하기 • 나눗셈의 몫과 나머지 구하기	1. 10000을 이해하고 쓰고 읽는다. 2. 다섯 자리 수를 이해하고 쓰고 읽는다. 3. 십만, 백만, 천만 단위의 수를 쓰고 읽는다. 4. 억부터 천조 단위까지의 수를 이해하고 쓰고 읽는다. 5. 큰 수 단위의 뛰어 세기를 한다. 6. 큰 수의 크기를 비교한다. 7. (세 자리 수)×(몇십), (세 자리 수)×(두 자리 수)의 계산 원리와 형식을 이해하고 계산한다. 8. (몇백몇십)÷(몇십), (두 자리 수)÷(몇십), (세 자리 수)÷(몇십)의 계산 원리와 형식을 이해하고 몫을 구한다. 9. 몫이 한 자리 수인 (두 자리 수)÷(두 자리 수), (세 자리 수)÷(두 자리 수)의 계산 원리와 형식을 이해하고 몫을 구한다. 10. 몫이 두 자리 수이고 나누어떨어지는 (세 자리 수)÷(두 자리 수)의 계산 원리와 형식을 이해하고 몫을 구한다. 11. 몫이 두 자리 수이고 나머지가 있는 (세 자리 수)÷(두 자리 수)의 계산 원리와 형식을 이해하고 몫을 구한다. 12. (세 자리 수)÷(두 자리 수)의 몫과 나머지를 구하고 결과를 확인한다.
변화와 관계	• 규칙적인 무늬 꾸미기 • 규칙을 수나 식으로 나타내기 • 규칙을 찾아 설명하기	1. 구체물이나 평면도형의 이동을 이용하여 규칙적인 무늬를 꾸밀 수 있다. 2. 수 배열표나 실생활에서 변화하는 수의 규칙을 찾고 설명한다. 3. 계산 도구를 이용하여 수의 규칙을 찾고 설명한다. 4. 도형이나 실생활에서 변화하는 모양의 규칙을 찾고 설명한다. 5. 계산식(덧셈, 뺄셈, 곱셈, 나눗셈)의 배열에서 규칙을 찾아본다. 6. 계산 도구를 이용하여 계산식(덧셈, 뺄셈, 곱셈, 나눗셈)의 배열에서 규칙을 추측하고 찾아본다. 7. 계산 도구를 이용하여 규칙적인 계산식을 만들고 설명한다.

초등학교 수학은 수와 연산, 변화와 관계, 도형과 측정, 자료와 가능성의 네 가지 영역으로 구성되어 있습니다. 그중 4학년에서 다루고 있는 내용을 영역별로 살펴보면 표와 같습니다. 표에서 제시한 주제에 따른 공부할 내용은 학생들이 수업을 통해 배우고 익히는 내용입니다.

4학년 1학기		
영역명	주제	공부할 내용
도형과 측정	• 도형의 기초 이해하기 • 각도 측정하기 • 각 그리기 • 각도의 합과 차 구하기 • 평면도형 이동하기	1. 각의 크기를 비교한다. 2. 각도의 단위인 도(°)를 알고, 각도기를 이용하여 각의 크기를 측정한다. 3. 크기가 주어진 각을 그린다. 4. 직각과 비교하여 예각과 둔각을 구별한다. 5. 각도를 어림하고 각도기로 재어 확인한다. 6. 각도의 합과 차를 구한다. 7. 삼각형의 세 각의 크기의 합이 180°임을 안다. 8. 사각형의 네 각의 크기의 합이 360°임을 안다. 9. 구체물이나 평면도형을 여러 방향으로 밀고, 뒤집고, 돌리는 활동을 통하여 그 변화를 이해할 수 있고, 이동 후의 모양과 이동 과정을 표현한다.
자료와 가능성	• 막대그래프의 의미 이해하기 • 막대그래프 그리기	1. 막대그래프로 나타낸 자료를 보고 막대그래프의 특징을 이해한다. 2. 막대그래프를 보고 여러 가지 통계적 사실을 안다. 3. 막대그래프의 의미와 그리는 방법을 안다. 4. 실생활 자료를 수집하여 막대그래프로 그린다. 5. 실생활의 자료를 나타낸 막대그래프를 보고 의사 결정을 한다.

4학년 2학기		
영역명	주제	공부할 내용
수와 연산	• 분모가 같은 분수의 덧셈과 뺄셈하기 • 분수의 덧셈의 계산 원리와 형식 이해하기 • 분수의 뺄셈의 계산 원리와 형식 이해하기 • 소수의 덧셈과 뺄셈하기 • 소수 사이의 관계 이해하기 • 소수의 덧셈과 뺄셈의 계산 원리 이해하기	1. 분수 부분끼리의 합이 1보다 큰 두 분수의 덧셈원리를 이해하고 계산한다. 2. 분수 부분끼리 뺄 수 있는 두 분수의 뺄셈 원리를 이해하고 계산한다. 3. (자연수)÷(분수)의 계산 원리를 이해하고 계산한다. 4. 분수 부분끼리 뺄 수 없는 두 분수의 뺄셈 원리를 이해하고 계산한다. 5. 분수의 덧셈과 뺄셈을 활용하여 실생활 문제를 해결한다. 6. 소수 두 자리 수와 소수 세 자리 수를 이해하고 쓰고 읽는다. 7. 소수 사이의 관계를 안다. 8. 소수의 크기를 알고 두 소수의 크기를 비교한다. 9. 소수 한 자리 수와 소수 두 자리 수 범위의 덧셈과 뺄셈의 계산 원리를 이해하고 계산한다. 10. 1보다 큰 소수 두 자리 수 범위의 덧셈과 뺄셈의 계산 원리를 이해하고 계산한다. 11. 소수의 덧셈과 뺄셈을 해결하기 위한 다양한 방법을 찾는다.

4학년 2학기		
영역명	주제	공부할 내용
도형과 측정	• 여러 가지 삼각형 이해하기 • 삼각형 분류하기 • 도형의 기초 이해하기 • 여러 가지 사각형의 성질 이해하기 • 사각형의 관계 이해하기 • 다각형의 의미 이해하기 • 대각선의 의미 이해하기 • 대각선 그리기	1. 삼각형을 각의 크기에 따라 분류한다. 2. 직각삼각형, 예각삼각형, 둔각삼각형의 정의와 성질을 이해한다. 3. 삼각형을 변의 길이에 따라 분류한다. 4. 이등변삼각형, 정삼각형의 정의와 성질을 이해한다. 5. 직각을 찾고, 수직과 수선을 이해한다. 6. 두 직선의 수직 관계와 평행 관계를 이해한다. 7. 평행선 사이의 거리를 이해하고 그 거리를 잰다. 8. 평행사변형을 이해하고 찾을 수 있으며, 그 성질을 설명한다. 9. 마름모를 이해하고 찾을 수 있으며, 그 성질을 설명한다. 10. 직사각형과 정사각형의 성질을 이해한다. 11. 다각형과 정다각형을 이해하고 찾는다. 12. 다각형과 정다각형의 뜻을 말한다. 13. 대각선을 이해하고 대각선을 그린다. 14. 모양 조각으로 여러 가지 모양을 만든다. 15. 주어진 도형을 이용하여 여러 가지 모양을 만들거나 채운다.
자료와 가능성	• 꺾은선그래프 이해하기 • 꺾은선그래프 그리기	1. 꺾은선그래프의 특징을 이해한다. 2. 주어진 자료나 표를 보고 꺾은선그래프를 그린다. 3. 꺾은선그래프의 의미를 안다. 4. 여러 가지 자료를 수집, 분류, 정리하여 꺾은선그래프로 나타낸다.

| 큰 수 | **자릿값**

24는 이십사, 204는 이십사…
어, 뭐가 잘못된 거예요?

아이는 왜?

아이들은 금방 배운 개념을 다른 개념과 혼동하기도 하고, 아직 자릿값의 개념에 익숙하지 않아 24의 2는 20, 204의 2는 200이라는 사실을 알지 못하기도 합니다.

30초 해결사

자릿값에 따라 수의 크기는 달라진다.

47254 = 40000 + 7000 + 200 + 50 + 4

	4	7	2	5	4
4	0	0	0	0	
	7	0	0	0	
		2	0	0	
			5	0	
				4	

그것이 알고 싶다

어른들에게 쉽고 당연한 내용을 아이들은 힘들어하는 경우가 있습니다. 자릿값 개념도 그중 하나입니다. 우리 어른들은 오랜 기간 수를 접하였지만 아이들은 아직 수에 대한 경험이 많지 않습니다. 특히 큰 수를 다루어 본 경험은 거의 없습니다. 수에 대한 개념을 익히는 데는 많은 경험과 오랜 시간이 필요합니다.

자릿값
같은 숫자라도 자리에 따라 그 숫자의 값이 달라지는데, 이때 숫자가 있는 자리의 크기를 자릿값이라고 한다.

우리가 사용하는 숫자는 위치에 따라 값이 달라집니다. 같은 숫자라도 위치가 다르면 그 값이 다릅니다. 예를 들어, 333에서 처음 3은 300, 그다음 3은 30, 마지막 3은 3을 나타냅니다. 이를 각 숫자와 자릿값에 따라 다음과 같이 나타낼 수 있습니다.

$$333 = 300 + 30 + 3$$

204를 대다수의 아이들은 별다른 고민 없이 '이백사'라고 읽습니다. 그러나 어떤 아이는 문득 204가 20과 4를 표현한 것이라고 생각하기도 합니다. 자릿값에 대한 혼란이 생긴 탓입니다. 이러한 현상은 대개 일시적인 것입니다. 자릿값 개념이 제대로 형성되도록 관련 내용을 차근히 다시 한 번 짚으면 도움이 됩니다.

47254를 만의 자리, 천의 자리, 백의 자리, 십의 자리, 일의 자리 숫자가 나타내는 값의 합으로 나타내어 보겠습니다. 즉, 47254 = 40000 + ☐ + ☐ + ☐ + ☐ 의 빈 칸을 채워 봅니다.

만의 자리 숫자는 4, 천의 자리 숫자는 7, 백의 자리 숫자는 2, 십의 자리 숫자는 5, 일의 자리 숫자는 4입니다. 각 숫자가 나타내는 자릿값이 얼마인가 생각하면 쉽게 해결할 수 있습니다. 즉, 4는 40000, 7은 7000, 2는 200, 5는 50, 4는 4를 나타내므로 47254 = 40000 + 7000 + 200 + 50 + 4가 됩니다.

```
    4  7  2  5  4
          ↓
    4  0  0  0  0
       7  0  0  0
          2  0  0
             5  0
                4
```

 **한 발짝 더!**

자릿값 개념을 익힐 때 자릿값 표를 이용하면 주어진 수에서 각 자리의 숫자와 자릿값이 얼마인지 쉽게 확인할 수 있고, 아이가 무엇을 이해하지 못하는지 금방 파악할 수 있습니다.

자릿값 표

	만의 자리	천의 자리	백의 자리	십의 자리	일의 자리
숫자					
수(자릿값)					

예를 들어 96307에서 각 자리의 숫자인 9, 6, 3, 0, 7을 자릿값 표 어디에 써야 하는지, 또 그 숫자들이 얼마를 나타내는지 따져 보는 활동이 매우 중요합니다. 이를 통해 아이들은 96307의 9는 만의 자리 숫자이고 90000을 나타내며, 6은 천의 자리의 숫자이고 6000을, 3은 백의 자리 숫자이고 300을, 0은 십의 자리 숫자이고 0을, 7은 일의 자리 숫자이고 7을 나타낸다는 것을 알게 됩니다.

이때 아이가 0을 사용한 이유도 말할 수 있도록 지도하면 좋습니다. 0은 십의 자리 숫자이지만 빈 자릿값을 표현하기 위해 사용한 것입니다.

96307을 각 자리 숫자가 갖는 값의 합으로 나타내면 96307 = 90000 + 6000 + 300 + 0 + 7 또는 96307 = 90000 + 6000 + 300 + 7이 됩니다.

위 식에서 십의 자리 숫자는 0이므로 생략하여 나타낼 수 있습니다. 203 = 200 + 3과 같이 자릿값이 0인 경우는 생략하는 것이 일반적입니다.

4학년에서는 만, 억, 조까지의 수를 다루는데, 이때도 만, 억, 조까지 나타낼 수 있는 자릿값 표를 만들어 활용하면 이해하는 데 도움이 됩니다.

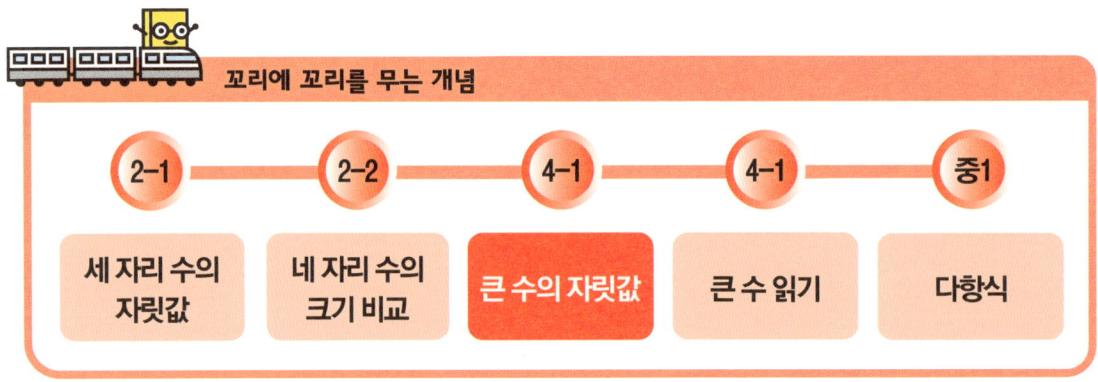

무엇이든 물어보세요

25371에서 3은 백의 자리 '숫자'인가요, 백의 자리 '수'인가요?

3은 백의 자리 숫자입니다. 숫자는 수를 나타내기 위한 기호입니다. 따라서 백의 자리에 3이라는 숫자를 사용하여 300이란 수를 나타낸 것입니다.

수와 숫자는 상당히 헷갈리는 용어입니다. 아이들에게 수와 숫자를 구분하도록 지나치게 강조하여 지도하지는 않아도 됩니다.

인도-아라비아 숫자처럼 다른 숫자들도 자릿값이 있나요?

우리가 사용하는 인도-아라비아 숫자는 자릿값에 따라 수의 크기가 달라지지만, 로마숫자나 이집트숫자는 각 자릿값마다 수를 나타내는 숫자가 따로 있습니다. 예를 들어, 30을 나타낼 때 우리는 십의 자리에 3을 쓰고 일의 자리에 0을 쓰지만, 로마숫자와 이집트숫자로는 각각 10을 나타내는 X와 ∩를 3개씩 써서 X X X와 ∩∩∩ 으로 나타냅니다. 즉 로마숫자나 이집트숫자에는 자릿값의 개념이 없습니다.

인도 – 아라비아 숫자	로마숫자	이집트숫자	한자
3	III	III	三
30	X X X	∩∩∩	三十
300	CCC		三百
3000	M M M		三千

큰 수

큰 수 읽기

8326801023603167은 어떻게 읽어요?

 **아이는 왜?**

큰 수를 읽을 때 뒤에서부터 '일, 십, 백, 천, …' 자릿값을 세며 읽어 본 경험이 있을 것입니다. 그런데 수가 아주 커지면 자릿값을 세는 것 자체가 힘이 듭니다. 아주 큰 수를 읽을 때에는 전략(방법)이 필요합니다.

 **30초 해결사**

천백십	천백십	천백십	천백십
8326 /	8010 /	2360 /	3167
조	억	만	

1. 일의 자리부터 네 자리씩 끊어 표시한다.
2. 처음 끊은 부분부터 만, 억, 조 순서로 적는다.
3. 몇천 몇백 몇십 몇 조와 같이 '천백십'을 이용하여 수를 읽는다.

그것이 알고 싶다

㉮ 372
㉯ 8326801023603167

㉮의 372와 같이 천의 자리 이하의 수는 누구나 별다른 어려움 없이 읽을 수 있습니다. 하지만 ㉯를 읽는 것은 쉽지 않습니다. 일의 자리부터 일, 십, 백, 천, … 자릿값을 따져 가며 읽어 보려 하지만 금방 자릿값을 잊어버려서 같은 과정을 반복하다 포기한 경험이 있을 것입니다. 큰 수를 읽는 데는 아래와 같은 전략(방법)이 필요합니다.

①단계

우선 수를 일의 자리부터 네 자리씩 끊어 표시합니다. 우리말로 수를 읽을 때는 '만, 억, 조' 와 같이 네 자리(1000 단위)씩 끊습니다.

8326 / 8010 / 2360 / 3167

②단계

처음 끊은 부분부터 만, 억, 조 순서로 적습니다. 초등학교에서는 조까지만 다룹니다.

8326 / 8010 / 2360 / 3167
　조　　　억　　　만

> **전략**
> 문제를 해결하기 위한 나름대로의 방법. 같은 문제에도 사람마다 다른 전략을 사용할 수 있다.

③단계

이제 '천백십'을 이용하여 수를 읽습니다.

천백십　천백십　천백십　천백십
8326 / 8010 / 2360 / 3167
　조　　　억　　　만

그럼 '팔천삼백이십육조 팔천십억 이천삼백육십만 삼천백육십칠'이 됩니다.

이 방법을 사용하면 아무리 큰 수라도 쉽게 읽을 수 있습니다. 큰 수를 한꺼번에 읽으려 하지 말고 수 읽기 방법에 따라 정확히 읽는 연습을 합니다.

한 발짝 더!

수를 읽거나 쓰려면 자릿값을 정확히 알고 있어야 합니다. 그런데 어른들도 큰 수를 읽거나 쓸 때 종종 어려움을 겪습니다. 누구에게나 통장에 적힌 잔액을 읽으려 일, 십, 백, 천, … 하고 일일이 자릿값을 세어 본 경험이 있습니다. 이는 수를 표현하는 방법이나 읽는 방법 자체에 익숙하지 않기 때문입니다.

아이들에게도 큰 수를 읽는 것은 상당히 헷갈리는 일입니다. 게다가 아이들은 어른들보다 큰 수를 다루어 본 경험이 적기 때문에 큰 수의 크기를 어림하거나 상상하기가 쉽지 않습니다. 큰 수 읽는 방법을 익히기 위해 다음과 같은 표를 이용하면 편리합니다.

숫자	2	3	6	1	0	4	2	7	5	1	6	9
자릿값		천	백	십	일	천	백	십	일	천	백	십	일
			억				만					

또 숫자 카드나 숫자 블록으로 큰 수를 만들어 읽는 연습을 하면 점차 어렵지 않게 큰 수를 읽게 될 것입니다.

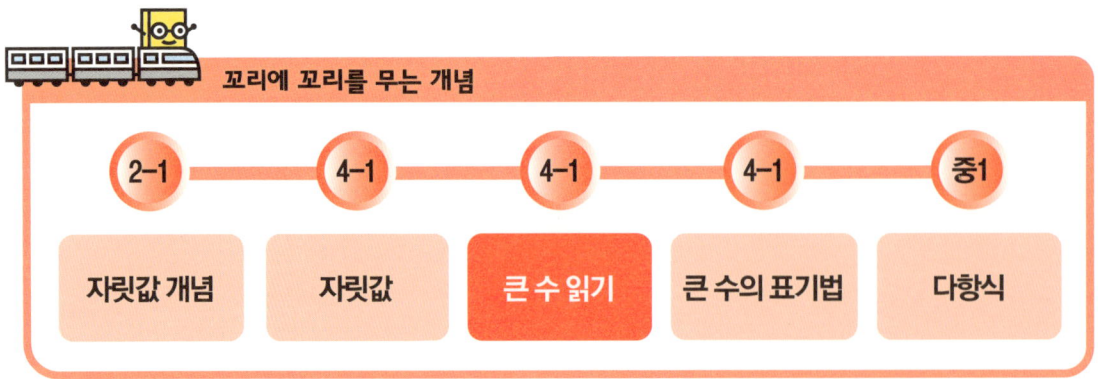

무엇이든 물어보세요

네 자리씩 끊어 읽으라 했는데, 은행 통장을 보면 세 자리마다 쉼표(,)가 찍혀 있습니다.

네 자리씩 끊어 읽는 것이 우리말(한국어)에 맞습니다. 세 자리씩 끊어 읽거나 표기하는 것은 서양식 방법입니다. 영어로 수를 읽을 때는 세 자리씩 끊어 읽는 것이 자연스럽습니다. 9,123,456,789를 영어로는 nine billion one hundred twenty-three million four hundred fifty-six thousand seven hundred eighty-nine이라고 읽습니다. billion(1,000,000,000), million(1,000,000), thousand(1,000)로 세 자리씩 끊어 읽지요. 우리에게 서양식 표기법은 다소 어색한 것이 사실이지만, 우리나라에 인도-아라비아 숫자가 들어와 사용되고 서양식 상업이 발달하면서 돈의 액수를 나타내거나 자료를 수치화할 때 세 자리마다 쉼표를 찍어 표시하는 것이 일반화되었답니다.

12463843798700을 12조 4638억 4379만 8700으로 나타내도 되나요?

수를 표현하는 방법은 여러 가지입니다. 326을 삼백이십육으로 나타낼 수도 있고, 3백2십6으로 나타낼 수도 있는 것처럼 숫자와 한글을 함께 쓰는 것도 수를 표현하는 한 방법이 될 수 있습니다. 그냥 숫자로만 된 수보다 읽기 편하다는 장점도 있습니다. 다만 이 경우에도 네 자리씩 끊어 나타내는 것이 좋겠습니다.

큰 수 | 수 표기법

1,000이나 10,000에는 쉼표가 찍혀 있어요. 꼭 찍어야 하나요?

아이는 왜?

일상생활에서 보게 되는 수에는 세 자리마다 쉼표(,)가 찍혀 있습니다. 왜일까요? 그 이유는 사실 어른들도 정확히 알지 못할 수 있습니다. 수학 교과서에서도 기본적으로 쉼표를 쓰지 않기 때문에 아이들에게는 생소한 면이 있습니다.

30초 해결사

큰 수에 세 자리마다 쉼표를 찍는 것은 세계 대부분의 나라에서 사용하는 표기 방법이다.

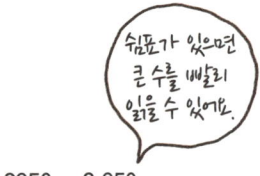
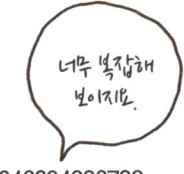
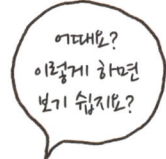

8950 = 8,950   846894226782   =   846,894,226,782

 **그것이 알고 싶다**

일반적으로 수학 교과서에서는 수를 표현할 때 쉼표를 찍어 구분하는 경우가 없습니다. 수학에서는 이를 지수(10의 거듭제곱)로 간단히 나타냅니다. 예를 들어, 지구에서 해왕성까지의 거리 4500000000km는 다음과 같이 나타냅니다.

$$4500000000 \text{km} = 4.5 \times 10^9 \text{km}$$

그런데 수학 교과서를 제외한 국어나 사회, 과학 교과서에서는 쉼표를 사용합니다. 수학과 달리 다른 과목에서는 일상적으로 사용하는 수 표기법을 그대로 따른 것으로 해석할 수 있습니다.

수를 나타낼 때 세 자리마다 쉼표를 사용하는 것은 영어식 표현법입니다. 아이에게 쉼표를 사용하는 방법은 세계 대부분의 나라에서 사용하고 있는 표기 방법이라는 사실을 알려 줍니다.

만약 숫자를 넷씩 잘라서 쉼표를 찍으면 어떨까요? 쉼표가 하나인 1,0000은 (1)만이 되고 쉼표가 2개인 1,0000,0000은 1억이 되며, 쉼표가 3개인 1,0000,0000,0000은 1조가 됩니다. 그리고 10,0000은 쉼표 앞 두 자리가 십이고 쉼표 뒤가 만이므로 (1)십만이 됩니다. 마찬가지로 375,0000,0000은 쉼표 앞 세 자리가 3백7십5, 그 뒤로 쉼표가 2개이므로 억, 즉 3백7십5억이 됩니다. 뒤에서부터 일, 십, 백, 천, … 하면서 자릿수를 찾아 읽을 필요가 없습니다. 자릿수가 많아도 읽기가 쉽습니다.

그러나 수학은 만국 공통어이므로 이렇게 우리말 방식으로 쓰면 편리하기는 해도 혼란이 일 것입니다. 또한 돈에 사용하는 숫자의 경우, 국제적인 통화에서 오는 혼동도 피할 수 없겠지요. 이런저런 이유로 이렇게 쉬운 표기법을 사용하지 못하는 현실이 안타깝습니다.

한 발짝 더!

세 자리씩 끊어 읽기는 영어식 표현법에서 유래되었습니다. 우리말로는 네 자리씩 끊어 읽는 게 편하지만 세 자리씩 끊어 읽는 것이 일반적인 방법입니다. 특히 돈을 나타낼 때 세 자리씩 끊어 표시합니다. 예를 들어 이백삼십오만 칠천 원을 인도-아라비아 숫자로 표기하면 2,357,000원이 됩니다. 초등학생들은 아직 1,000,000원이 얼마인지 쉽게 알 수 없지만 어른들은 이런 표기법에 익숙하기 때문에 1,000,000원이 100만 원이라는 것을 쉽게 알 수 있습니다.

영어로 수를 읽는 방법

- 1,000   one thousand(1천)
- 10,000   ten thousand(1만)
- 100,000   one hundred thousand(10만)
- 1,000,000   one million(100만)
- 10,000,000   ten million(1000만)
- 100,000,000   one hundred million(1억)
- 1,000,000,000   one billion(10억)
- 1,000,000,000,000   one trillion(1조)

예) 123,456,789 : one hundred twenty-three million, four hundred fifty-six thousand, seven hundred eighty-nine

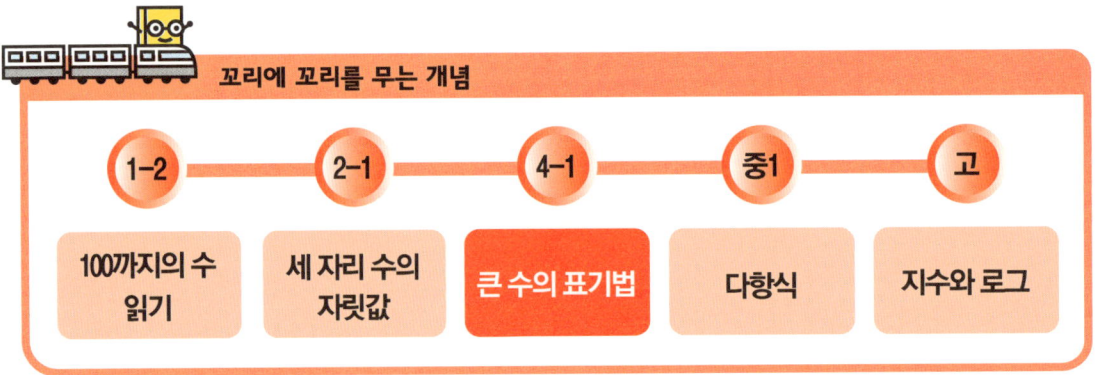

무엇이든 물어보세요

꼭 쉼표를 써야 하나요? 10,500을 10.500이라고 쓰면 안 되나요?

10,500은 만 오백이고, 10.500은 십 점 오(10.5)입니다. 쉼표 대신 마침표를 사용하면 소수가 되기 때문에 전혀 다른 수가 됩니다. 수학에서는 사용하는 기호나 쓰임에 따라 의미가 전혀 달라지는 경우가 많습니다. 따라서 아이들이 수학 기호를 정확히 사용할 수 있도록 늘 관심을 가져야 하겠습니다.

3250원을 3천250원이라고 써도 되나요?

3250원을 3천250원으로 써도 상관없습니다. 물론 교과서에서는 네 자리씩 끊어 나타내고 있습니다. 36308251원을 3630만 8251원과 같이 표현하지요. 하지만 3천630만 8천251과 같이 나타내도 됩니다. 다만 네 자리씩 띄어 써야 하는 것에 주의합니다. 예외적으로 은행에서는 위·변조를 막기 위해 금액을 띄어 쓰지 않기도 합니다.

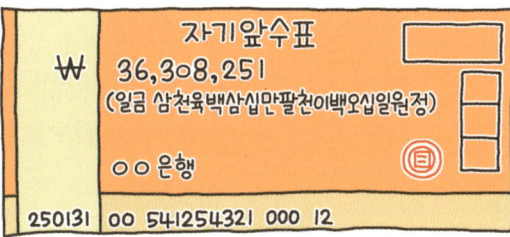

| 큰 수 | 수의 크기 비교, 자릿값 |

4학년 수와 연산

숫자가 크면 큰 수 아닌가요?

아이는 왜?

두 수의 크기 비교는 상대적으로 쉬운 내용입니다. 그럼에도 자주 틀리는 것은 하나씩 따져 보지 않고 직관적으로 접근하려 하기 때문입니다. 자릿수와 자릿값에 대한 이해 없이 '0~9의 수'의 크기만을 비교하여 대충 감으로 찍기 때문에 자꾸 틀리는 것입니다.

30초 해결사

4725 < 4879
(4자리)   (4자리)

자릿수가 같으면
높은 자리부터 비교한다.

375806 > 98903
(6자리)   (5자리)

자릿수가 다르면 자릿수가
많은 쪽이 큰 수이다.

 **그것이 알고 싶다**

두 수의 크기 비교에서는 단순하고 쉬운 문제도 꼼꼼히 따져 보는 연습이 필요합니다. 각 자리의 숫자와 자릿값을 하나씩 짚어 가며 살펴봅니다.

예를 들어 120과 107의 크기를 비교하기 위해 각 수의 숫자를 자릿값에 맞춰 씁니다.

백의 자리	십의 자리	일의 자리
1	2	0
1	0	7

그런 다음 큰 자릿값의 숫자부터 차례대로 비교합니다.
120과 107에서 백의 자리 숫자는 같으므로 그다음 자릿값인 십의 자리 숫자를 비교합니다. 이때 2가 0보다 큰 수이므로 120이 107보다 큰 수입니다.

아이들은 이런 과정을 귀찮아합니다. 하지만 수학을 배우는 이유 중 하나가 논리적인 사고력을 기르는 것이라고 볼 때 하나씩 따져 살펴보는 것은 아주 좋은 공부 방법이 됩니다.

다양한 수를 쉽게 만들 수 있는 숫자 블록이나 숫자 카드를 활용하여 수의 크기를 비교하는 활동을 하면 그 내용을 이해하는 데 도움이 됩니다. 또 숫자 카드 중 임의로 3장을 뽑은 다음 그 숫자만으로 가장 큰 수나 가장 작은 수를 만들어 봅니다.

아이에게 자릿값에 대한 개념이 명확히 형성되어 있으면 아이가 이러한 활동을 무리 없이 할 수 있습니다. 좀 더 익숙해지면 두 번째로 큰 수를 만들어 보는 활동으로 확장할 수 있습니다.

크기 비교

수의 크기 비교는 상대적인 개념이다. 2는 1보다 크지만 5보다는 작다. 수의 크기를 비교할 때는 두 수의 관계를 잘 따져 보아야 한다.

숫자 블록

숫자 블록은 큰 수를 쉽게 만들고 변형할 수 있어 큰 수 읽기나 수의 크기 비교 활동에 유용하다. 간단히 달력의 숫자를 잘라 사용하거나 유아용 숫자 카드 등으로 대신할 수 있다.

 **한 발짝 더!**

　세 자리 수보다 더 큰 수를 비교할 때도 같은 방법을 사용합니다. 먼저 두 수의 자릿수를 비교합니다. 당연히 자릿수가 많은 수가 큰 수입니다. 만약 자릿수가 같다면 맨 앞자리의 수부터 하나씩 따졌을 때 자릿값의 숫자가 큰 쪽이 더 큰 수입니다.

　9자리의 두 수 256300341과 258035461의 크기를 비교해 보겠습니다.
　이 두 수는 제일 큰 자릿값의 숫자가 2로 같고, 그다음 숫자도 5로 같습니다. 세 번째 큰 자릿값의 숫자에서 8이 6보다 크므로 256300341이 258035461보다 작은 수입니다.

　가로로 놓아 비교할 때는

$$2 / 5630 / 0341 \qquad 2 / 5803 / 5461$$

　이와 같이 네 자리씩 끊으면 비교하기 쉽고, 두 수의 크기가 얼마쯤 차이 나는지도 어림해 볼 수 있습니다.
　즉, 2/5630/0341과 2/5803/5461에서 백만의 자릿값이 6과 8이므로 두 수의 차이가 약 2백만 정도임을 알 수 있습니다.

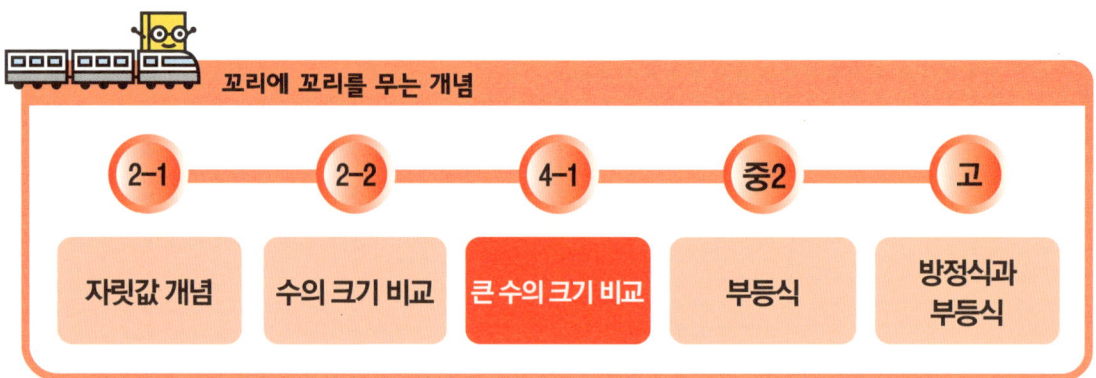

무엇이든 물어보세요

아이가 자릿수와 상관없이 맨 앞자리 숫자만 보고 수의 크기를 비교하려 합니다.

자릿값에 대한 개념을 정확히 지도할 필요가 있습니다. 자릿값에 대한 이해가 없으면 수의 크기를 짐작할 수 없습니다. 앞에서 다룬 방법대로 자릿수를 따져 크기를 비교하도록 지도해야 하겠습니다.

아이들이 수의 자릿값을 이해하게 되면 어떤 효과가 있나요?

첫째, 두 수의 크기 비교를 쉽게 할 수 있습니다. 작은 수는 구체물을 하나씩 세면서 비교가 가능하지만 큰 수는 일일이 세면서 비교하는 것이 어렵습니다. 그러나 자릿값의 개념을 알고 두 수를 비교하면 구체물이 없어도 비교가 가능합니다.

둘째, 263 + 358과 같은 문제에서 왜 일의 자리인 3과 8을 더하고 십의 자리인 6과 5를 더하고 백의 자리인 2와 3을 더해야 하는지 자연스럽게 알게 됩니다.

셋째, 받아올림이나 받아내림이 있는 덧셈과 뺄셈을 쉽게 이해하고 해결할 수 있게 됩니다.

| 곱셈과 나눗셈 | **몇백의 곱, 몇천의 곱**

400 × 500을 계산하려면 4와 5를 곱하고 0을 4개 붙이면 되죠?

 **아이는 왜?**

400은 100이 4개인 수입니다. 그런데 4 뒤에 0이 2개 붙은 수로 생각하는 아이들이 있습니다. 이런 아이들은 0의 개수를 세어 곱셈의 결과를 구하려 합니다. 이렇게 하면 구구단과 같은 한 자리 수 또는 두 자리 수의 곱셈은 쉽게 해결되지만 세 자리 수 이상에서는 어림이 쉽지 않아 엉뚱한 결과를 내기도 합니다.

 30초 해결사

400 × 500의 계산

400의 5배 = 2000
　　↓10배　　　↓10배
400의 50배 = 20000
　　↓10배　　　↓10배
400의 500배 = 200000

 **그것이 알고 싶다**

구구단을 안다고 곱셈을 잘하는 것은 아닙니다. 곱셈에서는 곱셈 과정(알고리즘, 계산 절차)을 이해하는 것이 중요합니다. 아이들은 계산 절차를 따져 가며 푸는 것보다 암기에 의존하여 풀려는 경향이 강해 곱셈 문제에서 자주 오류를 범하게 됩니다. 곱셈에서는 공식(풀이 방법)을 이용하여 푸는 것도 중요하지만 무엇보다 그 과정을 이해하는 것이 필요합니다.

3학년 때 (두 자리 수) × (두 자리 수)를 배워 이미 곱셈에 대한 자신감이 생겼을 것입니다. 그런데 4학년이 되어 곱셈이 어려운 이유는 400 × 500과 같이 수가 커지기 때문입니다. 400 × 500을 계산하기에 앞서 곱셈 과정에서 규칙을 발견하는 연습이 필요합니다.

4학년이라면

$4 \times 5 = 20$, $40 \times 5 = 200$

이 정도 곱셈은 별 어려움 없이 해결할 수 있습니다. 이제 여기서 곱하는 수 중 하나를 10배 하여 자릿수를 늘려 나가는 전략이 필요합니다.

위 곱셈식에서 $40 \times 5 = 200$이고, 40×50은 40×5에 10을 곱한 수이므로 2000이 됩니다. 이때 $40 \times 5 = 200$에서 $40 \times 50 = 2000$이 되는 이유를 꼭 따져 보아야 합니다.

$$40 \times 5 = 200$$
$$40 \times 50 = 40 \times 5 \times 10$$
$$= 200 \times 10$$
$$= 2000$$

이렇게 한 단계씩 따져 나가면 $4 \times 5 = 20$에서 출발하여 $400 \times 500 = 200000$이 되는 이유를 설명할 수 있게 됩니다.

$$4 \times 5 = 20$$
$$40 \times 5 = 200$$
$$40 \times 50 = 2000$$
$$40 \times 500 = 20000$$
$$400 \times 500 = 200000$$

(각 단계마다 10배)

이런 과정을 어느 정도 반복하여 개념을 제대로 익힐 필요가 있습니다. 그래야 바른 수학적 이해를 통해 (몇십) × (몇백), (몇백) × (몇천)을 제대로 해결할 수 있게 됩니다.

한 발짝 더!

어른들의 조급한 마음은 아이들에게 섣부른 공식화를 주문합니다.

이는 알고 있어야 하는 내용이기는 하지만 그렇다고 성급하게 지도할 필요는 없습니다. 앞서 설명한 대로 계산 원리에서 규칙을 발견하도록 지도하는 과정이 훨씬 중요합니다. 아이 스스로 위 방법을 터득하거나 적어도 40 × 5, 40 × 50, 40 × 500의 유도 방법에 충분히 익숙해지면 아이 스스로 문제를 해결하는 응용력을 발휘하게 됩니다.

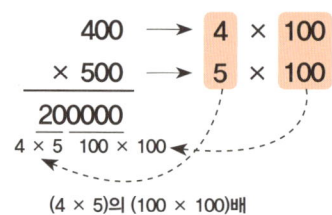

이후 세로셈의 계산 방법을 알려 주면 보다 편리하게 계산할 수 있습니다. 이때 중요한 것은 역시 0의 개수입니다.

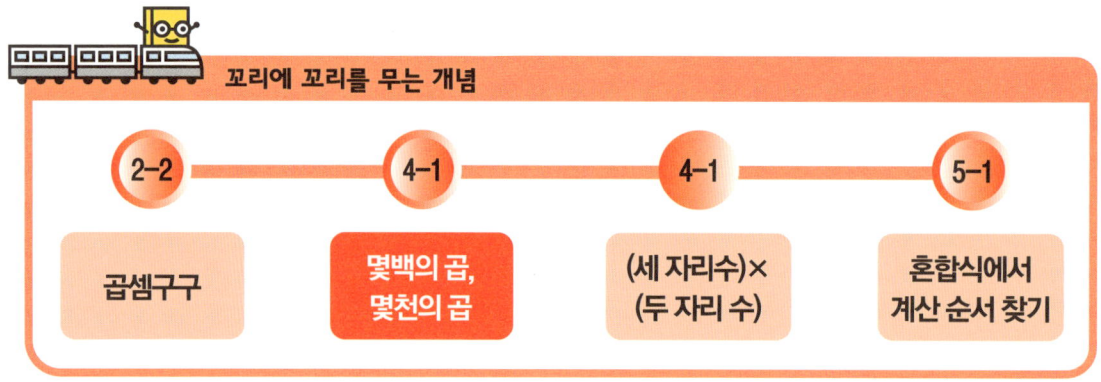

무엇이든 물어보세요

 50 × 700을 계산하는데, "5 × 7 = 35, 0은 3개. 그러니까 답은 35, 영영영(000)." 이렇게 계산합니다. 35000은 온데간데없습니다. 이렇게 풀어도 괜찮을까요?

괜찮습니다. 좀 더 욕심을 낸다면 수를 제대로 읽고 수의 크기를 짐작할 수 있으면 좋겠습니다. 하지만 우선 곱셈의 결과를 구한다는 목표에는 도달했다고 봅니다. 다만 무의미하게 공식으로만 곱셈 방법을 알고 있으면 안 됩니다. 그 원리를 알고 있는지 확인해 보고, 답을 구하는 과정에서 자신만의 언어로 표현할 수 있다면 아무런 문제가 없습니다. 그러나 나중에 수를 읽을 때는 삼만 오천이라고 읽도록 지도합니다.

 70 × 300을 '70 × 300 = 7십 × 3백 = 21 × 천 = 21000'과 같이 풀어도 괜찮은가요?

교과서대로라면 '70 × 300 = 7 × 10 × 3 × 100 = 7 × 3 × 10 × 100 = 21 × 1000 = 21000'과 같이 푸는 것이 일반적입니다. 그러나 아이가 고민하여 이러한 방법을 발견해 냈다면 이 또한 좋은 풀이 과정이 될 수 있습니다. 다만 서술형 평가와 같은 시험문제의 풀이로는 적합하지 않을 수 있습니다. 시험의 답안으로 쓰는 것이라면 가급적 교과서에 제시된 표현 방법을 따르는 것이 좋습니다.

| 곱셈과 나눗셈 | (세 자리 수) × (두 자리 수) |

수가 커지니까 곱셈을 하다가 자꾸 헷갈려요.

아이는 왜?

대부분의 계산은 표준적인 계산 절차를 따르면 편리하게 답을 구할 수 있습니다. 곱셈도 마찬가지입니다. 곱셈의 계산 절차를 제대로 익히지 못하면 곱셈을 할 때마다 매번 비슷한 실수와 질문을 합니다.

30초 해결사

보조선을 그으면 자릿값을 혼동하거나 숫자를 빠뜨리는 실수를 막을 수 있다.

```
      2 6 2              2 6 2
  ×     4 0          ×     4 0
 1 0 4 8 0              0 0 0 0
                    1 0 4 8
                    1 0 4 8 0
```

 그것이 알고 싶다

대부분의 곱셈은 가로셈보다 세로셈으로 푸는 것이 간편합니다. 그래서 간단히 계산할 수 있는 곱셈이 아닌 경우에 가로셈을 세로셈으로 고쳐 풀면 실수를 줄이면서 정확하게 계산하는 데 도움이 됩니다.

$$574 \times 30$$
$$826 \times 47$$

이런 문제라면 세로셈으로 고쳐 푸는 것이 편할 텐데, 이때 아이들은 보통 자릿값에 대해 혼란스러워 합니다. 계산 문제에서는 알고리즘(계산 절차)을 잘 따라야 합니다. 절차를 따르는 것은 아이들이 귀찮아하는 부분이기도 합니다.

아이들 입장에서 곱셈은 두 수의 숫자를 하나씩 번갈아 가며 곱하는 계산입니다. 그런데 여기서 자릿값이 어떻게 정해지는지 정확히 이해하지 못하는 경우가 많습니다. 따라서 몇 가지 경우를 따져 가며 자릿값에 대해 이해할 필요가 있습니다.

① 574×30 → ② $\begin{array}{r} 574 \\ \times 3 \\ \hline \end{array}$ → ③ $\begin{array}{r} 574 \\ \times 30 \\ \hline \end{array}$

예를 들어, 574×30의 계산에서 0을 무시하고 574×3만 계산하는 아이들이 있습니다. 세로셈에서도 마찬가지입니다. 그 이유는 ②와 ③의 차이를 이해하지 못하기 때문입니다.

아이들이 574×3과 574×30의 값이 다름을 실제 계산을 통해 알아내도록 지도하고, (세 자리 수) × (몇십)의 계산에서는 0을 일의 자리에 쓴 후 (세 자리 수) × (몇)을 구하여 0 왼쪽에 쓰도록 형식화합니다.

$$\begin{array}{r} 574 \\ \times 30 \\ \hline 17220 \end{array}$$

곱셈 전략

곱셈의 원리와 계산 방법을 익히면 어느 정도 곱셈을 숙달하여 곱셈에 익숙해져야 한다. 이때 원리와 개념은 빠지고 공식화된 곱셈 방법만 익히면 기계적 암기가 되므로 종종 원리와 개념에 따라 계산해 보면서 이해 정도를 확인하는 것이 필요하다.

 **한 발짝 더!**

(세 자리 수) × (두 자리 수)의 계산은 곱하는 두 자리 수에 0이 있는 경우와 0이 없는 경우를 구분하여 지도합니다. 0이 있는 경우라면 0을 일의 자리로 내려 쓰고, 0이 없는 경우에는 곱하는 수의 일의 자리 곱과 십의 자리의 곱을 더합니다.

예를 들어, 236 × 47에서 곱하는 수인 47은 40 + 7과 같습니다. 따라서 십의 자리와 일의 자리를 분해하여 계산합니다.

$$236 \times 47 = 236 \times 40 + 236 \times 7$$

가로셈일 때는 236과 십의 자리가 먼저 계산되고 거기에 일의 자리의 곱이 더해지지만 세로셈에서는 일의 자리부터 계산하게 됩니다.

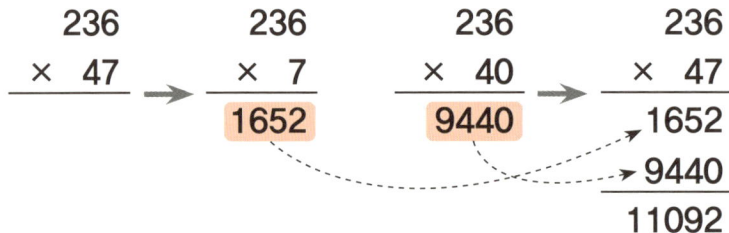

보조선을 그어 세로셈을 하면 실수를 줄일 수 있고 여러모로 편리합니다. 이러한 곱셈 계산 과정에 익숙해지도록 충분한 연습을 거쳐야 하겠습니다.

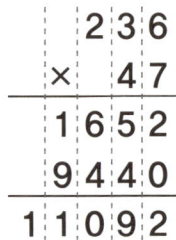

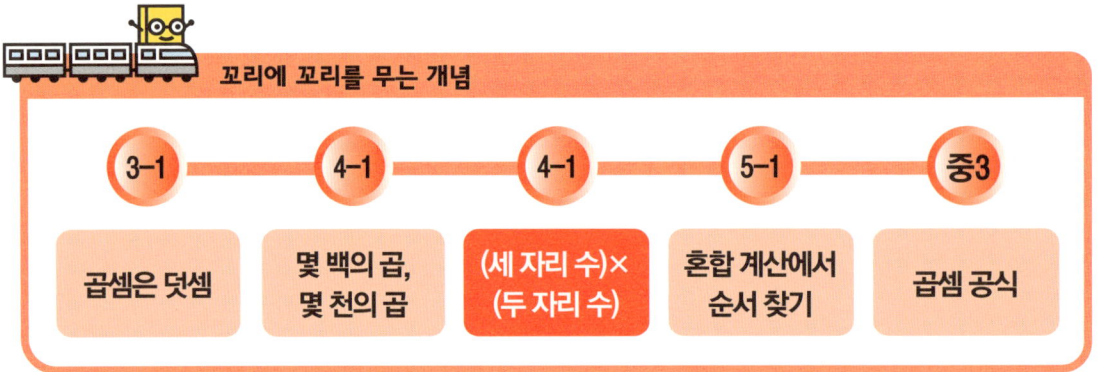

무엇이든 물어보세요

 **27 × 385를 385 × 27로 바꾸어 계산해도 되나요?**

물론 바꾸어도 됩니다. a × b = b × a와 같이 곱셈에는 교환법칙이 성립합니다. 보통 곱하는 수가 두 자리 수이면 세 자리 수일 때보다 계산이 용이하므로 바꾸어 계산하는 경우가 많습니다.

 **곱셈을 하는 방법은 가로셈과 세로셈뿐인가요?**

곱셈을 하는 방법은 다양합니다. 오랜 옛날부터 다양한 곱셈 방법이 연구되어 왔고 나라마다 독특한 방법을 사용하였습니다. 특히 인도에서 지배층인 브라만 계급에 의해 전해져 내려온 곱셈 방법을 베다수학이라고 합니다. 베다수학에는 우리 교과서에서 사용하지 않는 다양한 곱셈 방법들이 있습니다. 다음은 그중 인도에서 유행하여 유럽으로 전해진 격자산입니다.

예시) 236 × 47

풀이) ① 곱하는 수를 위쪽과 오른쪽에 쓴 다음, 가로줄과 세로줄이 만나는 수를 곱한다.

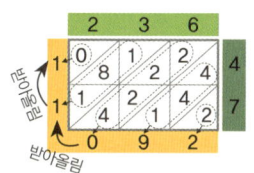

② 같은 대각선의 수를 더하여 곱을 구한다. 이때 대각선의 합이 10 이상이면 받아올림한다. 이렇게 하면 236 × 47 = 11092가 된다.

아이들이 학교에서 배우는 곱셈은 많은 곱셈 방법 중 하나입니다. 그런데 교과서에 나와 있는 방법대로, 그중에서도 세로셈으로 곱셈을 하는 이유는 지금까지 알려진 방법 중 세로셈에 의한 방법이 가장 이해하기 쉽고 편리하기 때문입니다.

| 곱셈과 나눗셈 | 나머지가 있는 나눗셈

나눗셈인데 왜 뺄셈을 해요?

아이는 왜?

나눗셈의 의미를 제대로 이해하지 못하고 있다면 이렇게 말할 수 있습니다. 2 × 3은 2를 세 번 더한다는 의미입니다. 마찬가지로 6 ÷ 2는 6에서 2를 몇 번 뺀다는 의미입니다. 전체를 똑같이 나누는 나눗셈(등분할) 외에 전체를 같은 양으로 덜어 내는 나눗셈(동수누감)도 있습니다.

30초 해결사

등분할 나눗셈(등분제) vs 동수누감 나눗셈(포함제)

$$15 ÷ 3 = \square$$

- **등분할 나눗셈** : 전체를 똑같이 나누는 나눗셈
  예) 사과 15개를 바구니 3개에 똑같이 나누어 담으려고 한다. 한 바구니에 사과를 몇 개씩 담으면 되겠는가?

- **동수누감 나눗셈** : 전체를 같은 양으로 덜어 내는 나눗셈
  예) 사과 15개를 한 바구니에 3개씩 담으면 바구니는 몇 개 필요하겠는가?

 **그것이 알고 싶다**

나눗셈에는 전체를 똑같이 나누는 나눗셈(등분할)과 전체를 같은 양으로 덜어 내는 나눗셈(동수누감)이 있습니다.

3학년에서는 나누어떨어지는 나눗셈만 공부했지만 4학년에서는 나누어떨어지지 않는 나눗셈, 즉 나머지가 있는 나눗셈을 학습합니다. 이는 아이들이 새로운 도전에 직면했다는 것을 의미합니다. 아이들이 어려워하는 만큼 차근차근 여유 있게 지도할 필요가 있습니다.

나눗셈에서는 몫을 대강 짐작하여 어림하는 과정이 대단히 중요합니다.
(나누어지는 수) ÷ (나누는 수)에서 나누어지는 수 안에 나누는 수가 몇 번 포함되는지 어림할 수 있어야 합니다. 예를 들어, 57 ÷ 13에서 57 안에 13이 몇 번 포함되는지 빨리 어림할 수 있으면 문제를 보다 쉽게 풀 수 있습니다. 만약 13이 5번 포함된다면 13 × 5 = 65이므로 57보다 큽니다. 다시 몫을 1 작게 하여 4로 어림해 보면 13 × 4 = 52이므로 57보다 작습니다. 따라서 57 안에는 13이 4번 포함됩니다. 그리고 5가 남게 됩니다.

$$\begin{array}{r} 4 \\ 13{\overline{\smash{\big)}\,57}} \\ \underline{52} \\ 5 \end{array}$$ ← 몫

← 나머지

57 ÷ 13 = 4 … 5
　　　　　몫　　나머지

이처럼 나눗셈을 하였다면 검산(계산 결과를 확인하는 식)을 통해 나눗셈이 바르게 되었는지 확인합니다.
　검산은 나눗셈과 곱셈 사이의 관계를 파악하는 데 있어서도 중요한 과정입니다.

나눗셈식 : 57 ÷ 13 = 4 … 5
검산식 : 13 × 4 + 5 = 57

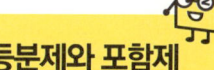

등분제와 포함제

나눗셈에서 전체를 똑같이 나누는 나눗셈은 등분제, 전체를 같은 양으로 덜어 내는 나눗셈은 포함제이다. 예를 들어, 12 ÷ 3 = 4에서 사과 12개를 바구니 3개에 똑같이 나눈다고 생각하면 등분제이고, 사과 12개를 한 바구니에 3개씩 담는 것으로 생각하면 포함제이다.

한 발짝 더!

세로셈을 이용한 나눗셈 방법은 일종의 공식입니다. 가로셈에 익숙한 아이들에게 세로셈은 어색할 수밖에 없습니다. 그래서 세로셈에 익숙해질 때까지는 어느 정도 의도적인 연습이 필요합니다.

세로셈에서는 나누어지는 수와 나누는 수의 위치를 정확히 지켜야 합니다. 그런 다음 세로셈 방법에 맞추어 문제를 해결하면 됩니다. 이때 검산식도 함께 정리해서 몫과 나머지의 결과가 바른지 확인하는 과정을 꼭 지도합니다. 예를 들어, $57 \div 13 = 4 \cdots 5$에서 몫은 4, 나머지는 5입니다. 이때 $13 \times 4 + 5 = 57$이 됩니다. 또한 계산 과정을 아이가 직접 말로 설명해 보는 기회를 갖도록 지도해야 하겠습니다.

나눗셈의 검산

나눗셈의 검산은 곱셈으로 한다. 나누는 수에 몫을 곱한 다음 나머지를 더했을 때 최초의 나누어지는 수가 나오면 맞게 계산한 것이다.

$$13 \overline{)57}$$

이러한 식에서 몫과 나머지를 구할 수 있는 아이들도 나누는 수가 어떤 수인지, 나누어지는 수가 어떤 것인지 금방 알아내지 못하거나, 나눗셈 결과를 검산을 위한 곱셈식으로 나타내지 못하는 경우가 많이 있습니다.

위 식을 잘 해결하려면 나누는 수와 나누어지는 수를 구분할 수 있어야 하고, 나누어지는 수에서 나누는 수를 몇 번 뺄 수 있는지, 왜 이런 뺄셈 상황이 되는지를 이해하고 있어야 합니다. 그러려면 아이들에게 많이 질문하고, 아이는 스스로 답을 찾아보려 노력해야 합니다. 많이 묻고, 고민하는 만큼 우리 아이의 수학 실력도 쑥쑥 올라갑니다.

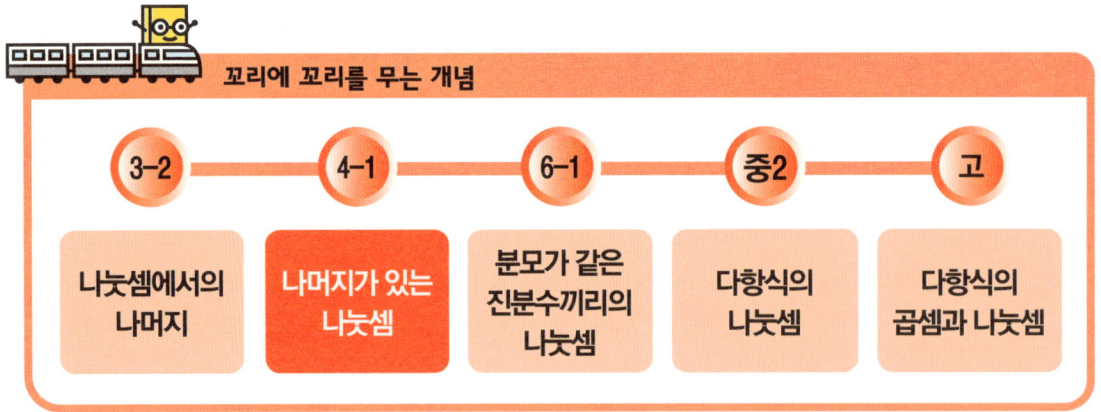

무엇이든 물어보세요

나눗셈식에서 검산이 왜 필요한가요?

나눗셈의 역연산이 곱셈인데, 사실 나눗셈은 곱셈보다 좀 더 까다롭고 복잡합니다. 그래서 계산 결과가 정확한지 확인해 볼 필요가 있습니다. 이때 계산 결과를 확인해 보는 과정을 검산이라고 합니다. 검산을 거쳐야 계산이 맞는지 확인해 볼 수 있기 때문에 검산은 꼭 필요합니다. 귀찮더라도 검산하는 습관을 길러야 할 것입니다.

나눗셈식 : 14 ÷ 4 = 3 ··· 2
검산식 : 4 × 3 + 2 = 14

나눗셈은 똑같은 것으로 나누는 몫을 구하는 것인데, 왜 몇 번 빼는 걸로 가르치나요?

2 × 3은 2를 3번 더한다는 뜻입니다. 즉 2 × 3 = 2 + 2 + 2입니다. 마찬가지로 6 ÷ 2는 6에서 2를 몇 번 뺄 수 있느냐 하는 것으로 생각할 수 있어요. 6 ÷ 2 = 6 − 2 − 2 − 2이므로 6에서는 2를 3번 뺄 수 있고, 6 ÷ 2 = 3이 됩니다. 곱셈이 똑같은 수를 거듭 더한다는 의미인 것처럼 나눗셈을 거듭하여 뺀다는 의미로 해석하면 쉽게 이해할 수 있습니다. 이는 거듭하여 빼는 것, 즉 동수누감의 나눗셈 개념입니다.

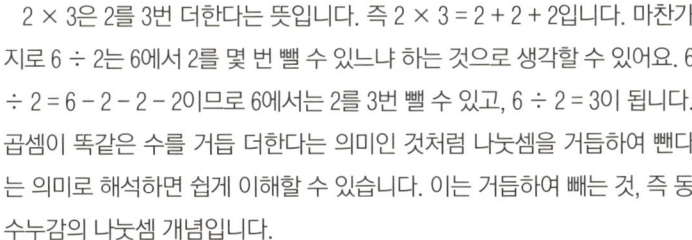

분수의 덧셈과 뺄셈 — 분모가 같은 진분수의 덧셈

분수의 덧셈에서 왜 분자만 더하고 분모는 더하지 않아요?

아이는 왜?

수의 개념을 제대로 이해하지 않은 상태에서 기계적인 방법으로 분수의 덧셈을 공부하였다면 이렇게 생각을 할 수 있습니다. 특히 분수에 대한 조작 활동을 경험하지 않고 연산 위주로만 공부했다면 분수 개념을 제대로 학습할 수 없었을 것입니다.

30초 해결사

분수의 덧셈은 같은 단위분수 개수의 합을 구하는 것과 같다.

$\dfrac{2}{3} + \dfrac{2}{3} = \square$  단위분수 $\dfrac{1}{3}$ 이 몇 개인지 따져 본다.

$\dfrac{2}{8} + \dfrac{3}{8} = \square$  단위분수 $\dfrac{1}{8}$ 이 몇 개인지 따져 본다.

그것이 알고 싶다

가끔 텔레비전 오락 프로그램에 나온 어른들이 $\frac{1}{2} + \frac{1}{3} = \frac{2}{5}$로 잘못 계산하여 웃음을 줍니다. 초등학교 때 분수의 덧셈을 제대로 계산했더라도 그 개념을 정확히 알고 있지 못하면 어른이 되어서까지 헷갈리기 쉽습니다.

단위분수
$\frac{1}{2}, \frac{1}{3}, \frac{1}{4}, \frac{1}{5}$처럼 분자가 1인 분수. 분수를 세는 기준이 된다. 예를 들어, $\frac{3}{4}$은 $\frac{1}{4}$이 3개라는 뜻이므로 이때 단위분수는 $\frac{1}{4}$이다.

분수의 연산에서는 먼저 단위분수에 대해 정확히 알아야 합니다. 단위분수는 분수를 세는 기준이 되는 분수입니다.

아이들은 자연수의 덧셈과 분수의 덧셈을 혼동하는 경우가 많습니다. 하지만 분수의 덧셈은 자연수의 덧셈과 다릅니다.

$1 + 2 = 3$이지만 $\frac{1}{4} + \frac{2}{4}$는 그렇게 계산할 수 없습니다.

$\frac{1}{4}$과 $\frac{2}{4}$에서 기준이 되는 단위분수는 $\frac{1}{4}$입니다. $\frac{1}{4}$은 $\frac{1}{4}$이 1개이고, $\frac{2}{4}$는 $\frac{1}{4}$이 2개입니다. 따라서 $\frac{1}{4}$ 1개에 $\frac{1}{4}$을 2개 더하면 $\frac{1}{4}$은 3개가 됩니다.

즉, $\frac{1}{4} + \frac{2}{4} = \frac{3}{4}$입니다.

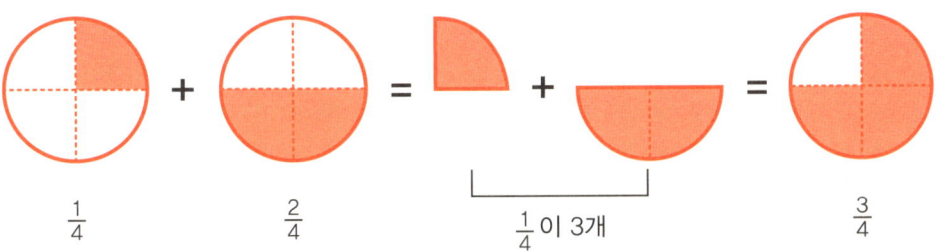

분수의 덧셈에서 분모를 더하는 것은 분수(전체에 대한 부분)의 개념을 제대로 이해하지 못한 탓입니다. 분수의 덧셈은 단위분수 개수의 합을 구하는 것입니다.

한 발짝 더!

단위분수의 개념은 귤과 사과 등의 구체물이나 그림과 같은 반구체물을 이용하여 설명할 수 있습니다. 구체물을 이용하면 오래 기억할 수 있어 학습에 효과적입니다. 또 후속 학습 시에 이전의 기억을 이끌어 내는 데도 도움이 됩니다.

$\frac{2}{6} + \frac{3}{6}$을 계산해 보겠습니다.

$\frac{2}{6}$와 $\frac{3}{6}$에서 두 분수의 기준이 되는 단위분수는 $\frac{1}{6}$입니다. 주어진 도형의 1칸은 $\frac{1}{6}$입니다. $\frac{2}{6}$는 $\frac{1}{6}$이 2개이고, $\frac{3}{6}$은 $\frac{1}{6}$이 3개이므로 $\frac{2}{6} + \frac{3}{6} = \frac{5}{6}$입니다.

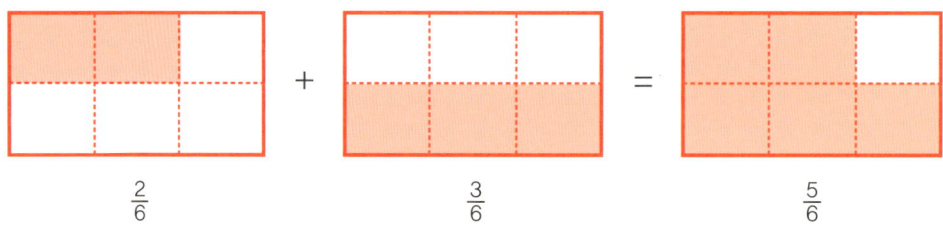

꼬리에 꼬리를 무는 개념

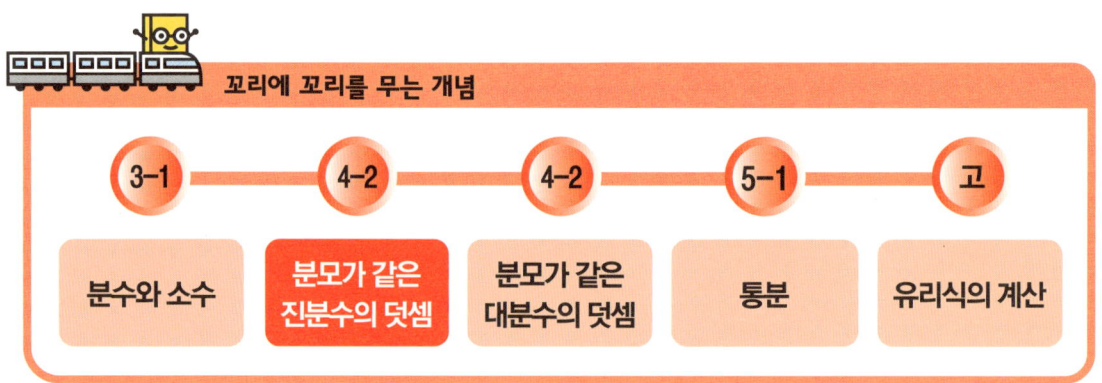

무엇이든 물어보세요

분수의 덧셈 결과가 가분수일 때 대분수로 꼭 고쳐야 하나요?

$\frac{2}{3} + \frac{2}{3} = \frac{4}{3}$ 입니다. 교과서에서는 분수의 덧셈 결과가 $\frac{4}{3}$와 같이 가분수이면 대분수로 고쳐 $1\frac{1}{3}$로 나타냅니다. 중학교 이상에서는 분수의 덧셈 결과를 가분수로 나타내는 것이 일반적이지만 초등학교에서는 대분수로 나타내는 것이 일반적이므로 가급적 대분수로 고쳐 나타내는 것이 좋겠습니다.

왜 단위분수가 중요한가요?

단위분수는 말 그대로 단위(기준)가 되는 분수입니다. 예를 들어, 두 분수 $\frac{2}{3}$와 $\frac{3}{5}$을 더하거나 크기를 비교하는 것은 언뜻 쉽지 않습니다. 왜냐하면 두 분수를 비교할 기준이 다르기 때문입니다.

두 분수의 기준을 같게 하는 방법이 바로 통분입니다.

$\frac{2}{3}$와 $\frac{3}{5}$을 통분하기 위해 3과 5의 공배수인 15를 공통분모로 하면 $\frac{2}{3} = \frac{10}{15}$ 이고, $\frac{3}{5} = \frac{9}{15}$ 입니다. 이제 두 분수 $\frac{10}{15}$, $\frac{9}{15}$는 분모가 같기 때문에 단위분수 $\frac{1}{15}$을 이용하면 덧셈은 물론 크기 비교도 가능해집니다.

분수의 덧셈과 뺄셈 — 분모가 같은 대분수의 덧셈 원리

4학년 수와 연산

대분수를 가분수로 고치지 않고 대분수끼리 그대로 더할 수는 없나요?

아이는 왜?

아이들은 대분수를 가분수로 고쳐 계산하는 데 익숙합니다. 그러다 한 번쯤 지금 푸는 방법이 맞는지, 새로운 방법은 없는지 생각해 보게 됩니다. 대분수를 가분수로 고치지 않고도 더할 수 있는 방법이 있습니다.

30초 해결사

$1\frac{2}{4} + 2\frac{3}{4}$ 의 계산

$$1\frac{2}{4} + 2\frac{3}{4} = 3 + \frac{5}{4} = 3 + 1\frac{1}{4} = 4\frac{1}{4}$$

초등수학사전

그것이 알고 싶다

분모가 같은 대분수의 덧셈은 분모가 같은 진분수의 덧셈과 계산하는 방법이 같다고 볼 수 있습니다. 새로운 개념을 공부할 때는 이미 알고 있는 개념과 연결시키는 것이 중요합니다. 이전의 개념과 연결되는 부분과 처음 나오는 부분을 구분하여 이전 개념으로 해결 가능한 부분에서 시작하는 것이 효과적입니다.

대분수는 '자연수 + 분수'입니다. 대분수의 덧셈에서는 대분수를 자연수와 분수로 나눈 다음 자연수는 자연수끼리 분수는 분수끼리 더하면 됩니다.

대분수끼리의 덧셈 $1\frac{2}{4} + 2\frac{3}{4}$을 계산해 보겠습니다.

①단계 대분수를 자연수 + 진분수로 나타낸다.

$1\frac{2}{4} = 1 + \frac{2}{4}, 2\frac{3}{4} = 2 + \frac{3}{4}$

$1\frac{2}{4} + 2\frac{3}{4} = 1 + \frac{2}{4} + 2 + \frac{3}{4}$

②단계 자연수는 자연수끼리 분수는 분수끼리 더한다.

$1 + 2 = 3, \frac{2}{4} + \frac{3}{4} = \frac{5}{4} = 1\frac{1}{4}$

이때, 계산 결과가 가분수이면 다시 한 번 대분수로 고쳐 나타낸다.

③단계 식을 완성한다.

$1\frac{2}{4} + 2\frac{3}{4} = 1 + \frac{2}{4} + 2 + \frac{3}{4} = (1+2) + \left(\frac{2}{4} + \frac{3}{4}\right) = 3 + \frac{5}{4} = 3 + 1\frac{1}{4} = 4\frac{1}{4}$

같은 식에서 대분수를 가분수로 고쳐 계산해도 결과는 같습니다.

$1\frac{2}{4} = \frac{6}{4}, 2\frac{3}{4} = \frac{11}{4}$이므로 $1\frac{2}{4} + 2\frac{3}{4} = \frac{6}{4} + \frac{11}{4} = \frac{17}{4} = 4\frac{1}{4}$이 됩니다.

대분수를 가분수로 고쳐 계산하는 것이 대분수를 자연수와 분수로 구분하여 계산하는 것보다 간단해 보입니다. 하지만 초등학교에서는 두 방법을 비교하고 분수의 덧셈에 대한 개념을 익히는 것이 중요하므로 두 방법 모두 지도하여야 합니다.

한 발짝 더!

$1\frac{2}{4} + 2\frac{3}{4}$의 계산 방법을 이해하기 위해 그림을 그려 보는 것도 좋습니다. 주어진 문제 상황을 자신이 이해할 수 있는 방법으로 나타내는 능력이 필요합니다.

수학적 모델링

실생활의 문제를 수학적으로 해결하기 위한 과정을 수학적 모델링이라고 한다. 이를 활용하면 초등학생이라도 자신만의 방법으로 문제를 해결해 나갈 수 있다.

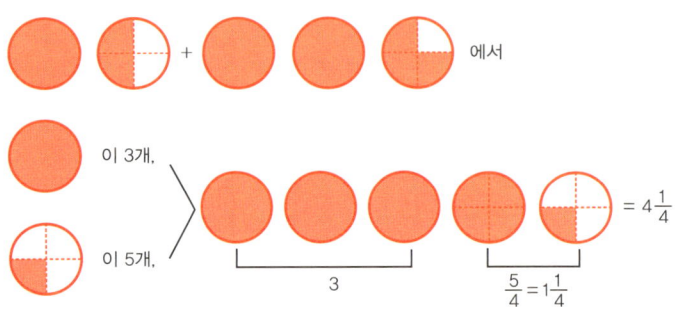

이처럼 모델링을 활용하면 아이들이 대분수를 어떻게 이해하고 있는지, 대분수의 덧셈을 계산할 때 어떤 과정을 거치는지 파악할 수 있습니다. 또한 아이는 수학으로 표현하는 능력을 기를 수 있고, 풀이 과정을 점검할 수 있습니다.

$1\frac{4}{6} + 1\frac{5}{6}$도 그림을 이용하여 계산해 봅니다.

그림을 그려 나타내어 보면 계산 과정이 쉽게 이해됩니다.

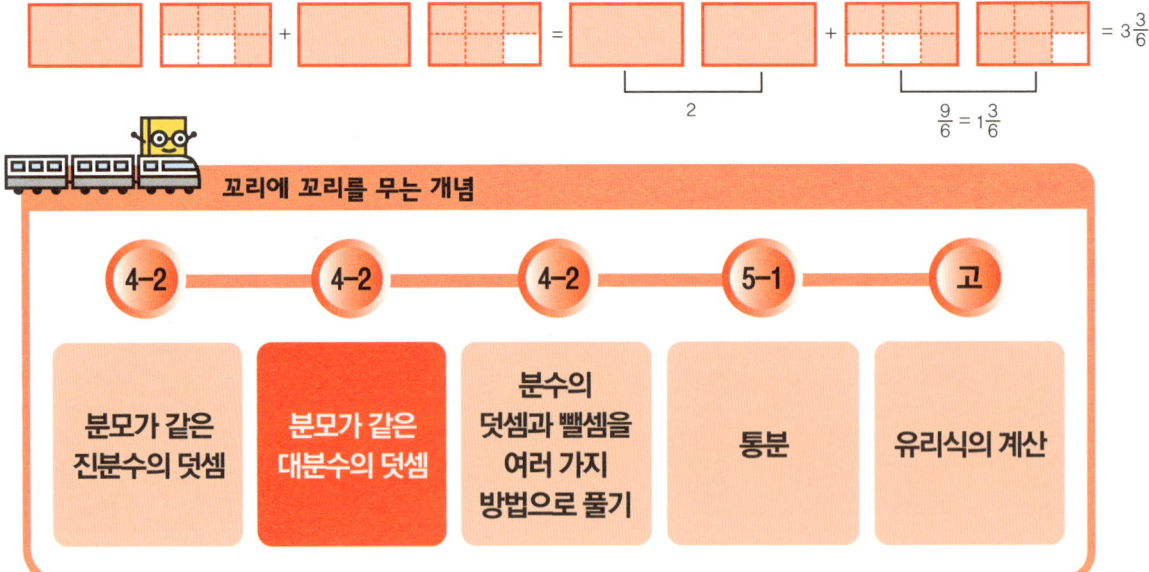

무엇이든 물어보세요

$1\frac{2}{4} + 2\frac{3}{4}$을 계산할 때, 교과서의 풀이처럼 풀이 과정을 모두 써야 하나요?

교과서에서는

$$1\frac{2}{4} + 2\frac{3}{4} = 1 + \frac{2}{4} + 2 + \frac{3}{4} = (1+2) + \left(\frac{2}{4} + \frac{3}{4}\right) = 3 + \frac{5}{4} = 3 + 1\frac{1}{4} = 4\frac{1}{4}$$

이와 같이 여러 단계에 거쳐 자세히 풀이하고 있어 아이들은 이런 절차에 따라 풀이하는 방법을 배우게 됩니다. 하지만 아이들이 실제 이렇게 문제를 푸는 경우는 드뭅니다. 암산을 통해 단계를 뛰어넘기 때문입니다.

교과서에 제시된 예는 분수의 덧셈 과정을 자세히 설명한 안내 자료입니다. 아이들은 저마다 다른 사고 과정을 통해 문제를 풀 수 있기 때문에 어느 방법이 옳다고 말하기는 어렵습니다. 교과서에 안내된 내용을 이해하여 말할 수 있다면 계산 절차에 얽매이지 않아도 됩니다.

문제집을 보니 $1\frac{4}{6} + 1\frac{5}{6} = 3\frac{3}{6}$이라고 되어 있습니다. 왜 약분하여 $3\frac{1}{2}$로 나타내지 않나요?

4학년에서 아직 약분을 배우지 않았기 때문입니다. 수학은 배운 범위 내에서 풀어야 합니다. 초등학생이 '7 − 9'를 계산하지 못하는 것도 같은 이유입니다. 약분은 5학년 1학기 때 배웁니다. 학년 수준에 맞춰 차근차근 짚어 넘어가는 것이 중요합니다.

분수의 덧셈과 뺄셈 — 여러 가지 방법으로 풀기

4학년 수와 연산

> 문제를 2가지 방법으로 풀라고 할 때가 있어요. 답을 구할 수 있는데 왜 꼭 2가지 방법으로 풀어야 해요?

아이는 왜?

보통 답을 구하는 데 익숙한 아이들이 이런 질문을 합니다. 이미 답이 나와 있으니 문제를 푸는 것은 의미가 없다고 생각하기 때문입니다. 그러나 수학에서 얻어야 할 중요한 요소는 다양성입니다. 답을 내는 것에 그칠 것이 아니라 그 답에 이르는 과정이 다양하다는 것을 알아야 이후 어떤 문제가 닥쳤을 때 다양하게 시도해 볼 수 있습니다.

30초 해결사

$3\frac{1}{5} - \frac{4}{5} = 2\frac{2}{5}$의 계산

방법① 그림을 이용한 풀이

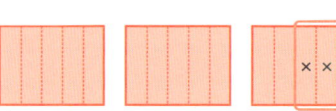

방법② 식을 이용한 풀이

$3\frac{1}{5} - \frac{4}{5} = \left(2 + 1\frac{1}{5}\right) - \frac{4}{5} = 2 + \left(1\frac{1}{5} - \frac{4}{5}\right) = 2 + \left(\frac{6}{5} - \frac{4}{5}\right) = 2 + \frac{2}{5} = 2\frac{2}{5}$

방식을 암기하기보다 아이 스스로 이해하는 것이 중요하다.

 **그것이 알고 싶다**

'서로 다른 2가지 방법으로 설명하거나 푸는 문제'는 학생들이 가장 싫어하는 유형 중 하나입니다. 하지만 수학을 좋아하거나 수학에 흥미가 있는 아이들은 대부분 이런 문제 유형을 좋아합니다.

수학은 그 내용을 자신의 말로 표현할 수 있어야 합니다. 그래야 그 내용을 이해했다고 할 수 있습니다. 말로 설명할 수 없다면 문제를 제대로 풀었다고 말하기 어렵습니다. 때문에 수학에서는 풀이 과정이 중요합니다. 그럼 $3\frac{1}{5} - \frac{4}{5} = 2\frac{2}{5}$ 인 이유를 생각해 보겠습니다.

방법① 그림을 이용하여 설명한다.

$3\frac{1}{5}$을 그림으로 나타낸 다음, $\frac{4}{5}$에 해당하는 부분을 덜어냅니다. 이때 아이에 따라 다양한 방법을 시도할 수 있습니다. 딱히 정해진 방법이 있는 것은 아니므로 아이의 방법을 격려해 주면서 그 내용을 말로 설명하도록 지도합니다.

• 수직선을 이용한 방법

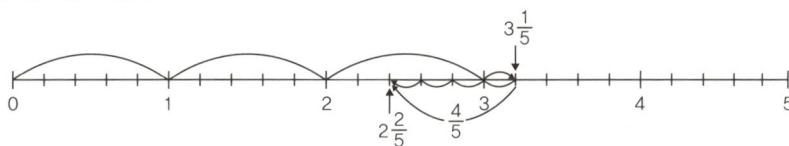

• 직사각형 4개를 이용한 방법

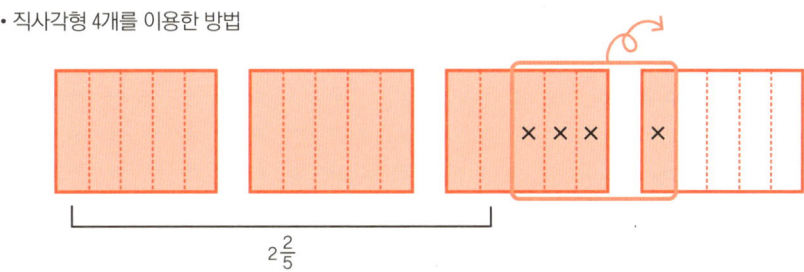

방법② 계산식을 활용한다.

$$3\frac{1}{5} - \frac{4}{5} = \left(2 + 1\frac{1}{5}\right) - \frac{4}{5} = 2 + \left(1\frac{1}{5} - \frac{4}{5}\right) = 2 + \left(\frac{6}{5} - \frac{4}{5}\right) = 2 + \frac{2}{5} = 2\frac{2}{5}$$

이때도 아이 스스로 풀이 계획을 세우고 자신의 말로 풀이 과정을 설명하도록 지도합니다.

 **한 발짝 더!**

최근 수학교육에서는 푸는 과정을 설명하는 의사소통 능력을 강조합니다. 답을 구하는 것보다 수학적 개념을 이해하고 설명하는 것을 더욱 중요하게 생각하는 것입니다.

수학적 의사소통을 통해서 얻고자 하는 것은 다음과 같습니다.

- 아이 자신의 수학적 사고를 조직하고 확고히 할 수 있다.
- 아이 자신의 수학적 사고를 다른 사람에게 일관되고 명확하게 설명할 수 있다.
- 다른 사람의 수학적 사고와 전략을 분석하고 평가할 수 있다.
- 수학적 아이디어를 정확하게 표현하기 위하여 수학의 언어들을 사용할 수 있다.

자기가 푼 과정을 설명하거나 $3\frac{1}{5} - \frac{4}{5} = 2\frac{2}{5}$인 이유를 설명하려면 개념을 정확히 이해하고 있어야 하는데, 실생활과 연계하여 생각하면 개념을 이해하는 데 도움이 됩니다.

우선 $3\frac{1}{5}$, $\frac{4}{5}$, $2\frac{2}{5}$가 아이에게 의미 있는 수로 인식되어야 하겠습니다. 예를 들어, $3\frac{1}{5}$은 피자 3판과 $\frac{1}{5}$조각 혹은 물 $3\frac{1}{5}$L, 찰흙 $3\frac{1}{5}$kg으로 생각할 수 있습니다. 마찬가지로 식을 어떤 대상과 연계하여 "찰흙 $3\frac{1}{5}$kg 중 $\frac{4}{5}$kg을 사용하였을 때 남은 찰흙은 $2\frac{2}{5}$kg이다."와 같이 생각하면 문제 상황을 이해하는 것이 훨씬 쉬워집니다.

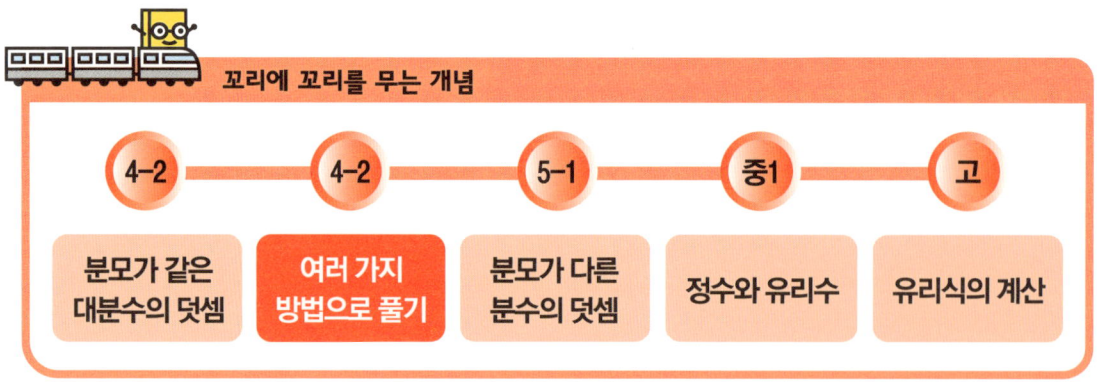

무엇이든 물어보세요

문제를 풀 때 그림을 이용하여 풀어도 좋은 점수를 받을 수 있나요?

수학에는 '문제해결전략'이라는 것이 있습니다. 수학 문제를 해결하는 다양한 방법을 말하는데 그림 그리기, 식 세우기, 거꾸로 생각하기, 표 만들기, 예상과 확인, 추론하기 등이 여기에 해당됩니다. 그중 그림을 그리는 방법을 이용하면 복잡해 보이는 문제를 자기가 이해하기 쉬운 방식으로 간단히 나타낼 수 있습니다. 중·고등학생이 푸는 복잡한 수학 문제를 초등학생이 그림 그리기 전략을 통해 해결하는 경우도 있습니다.

"소와 닭이 8마리 있다. 가축의 다리 수를 세어 보니 모두 20개였다. 소와 닭은 각각 몇 마리일까?"

- 중학생의 풀이(식 세우기)

    소 : x마리, 닭 : y마리

    $x + y = 8$

    $4x + 2y = 20$

- 초등학생의 풀이(그림 그리기)

    ① 동물 8마리를 표시하고

    ② 다리를 2개씩 그리면 16개

    ③ 남은 다리 4개를 더 그려 넣으면

    ④ 다리가 2개인 동물(닭)은 6마리, 다리가 4개인 동물(소)은 2마리임을 알 수 있다.

소수의 덧셈과 뺄셈   소수의 덧셈 원리

4학년 수와 연산

소수의 덧셈에서 소수점을 어디에 찍는지 잘 모르겠어요.

아이는 왜?

아이들에게 소수는 분수만큼이나 어려운 개념입니다. 소수에도 분수의 단위분수와 같은 기본단위가 있는데, 아이에게 단위 개념이 없으면 이러한 질문을 하게 됩니다.

30초 해결사

소수의 덧셈

$0.7 + 0.5 = \square$

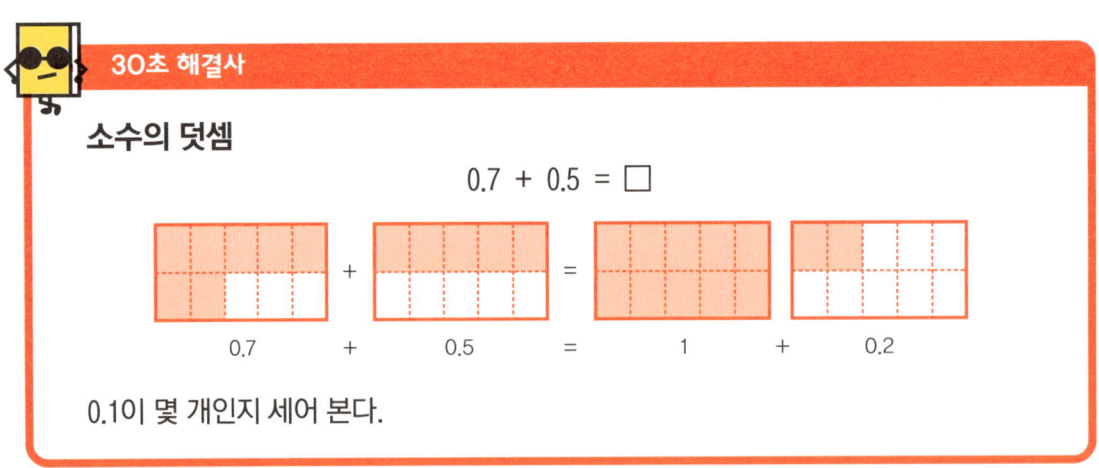

0.7   +   0.5   =   1   +   0.2

0.1이 몇 개인지 세어 본다.

그것이 알고 싶다

0.7 + 0.5 = 0.12와 같이 푸는 아이들이 의외로 많습니다. 소수의 개념에 대해 잘 모르거나 충분히 고민해 보지 않기 때문입니다.

0.7과 0.5를 더한다는 것은 어떤 의미일까요? 0.7 + 0.5는 1보다 큰 수일까요, 작은 수일까요?

0.7은 0.1이 7개이고 0.5는 0.1이 5개인 수입니다.

즉 0.7 + 0.5는 0.1이 모두 12개입니다. 이때 0.1이 12개인 것을 어떻게 표현할까요?

• **수 막대를 활용하여 0.1이 12인 값을 구하기**

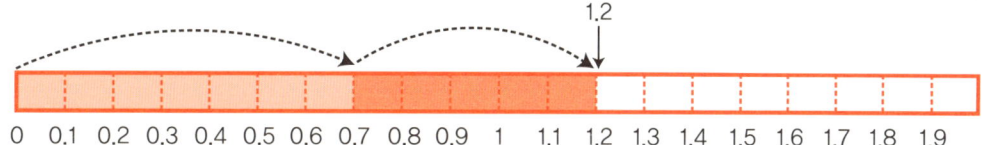

• **쌓기나무를 활용하여 0.1이 12인 값을 구하기**

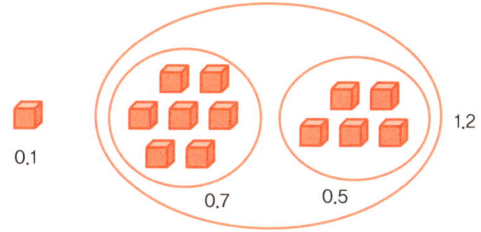

이때 0.1이 10개이면 1이 되므로 다음과 같이 나타낼 수 있습니다.

$$0.7 + 0.5 = 0.7 + 0.3 + 0.2$$
$$= 1 + 0.2$$
$$= 1.2$$

소수의 덧셈은 자연수의 덧셈과 비슷하지만 소수점의 위치에 유의해야 합니다. 아이가 소수에 익숙해지도록 평소 소수를 자주 접해 보는 것이 좋습니다. 식품의 무게나 들이, 자동차 내비게이션에서의 거리 표시에서 소수를 찾을 수 있습니다.

한 발짝 더!

소수의 계산을 잘하기 위해서는 소수의 자릿값을 이해하는 것이 중요합니다. 소수는 분수를 십진 위치적 기수법으로 나타낸 것으로 자연수와 같이 오른쪽에서 왼쪽으로 가면서 10배씩 증가하고 왼쪽에서 오른쪽으로 가면서 $\frac{1}{10}$배(÷10)씩 줄어듭니다.

소수 첫째 자리, 소수 둘째 자리는 정확히 말하면 소숫점 아래 첫째 자리, 소숫점 아래 둘째 자리를 뜻합니다.

$\frac{1}{100}$을 10배하면 $\frac{1}{10}$이 되고, $\frac{1}{10}$을 10배하면 1이 됩니다. 또 1을 10배 하면 10이 되고, 10을 10배 하면 100이 됩니다.

반대로 100을 10으로 나누면 10이 되고, 10을 10으로 나누면 1이 됩니다. 그리고 1을 10으로 나누면 $\frac{1}{10}$이 되고, $\frac{1}{10}$을 10으로 나누면 $\frac{1}{100}$이 됩니다. 이때 자연수 부분과 소수 부분 사이에 점(.)을 찍어 구분을 해 줍니다.

백의 자리	십의 자리	일의 자리	소수 첫째 자리	소수 둘째 자리
1	2	3	4	5
100	10	1	$\frac{1}{10}$	$\frac{5}{100}$
100	20	3	$\frac{4}{10}$	$\frac{5}{100}$

123.45는 100이 1, 10이 2, 1이 3, $\frac{1}{10}$이 4, $\frac{1}{100}$이 5입니다. 또 소숫점 아래 자리에 0이 포함된 경우 "영"이라고 읽지 "공"이라고 읽지 않습니다. • 1.02 일점영이

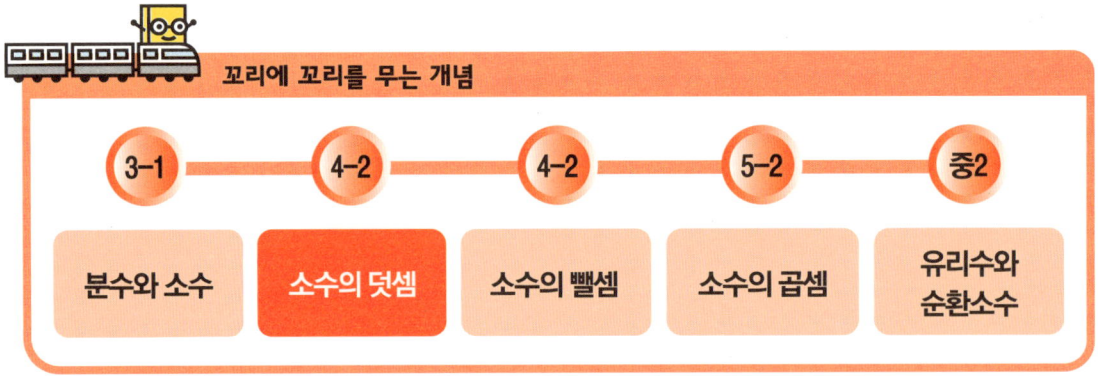

무엇이든 물어보세요

0.8 + 0.32를 계산할 때 0.8을 0.80으로 생각하여 계산해도 되나요?

0을 적절히 활용하여 수를 나타내는 것은 좋은 방법입니다. 0을 사용하여 소수점의 자릿값을 맞추면 보기에 편해 이해하는 데 도움이 됩니다.

$$0.8 + 0.32 = 0.80 + 0.32 = 1.12$$

소수의 덧셈에서도 기준이 같아야 한다는데, 어떤 기준을 말하는 것인가요?

0.8 + 0.32에서
0.8은 0.1이 8인 수입니다.
0.32는 0.1이 3, 0.01이 2인 수입니다.
이 경우 기준이 되는 양은 0.1과 0.01입니다. 기준이 서로 다르므로 더할 수가 없지요.
기준을 같게 하려면 0.1과 0.01 중 하나를 사용해야 하는데, 소수의 덧셈에서는 더 작은 수를 기준으로 삼는 것이 편리합니다. 따라서 0.01을 기준으로 하면
0.8은 0.01이 80인 수이고,
0.32는 0.01이 32인 수이므로
두 수의 합은 0.01이 112인 수입니다. 따라서 1.12가 됩니다.
기준이 되는 수를 너무 깊게 다루면 아이들이 오히려 혼란스러울 수도 있으므로 문제를 이해하는 과정에서 조금씩 언급해 주는 것이 좋습니다.

| 소수의 덧셈과 뺄셈 | **소수의 뺄셈 원리**

1.5 − 0.7을 계산하는데 0.1의 개수는 왜 구해요?

아이는 왜?

자연수의 덧셈과 뺄셈에 익숙해져 있는 아이들에게 소수의 덧셈과 뺄셈은 다소 생소할 수 있습니다. 아이들은 소수의 덧셈과 뺄셈을 자연수처럼 계산하려는 경향이 있습니다. 그러다 보면 소수의 의미를 제대로 이해하지 못하고 이런 질문을 하게 됩니다.

30초 해결사

소수의 뺄셈

1.5 − 0.7 = 0.8

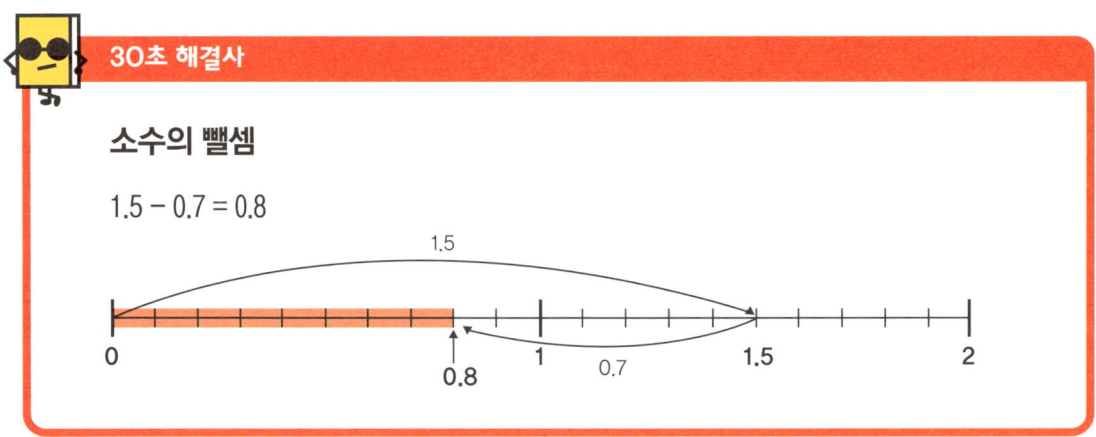

 **그것이 알고 싶다**

적당한 단위를 이용하여 수를 센다는 것이 아이들에게는 다소 생소한 개념일 수 있습니다. 예를 들어 35는 10이 3이고, 1이 5인 수입니다. 다시 말해 10씩 묶음이 3이고, 낱개(1)가 5인 수이지요. 또 35는 1이 35인 수이기도 합니다.

이렇게 생각하면 소수도 자연수처럼 세는 일이 가능해집니다.

1.5 − 0.7이 얼마인지 알아보려면 기준이 되는 0.1이 몇인지 확인해 보면 됩니다.

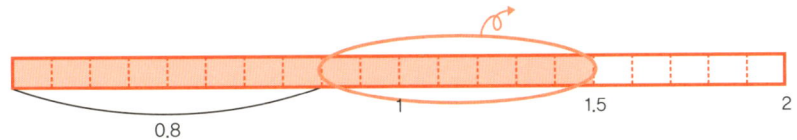

0.1이 15개인 것에서 0.1을 7개 빼면 0.1이 8개 남습니다.

0.1이 8이면 0.8이므로

1.5 − 0.7 = 0.8입니다.

쌓기나무를 이용하는 것도 소수에 대한 수 감각을 기르는 데 좋은 활동이 됩니다.

▢ 을 0.1이라고 하면

1.5 → ▢▢▢▢▢▢▢▢▢▢▢▢▢▢▢
0.7 → ▢▢▢▢▢▢▢

1.5 − 0.7 = ▢▢▢▢▢▢▢▢
         = 0.8

소수의 뺄셈은 두루마리 휴지로 지도할 수도 있습니다. 그림을 이용하는 것보다 좀 더 구체적입니다.

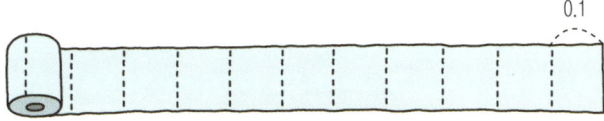

 **한 발짝 더!**

0.6 − 0.25는 얼마일까요?

0.6은 0.1이 6개이고, 0.25는 0.01이 25개인 수입니다. 따라서 이때는 0.01이 기준이어야 문제를 해결할 수 있습니다. 즉 0.6은 0.01이 60개, 0.25는 0.01이 25개이므로

60 − 25 = 35,

0.01이 35개이므로 답은 0.35가 됩니다.

이 경우에 사용할 수 있는 적당한 모델은 어떤 것일까요? 가장 생각하기 쉬운 것은 그림으로 나타내는 방법입니다. 교과서에서는 가로−세로 10칸의 모눈을 흔히 활용합니다.

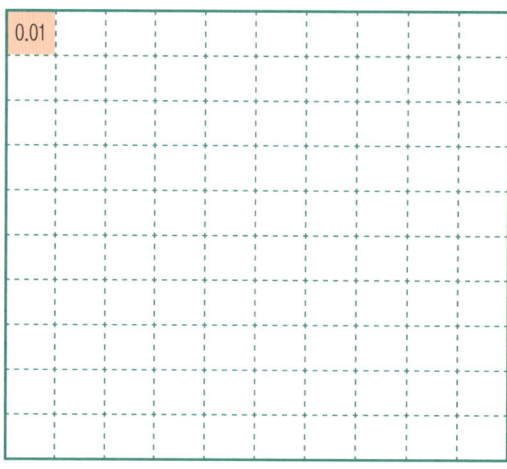

이때 전체 사각형의 크기는 1이 되고, 모눈 1칸의 크기는 0.01입니다. 이를 활용하면 0.6 − 0.25를 해결할 수 있습니다.

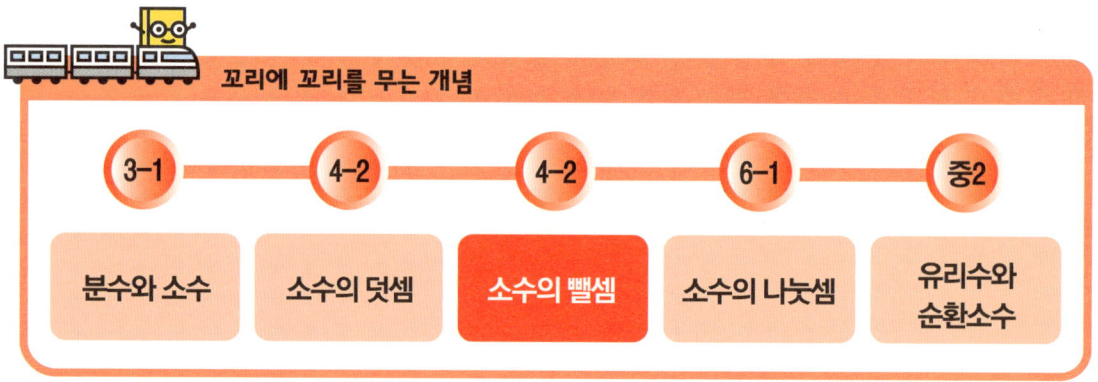

무엇이든 물어보세요

 **수를 센다고 표현하였는데, 넓이를 세는 것도 가능한가요?**

수를 센다는 것은 구하고자 하는 수를 '기본단위'의 몇 배로 나타내는 것입니다. 따라서 넓이를 구할 때도 기준이 되는 '단위넓이'를 정한 다음, 구하고자 하는 넓이가 단위넓이의 몇 배인지 알아보면 됩니다.

가로, 세로 각 1cm 인 도형의 넓이를 1cm²라 하고, 이것을 넓이를 재는 기본단위로 합니다.

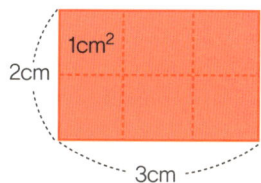

기본단위는 필요에 따라 바뀝니다. 공책의 넓이를 잴 때는 기본단위가 1cm²이지만, 운동장의 넓이를 잴 때 기본단위는 1m²가 됩니다.

 **0.6 − 0.25를 0.60 − 0.25로 고쳐 풀어도 되나요?**

좋은 방법입니다. 아이들 입장에서 0.6 − 0.4는 쉽게 이해하고 계산할 수 있지만 0.6 − 0.25는 이해하는 것이 생각보다 간단하지 않습니다.

0.55 → 0.56 → ① → 0.58 → 0.59 → ② 에서

①과 ②에 알맞은 수를 생각할 때 ①은 쉽게 생각해 낼 수 있지만 ②는 그렇지 않습니다. 대부분의 아이들이 0.6보다는 0.60을 더 자연스럽게 받아들이므로 자신이 이해하기 편리한 방법대로 문제를 해결하면 되겠습니다.

| 소수의 덧셈과 뺄셈 | **소수의 세로셈**

소수의 세로셈도 자연수의 세로셈처럼 끝자리를 맞추면 되죠?

아이는 왜?

소수의 덧셈이나 뺄셈 역시 자릿값이 중요합니다. 자연수의 연산에 익숙해져 있다면 자릿값에 관한 오류를 범하기 쉽습니다. 자연수에서는 끝자리, 즉 일의 자리를 맞춰서 계산했습니다. 그러나 소수의 경우, 소수점 바로 앞자리가 일의 자리이므로 소수점을 기준으로 자리를 맞춰야 일의 자리가 맞춰집니다.

30초 해결사

소수의 세로셈

- 소수의 덧셈이나 뺄셈에서 가로셈을 세로셈으로 나타낼 때는 소수점의 위치를 맞춘다.
- 필요시 3.2를 3.20과 같이 나타내면 계산하기 편하다.

$$5.34 - 3.2 \longrightarrow \begin{array}{r} 5.34 \\ -3.20 \\ \hline \end{array}$$

 **그것이 알고 싶다**

계산을 필요로 하는 대부분의 연산은 가로셈보다 세로셈이 편리합니다. 계산 과정에서 실수가 적고 속도가 빠르기 때문입니다. 그래서 초등학교에서는 가급적 세로셈으로 문제를 풉니다.

가로셈을 세로셈으로 바꾸는 가장 중요한 이유는 자릿값을 맞추기 위해서입니다. 세로셈에서 자릿값을 생각하지 않는다면 세로셈은 가로셈과 별반 다르지 않을뿐더러 오히려 더 혼란스러울 수 있습니다.

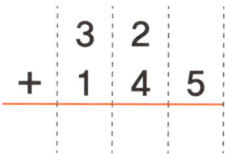

이렇게 자릿값을 고려하지 않은 세로셈으로는 계산 결과를 제대로 내기 어렵습니다. 소수의 덧셈과 뺄셈도 마찬가지입니다. 소수는 소수점이 있으므로 소수점을 기준으로 자릿값을 맞춥니다. 소수점을 맞추면 자릿값이 맞춰집니다. 이때 소수점의 위치를 맞추는 이유가 무엇인지 아이가 말할 수 있도록 지도하는 것이 중요합니다.

①

$$1.2 + 0.7 = \square \quad \rightarrow \quad \begin{array}{r} 1.2 \\ +\ 0.7 \\ \hline \end{array}$$

②

$$5.34 - 3.2 = \square \quad \rightarrow \quad \begin{array}{r} 5.34 \\ -\ 3.20 \\ \hline \end{array}$$

또 ②에서처럼 3.2를 3.20과 같이 나타내면 소수의 자릿값을 익히는 데 많은 도움이 됩니다. 이제 자연수 연산과 마찬가지로 같은 자릿값의 숫자끼리 더하거나 빼면 됩니다. 받아올림이나 받아내림이 있는 경우에는 자연수의 연산과 마찬가지로 계산하면 됩니다.

소수의 덧셈과 뺄셈에서는 3.27 + 2.5와 같이 자릿수가 다른 소수를 활용하면 소수에 대한 개념을 아이가 제대로 알고 있는지 쉽게 확인할 수 있습니다.

한 발짝 더!

　대부분의 식은 가로 방향으로 나타내는 것이 보통이지만 덧셈, 뺄셈, 곱셈, 나눗셈 모두에서 가로셈보다 세로셈이 편리하고 계산 과정에서 실수가 적습니다. 따라서 아이가 가급적 세로셈으로 풀도록 지도하고, 자연수는 일의 자리를 기준으로 자릿값을 맞추지만 소수의 덧셈과 뺄셈에서는 소수점 위치를 맞추어 계산한다는 것을 충분한 활동을 통해 익히도록 지도합니다. 또한 5.34 − 3.2와 같이 (소수 두 자리 수) − (소수 한 자리 수)를 세로셈으로 나타낼 때

$$\begin{array}{r} 5.34 \\ -3.2 \\ \hline \end{array}$$ 이와 같이 나타내면 왜 안 되는지 말해 봅니다.

　수학은 논리적인 학문이므로 내용을 이해하는 것이 중요하지만 연산에서는 기능적인 면도 아주 중요합니다. 충분한 기능을 익힐 수 있도록 반복하여 학습할 필요가 있습니다.
　소수의 덧셈이나 뺄셈은 일상생활에서는 거의 접하지 못하는 상황입니다. 따라서 아이들이 소수의 덧셈과 뺄셈 상황을 의도적으로 자주 접할 수 있도록 기회를 제공해야 하겠습니다.

・**소수의 덧셈과 뺄셈 익히기**
① 소수의 덧셈과 뺄셈 문제를 많이 풀어 본다.
② 자신이 푼 과정을 말로 설명해 본다.
③ 식을 문장으로 만들어 본다.
④ 다른 사람이 푼 방법에 대하여 서로 묻고 답하는 기회를 갖는다.

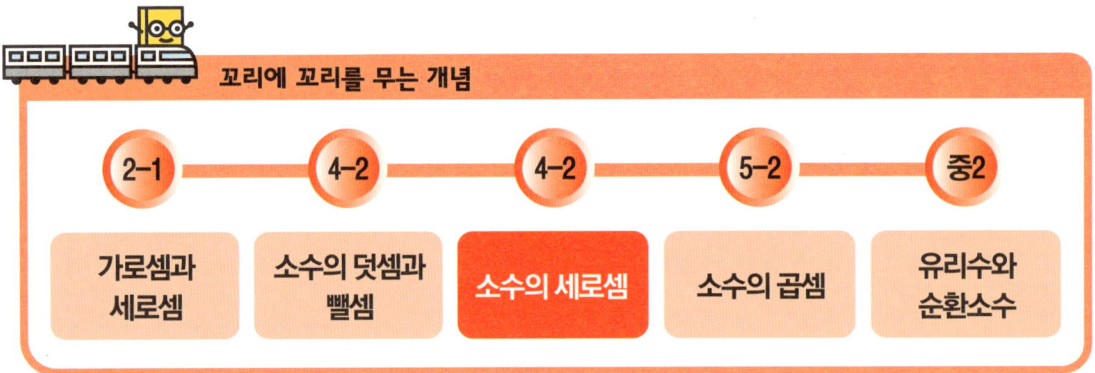

꼬리에 꼬리를 무는 개념

2-1 가로셈과 세로셈 → 4-2 소수의 덧셈과 뺄셈 → 4-2 **소수의 세로셈** → 5-2 소수의 곱셈 → 중2 유리수와 순환소수

무엇이든 물어보세요

2.85 + 43 = □ 에서 43에는 소수점이 없는데 어떻게 계산하나요?

43은 자연수입니다. 43도 소수점을 이용하여 소수로 나타낼 수 있습니다. 즉, 43은 43.0도 되고 43.00도 됩니다. 따라서 2.85 + 43 = 2.85 + 43.00 = 45.85 입니다. 이를 세로셈으로 나타내면 다음과 같습니다.

$$\begin{array}{r} 2.85 \\ +\ 43.00 \\ \hline 45.85 \end{array}$$

그러나 교과서에서는 자연수를 소수로 표현하지 않습니다. 교과서에서는 2.85 + 43을

$$\begin{array}{r} 2.85 \\ +\ 43 \\ \hline 45.85 \end{array}$$

이와 같이 해결합니다.

3.5 + 2.73 = □와 같은 소수의 덧셈을 꼭 세로셈으로 계산해야 하나요?

소수의 덧셈을 꼭 세로셈으로만 계산해야 하는 것은 아닙니다. 가로셈으로 계산할 때는 대분수의 덧셈에서와 같이 자연수 부분과 소수점 이하 부분으로 나눠 각각 더한 다음 다시 더하면 됩니다.

3.5 + 2.73 = 3 + 0.5 + 2 + 0.73 = 6.23
          5
             1.23
            6.23

| 규칙 찾기 | **규칙을 찾아 수로 나타내기** |

문제에서 다음에 올 그림을 그릴 수는 있는데 수로 나타내는 건 어려워요.

 **아이는 왜?**

바둑돌을 놓으면서 아이들에게 "다음에 놓일 바둑돌은 어떤 모양일까?" 하고 물어보면, 아이들이 그림으로는 그리면서도 수로는 표현하지 못하는 경우가 있습니다. 그림은 구체적이지만 수는 추상적이기 때문입니다.

 30초 해결사

규칙을 찾아 수로 나타내기

① 표를 만들어 순서에 따라 사물의 수를 나타낸다.
② 수의 변화를 살펴보고 늘어난 수를 적는다.
③ 사물의 수와 늘어난 수 사이에 어떤 규칙이 있는지 생각해 보고 이를 식으로 나타낸다.

그것이 알고 싶다

수학에서는 사물을 수로 바꾸어 문제를 해결하는 경우가 있습니다. 수로 바꾸면 규칙에 따라 어떻게 변할지 예측할 수 있습니다. 먼저, 표를 만들어 순서에 따라 사물의 수를 나타내 봅니다. 다음으로, 수의 변화를 살펴보고 늘어난 수를 적습니다.

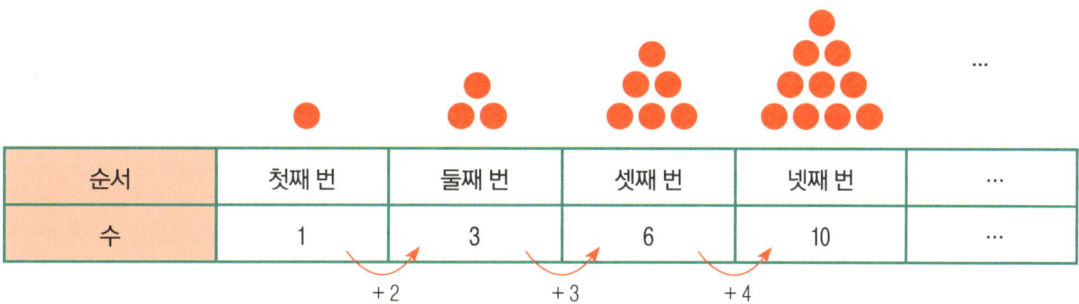

이제 사물의 수와 늘어난 수 사이에 어떤 규칙이 있는지 생각해 보고 식으로 나타냅니다.

순서	첫째 번	둘째 번	셋째 번	넷째 번	…
수	1	3	6	10	…
식	1	1+2	1+2+3	1+2+3+4	

다섯째 번에는 어떤 수가 올까요? 표를 보면 다섯째 번에는 5가 늘어난 15가 옵니다.

바둑돌이나 쌓기나무를 여러 가지 규칙에 따라 늘어놓은 후 사물을 수로 나타내고, 규칙을 말해 봅니다.

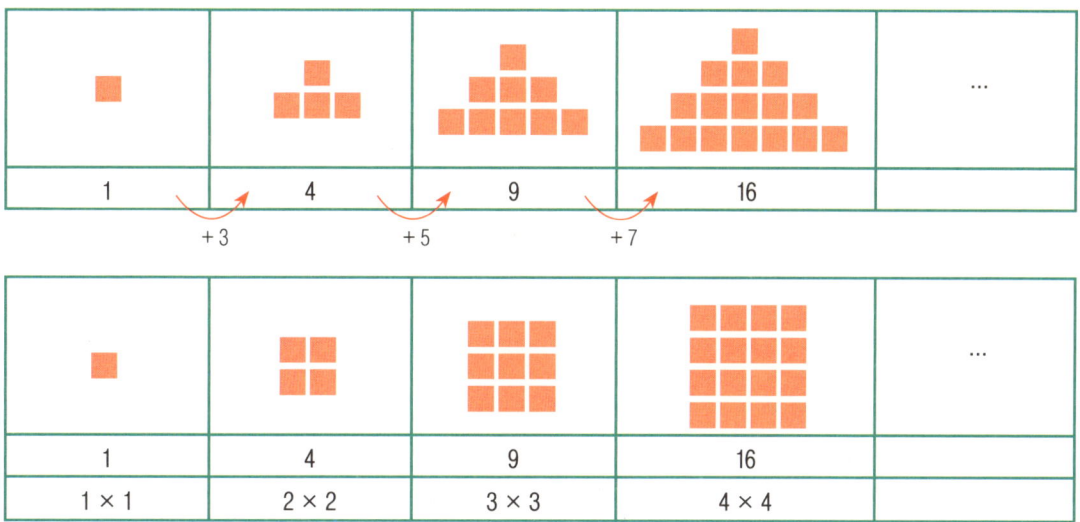

 **한 발짝 더!**

주변의 다양한 사물로 규칙 찾기 활동을 할 수 있습니다. 쌓기나무를 활용한 규칙 찾기는 교과서에 잘 등장하는 소재입니다.

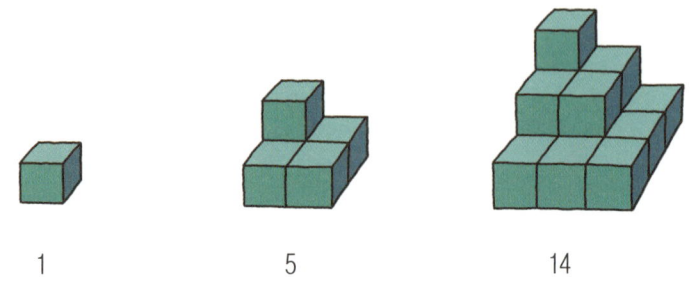

성냥개비 또는 이쑤시개 역시 좋은 소재가 됩니다.

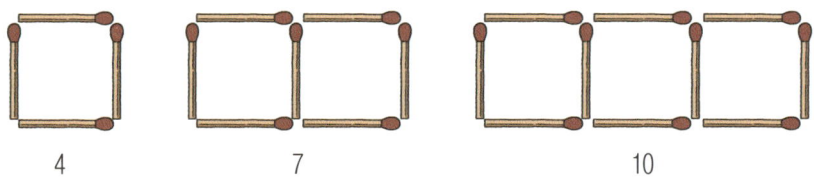

많은 아이들이 실제 경험에서가 아닌 그림이나 사진을 보면서 규칙 찾는 활동을 합니다. 그래서 배운 문제는 어느 정도 이해할 수 있지만 스스로 생각을 확장하는 데는 어려움을 겪습니다. 따라서 교과서에 제시된 내용을 가급적 실제 물건으로 직접 경험해 보는 것이 중요합니다.

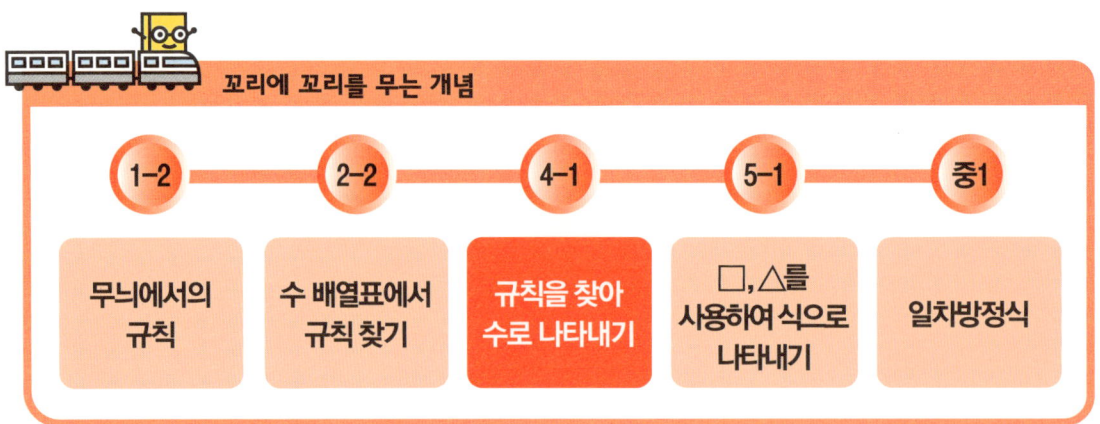

무엇이든 물어보세요

규칙을 수로 나타내면 좋은 점이 있나요?

1, 2학년에서는 규칙을 문자나 도형, 색, 수 등으로 바꾸어 나타내는 연습을 했습니다. 이때 규칙이 자기가 좋아하는 특정 사물이나 좋아하는 색으로 이루어져 있다면 그 본질을 보다 잘 파악할 수 있습니다. 하지만 복잡한 규칙에서는 문자나 수로 나타내는 것이 규칙을 파악하는 데 더 편리합니다. 예를 들어, 바나나와 사과를 여러 방법으로 나타내어 보겠습니다.

       □

사과는 숫자 1, 바나나는 숫자 2로 나타내어 봅니다.
1　2　1　1　2　1　1　1　□

이번에는 사과의 수와 바나나의 수로 나타내어 봅니다.
1　1　2　1　3　□

이렇게 숫자로 바꾸어 보면 쉽게 규칙을 찾을 수 있습니다.

문제집에 나오는 복잡한 도형의 규칙 찾기를 꼭 다루어야 하나요?

같은 학년 아이에게도 분명 개인차가 존재합니다. 하지만 이때 빠르고 느림은 전혀 중요하지 않습니다. 아이가 흥미롭게 도전한다면 좀 복잡한 도형을 제시하는 것도 좋겠지만, 아이에게 무작정 강요한다면 아이가 수학을 싫어하게 되는 계기가 될 수 있습니다.

| 각도 | **각도(각의 크기)** |

각도기로 잴 때마다 각이 달라요.

 **아이는 왜?**

분명 같은 각인데 저마다 다른 결과가 나오기도 합니다. 이는 아이들이 각도기 사용법을 제대로 알지 못하기 때문입니다. 보통 많이 하는 실수는 눈금을 반대로 읽거나 밑금이 아닌 곳에 각을 맞추는 경우입니다. 두 경우 모두 정확한 각이 나올 수 없는 상황입니다.

 30초 해결사

- **각도는 각의 크기**
  1직각 = 90°
- **각도기 사용법**
  1. 꼭짓점에 각도기의 중심을 맞춘다.
  2. 각도기의 밑금을 한 변에 맞춘다.
  3. 다른 변이 닿은 곳의 눈금을 읽는다.

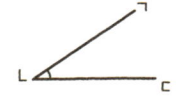
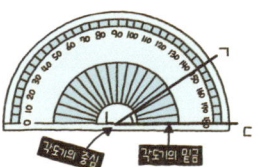

 **그것이 알고 싶다**

실제 각도기로 각도를 재어 보는 활동을 하면 각도기 사용법을 익히고 각도와 각의 개념을 명확히 숙지할 수 있습니다. 각도는 각의 크기, 즉 각이 벌어진 정도이며 각은 도형 그 자체입니다. 그럼 각도기를 이용하여 직접 각을 재어 봅시다.

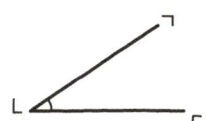

1. 각의 꼭짓점에 각도기의 중심을 맞춘다.
2. 각도기의 밑금을 한 변에 맞춘다.
3. 다른 변이 닿은 곳의 눈금을 읽는다.

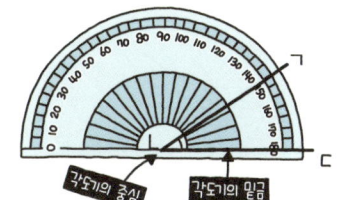

각도기로 각을 읽을 때 각의 밑금이 오른쪽에 있으면 0부터 반시계 방향으로 수를 읽고, 각의 밑금이 왼쪽에 있으면 왼쪽에서 오른쪽으로 0부터 매긴 수를 읽습니다. 즉 밑금에서 출발하여 점점 커지는 수를 읽으면 됩니다.

밑금을 어느 변으로 하는지에 따라 각도기의 방향이 달라지고, 각도기가 놓이는 방향에 따라 눈금 읽기가 쉬울 수도 있고 어려울 수도 있습니다. 밑금이 비스듬히 놓이게 되는 각도 다양하게 경험하면 각도기를 능숙하게 사용하는 데 도움이 됩니다.

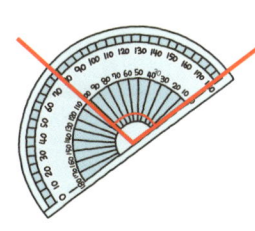 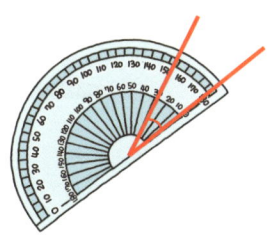 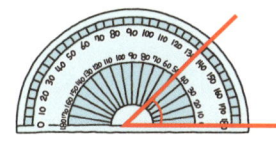

이때 아이들은 다음과 같은 실수를 할 수 있습니다.

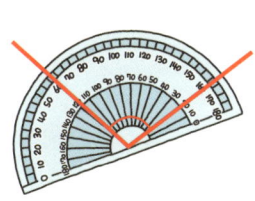 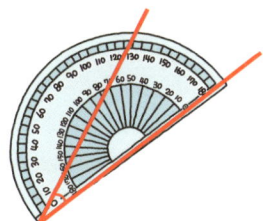 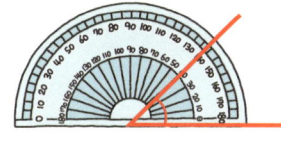

한 발짝 더!

각도는 각의 벌어진 정도에 따라 달라집니다. 변의 길이와는 관계가 없습니다. 한 점에서 두 직선을 그어 각을 만들고 변의 길이를 늘일 때 각도가 어떻게 달라지는지 알아봅니다.

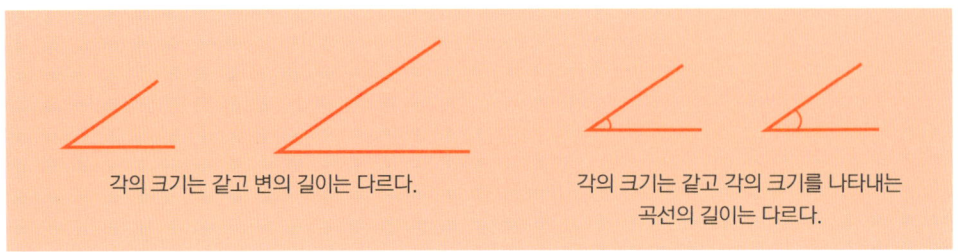

각의 크기는 같고 변의 길이는 다르다.   각의 크기는 같고 각의 크기를 나타내는 곡선의 길이는 다르다.

위의 그림을 투명지에 본 떠 겹치거나 각도기로 두 각의 각도를 재어 보면 변의 길이가 각의 크기에 영향을 끼치지 않는다는 사실을 알게 됩니다. 또한 각의 크기를 표시하기 위해 각에 곡선을 그리는데, 이 곡선의 길이도 각의 크기와는 전혀 상관이 없습니다.

아이들 중에는 간혹 그림만 보고 각도를 어림하는 경우가 있는데, 각은 반드시 각도기로 정확히 재어 보아야 알 수 있다는 사실도 지도합니다.

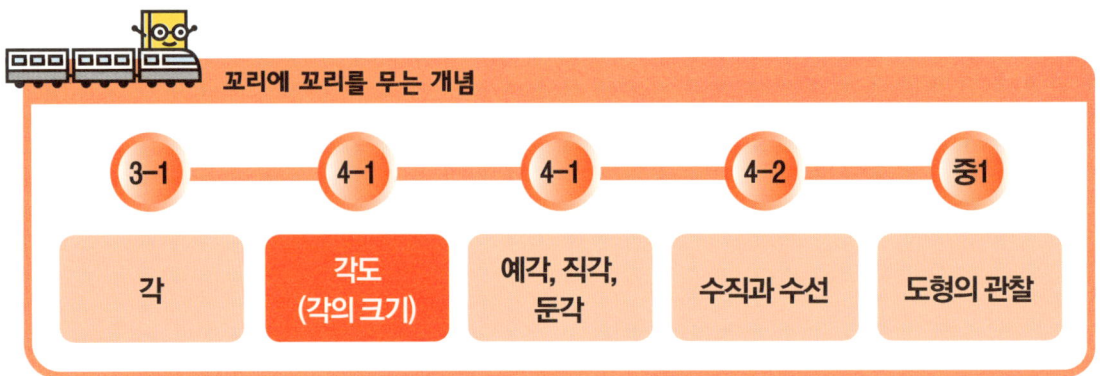

무엇이든 물어보세요

각의 크기가 각도라고 했는데, 각과 각도는 어떻게 다른가요?

각은 도형 그 자체이고 각도는 그 각의 크기입니다. 꺾인 모양, 즉 한 점에서 뻗어 나간 두 반직선 모양 자체가 각입니다. 실제 각은 한 방향으로 무한히 뻗은 두 직선에서 생기지만 그중 두 반직선이 만나는 부분을 각으로 나타낸 것입니다. 그 각의 크기를 각도기로 잰 값이 각도입니다. 따라서 "각 ㄱㄴㄷ은 27°이다."가 아니고 "각 ㄱㄴㄷ의 크기는 27°이다."라고 말해야 합니다.

직각은 왜 90°인가요?

직각이 90°인 이유는 고대 바빌로니아 사람들이 원의 각도를 360°로 정한 후 그것이 널리 쓰였기 때문입니다. 원의 각을 4등분하면 90°인 직각이 4개 만들어집니다. 고대 바빌로니아에서는 1년을 12달로 보고 각 달은 30일로 정했습니다. 그리고 남은 날수를 더해 윤년이 되는 해는 1년을 13달로 하였습니다. 이때 1년을 360일로 생각하였고, 이것이 원의 각도인 360°가 된 것입니다.

| 각도 | **각 읽기** |

내가 잰 각도는 45°인데 알고보니 135°라고요?

 **아이는 왜?**

각도기에는 각도기 중심 좌우로 밑금(기준선)이 있습니다. 그리고 양방향으로 각도가 표시되어 있습니다. 각을 측정하는 위치나 그리는 위치에 따라 편히 사용하도록 한 것인데, 아이들이 여기서 헷갈려 눈금의 숫자만 보고 135°를 45°로 읽기도 합니다. 또 45°를 135°로 그리는 경우가 종종 있습니다.

30초 해결사

각의 크기를 어림하기

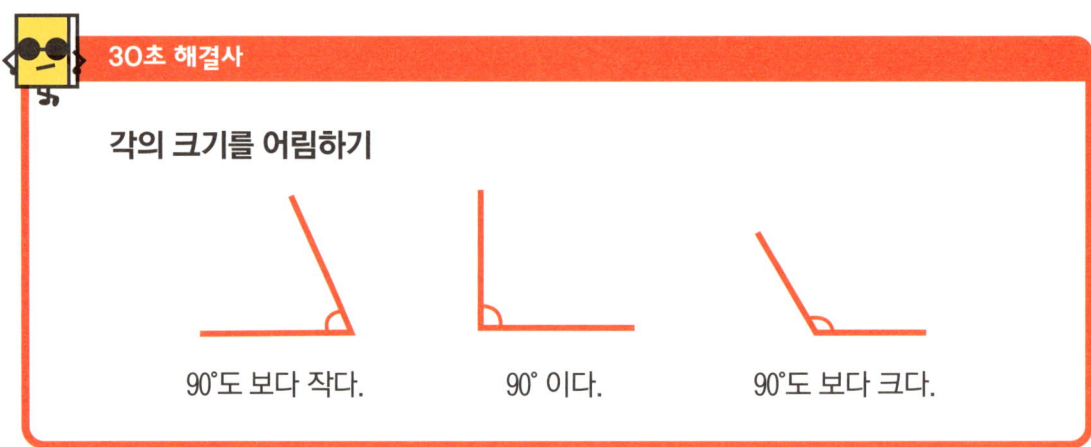

90°도 보다 작다.   90° 이다.   90°도 보다 크다.

그것이 알고 싶다

각도기에는 눈금이 2줄로 되어 있기 때문에 어느 눈금을 읽어야 하는지 고민될 수 있습니다.

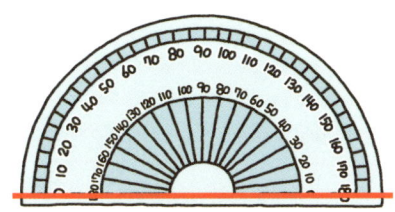

각도기로 각을 읽을 때는 각의 꼭짓점을 각도기 중심에 맞춘 다음, 각의 밑금이 오른쪽에 있으면 반시계 방향으로 매긴 눈금의 수(그림에서는 안쪽 숫자)를 읽고, 각의 밑금이 왼쪽에 있으면 왼쪽에서 오른쪽으로 매긴 눈금의 수(그림에서는 바깥쪽 숫자)를 읽습니다. 정리하면 밑금에서 출발하여 숫자가 점점 커지는 쪽으로 읽으면 됩니다.

밑금을 어느 쪽으로 하는지에 따라 각도기의 방향이 달라지고, 각도기가 놓이는 방향에 따라 눈금 읽기가 쉬울 수도 있고 어려울 수도 있습니다. 밑금이 비스듬히 놓인 각들도 다양하게 접하다 보면 점차 능숙하게 각도기를 사용하게 될 것입니다.

또한 각의 크기에 대한 양감으로 대략적인 크기를 어림할 수 있게 되면 45°를 135°로 읽는 오류를 범하지 않을 것입니다.

90°는 직각이므로 직각을 기준으로 각에 대한 양감을 생각하면 45°와 135°를 구분할 수 있습니다. 즉 90°보다 큰 각인지 작은 각인지를 생각하면 어렵지 않게 구분할 수 있습니다.

아래 각을 어림한 후 재어 보세요.

한 발짝 더!

각도기로 여러 각을 재어 보는 활동을 하면 각도기 사용법을 익히고 각도에 대한 개념을 형성하는 데 도움이 됩니다. 각도기 사용법을 익힌 후에는 이를 바탕으로 주어진 각도의 각을 그리는 활동을 하면 각을 이해하는데 도움이 됩니다.

삼각자로 90°에서부터 시작하여 45°, 60°, 30°가 되는 각을 그려 봅니다. 이때 꼭짓점에 따라 각의 방향이 달라지므로 꼭짓점과 주어진 선분을 다르게 하여 다양하게 그려 봅니다.

> **각 그리기**
> 각도기로 각을 그릴 때는 각도기 중심을 꼭짓점에 잘 맞추어야 하고, 각도기의 밑금을 먼저 그린 선분에 정확히 맞추는 것이 중요하다.

삼각자로 그려 보았다면 각도기로 원하는 크기의 각을 그려봅니다. 각도가 70°인 각 ㄱㄴㄷ을 그려 보겠습니다.

1. 각의 한 변인 변 ㄴㄷ을 그린다.
2. 각도기 중심을 꼭짓점이 될 점 ㄴ에 맞추고, 각도기의 밑금을 변 ㄴㄷ에 맞춘다.
 (각도기의 좌우가 뒤집어져 있어도 가능하다.)
3. 각도기에서 각도가 70° 되는 눈금 위에 점 ㄱ을 찍는다.
4. 점 ㄴ과 점 ㄱ을 이어 변 ㄱㄴ을 그린다.

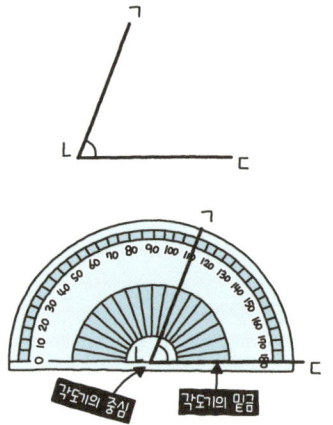

각을 그린 후에는 각의 이름을 씁니다. 이렇게 하면 각을 읽을 때 순서를 제대로 지킬 수 있고 도형을 이해하는 데도 도움이 됩니다.

처음에는 주어진 선분을 이용하여 주어진 각도를 그려 보고 이 활동에 능숙해지면 밑금이 주어지지 않은 상태에서 각도만으로 각을 그려 봅니다. 25°, 65°와 같이 5° 단위 각을 그려 봅니다.

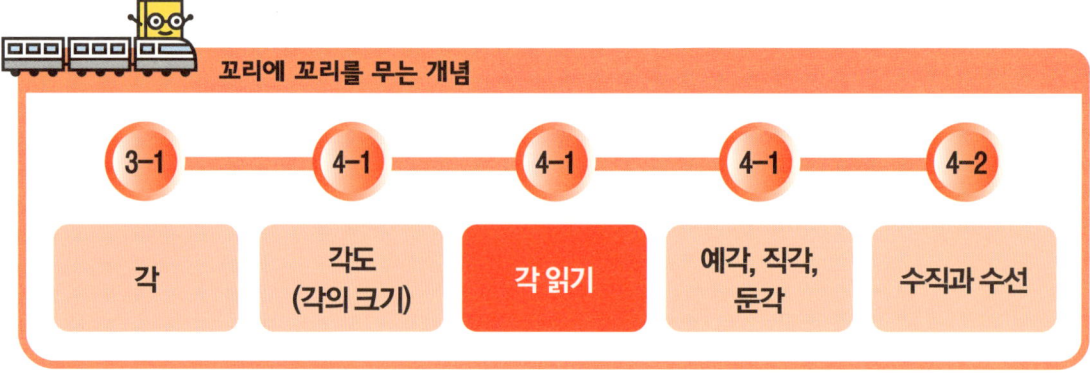

무엇이든 물어보세요

각에서 뾰족한 부분의 반대쪽 각은 어떻게 재나요?

초등학교에서는 주로 180° 이하의 각을 다룹니다. 따라서 180°가 넘는 각을 재는 경우는 없습니다. 하지만 아이가 물어 온다면 180°보다 큰 각의 크기를 재는 방법도 함께 고민해 보는 계기가 되겠습니다.

각에는 뾰족한 부분이 아닌 쪽 각도 있습니다. 뾰족한 부분을 열각, 반대 부분을 우각이라고 합니다. 평면을 두 부분으로 나누어 생기는 2개의 각 중 좁은 부분이 열각입니다. 열각의 크기는 180°보다 작습니다. 우각의 크기는 원이 360°라는 성질을 이용하여 '360° − (열각의 크기)'로 구할 수 있습니다. 또는 원 모양 각도기를 사용해도 됩니다.

각도기는 크기와 모양이 모두 비슷한가요?

아이들이 보통 사용하는 각도기는 모양이 모두 비슷합니다. 하지만 각도기가 모두 같은 모양, 비슷한 크기인 것은 아닙니다. 각도기의 크기와 모양은 각을 재는 목적에 따라 다양합니다. 수학 시간에는 대개 보통 크기의 각을 재기 때문에 손에 잡히는 크기의 반원 모양 각도기를 사용하고, 산업용으로는 정밀한 디지털 각도기가 사용되고 있습니다.

   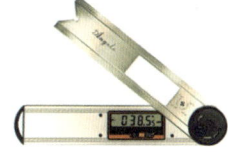

원 모양의 각도기   디지털 각도기

| 각도 | **각도의 덧셈과 뺄셈** |

각도의 덧셈과 뺄셈은 어떻게 해요?

 **아이는 왜?**

많은 아이들이 각의 합과 차를 구하는 각도 계산에 뭔가 특별한 방법이 있을 것이라 생각합니다. 각도기라는 특별한 측정 도구로 각의 크기를 재기 때문에 각도를 더하고 빼는 데 다른 방법이 필요하다고 생각할 수 있습니다.

 30초 해결사

각도의 합과 차를 구하는 방법은 자연수의 덧셈, 뺄셈 방법과 같다.

- 두 각도의 합

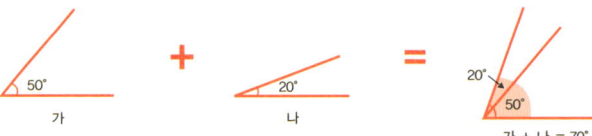

- 두 각도의 차

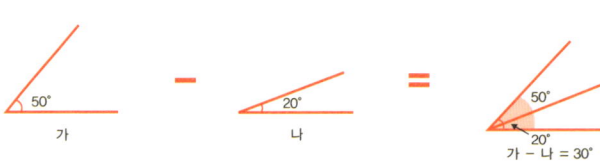

 **그것이 알고 싶다**

각도의 합과 차를 구하는 방법은 자연수의 덧셈과 뺄셈을 계산하는 방법과 같습니다. 하지만 이러한 내용을 직접 알려 주기보다 활동을 통해 스스로 의미를 구성할 수 있도록 이끌어야 하겠습니다. 이를 위해 제시된 두 각을 덧붙이거나 겹치는 방법으로 두 각도의 합과 차를 구해 보겠습니다.

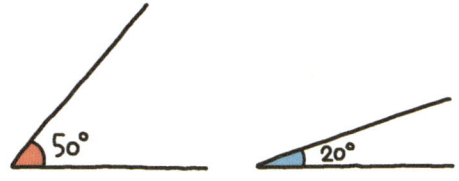

먼저 각도의 합을 알아보기 위해 주어진 두 각을 반투명 종이 위에 그린 후 서로 겹치지 않게 이어 놓습니다. 그리고 각을 이어 붙이면 각도가 얼마가 될지 예상해 봅니다. 그렇게 생각하는 이유도 설명해 봅니다. 그런 다음 직접 각도기로 이어 붙인 각의 크기를 재어 예상했던 것과 비교하면서 각도의 합을 구하는 방법과 자연수의 덧셈 방법에 대해 이야기 나누어 봅니다.

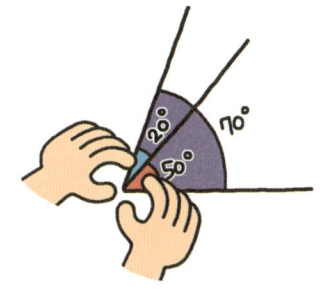

같은 방법으로 이번에는 두 각의 차를 계산합니다. 앞에서 만든 두 각의 한 변을 겹칩니다. 겹치지 않은 부분, 즉 큰 각에서 작은 각과 겹치는 부분을 제외한 나머지 부분의 크기가 얼마일지 생각해 보고 그렇게 생각한 이유를 말해 봅니다. 그런 다음 직접 각도기로 재어 보고 자연수의 뺄셈 방법과 계산 방법이 같음을 확인합니다.

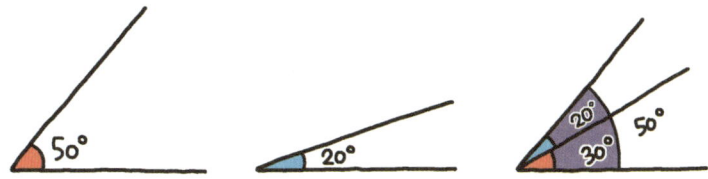

각도의 덧셈과 뺄셈이 자연수의 덧셈, 뺄셈과 같음을 이해한 후에는 $35° + 40° = 75°$, $75° - 40° = 35°$와 같은 문제를 풀어 보며 계산을 연습합니다. 답을 적을 때 각의 단위(°)를 빠뜨리지 않도록 유의합니다.

 **한 발짝 더!**

삼각자를 이용하여 만들 수 있는 각을 찾아봅니다.

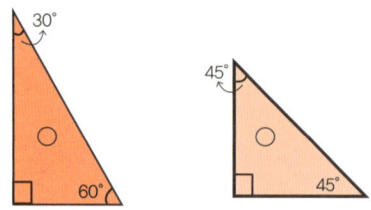

삼각자 2개를 이용하여 하나는 고정시켜 놓고 다른 삼각자의 세 각을 붙여 합을 구하면 180°, 150°, 120°, 135°, 105°, 75°가 됩니다.

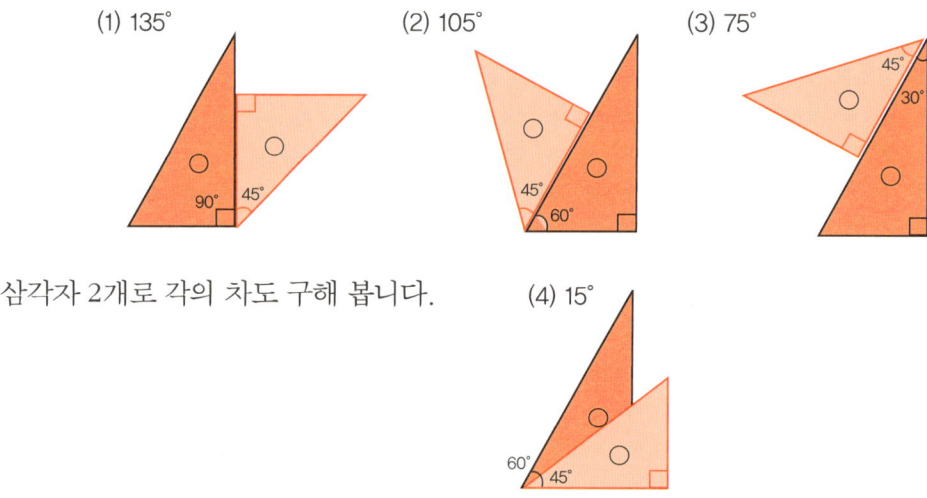

삼각자 2개로 각의 차도 구해 봅니다.

이 활동은 각의 크기에 대한 감각을 기르는 데도 도움이 됩니다.

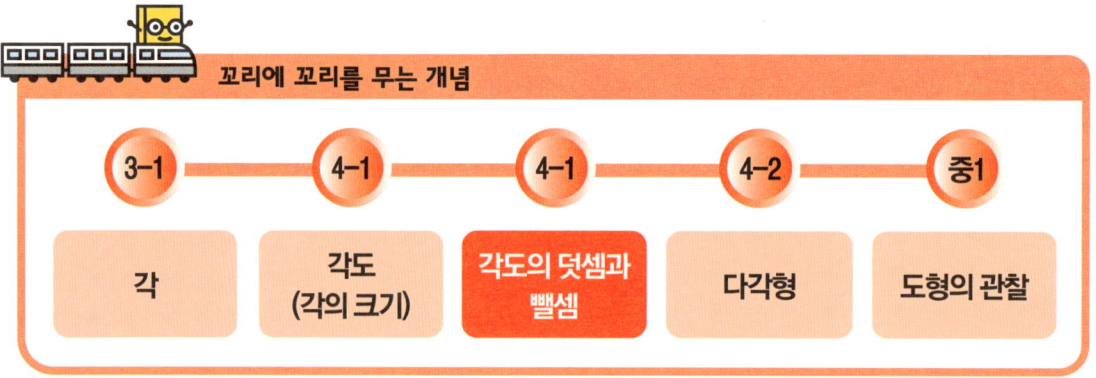

무엇이든 물어보세요

삼각형 세 내각의 크기 합이 180°라는 것은 어떻게 설명해야 하나요?

아이들은 각도를 배운 후 바로 삼각형과 사각형 내각의 크기 합을 배우게 됩니다. 교과서에서는 삼각형을 잘라 붙이는 방법, 각도기로 재는 방법을 통해 직관적으로 확인하도록 하고 있습니다.

삼각형 세 내각의 크기 합이 180°라는 성질은 이후 학습하게 될 도형 학습의 기초가 되는 중요한 내용입니다. 예를 들어, 삼각형 내각의 크기 합이 180°이기 때문에 사각형을 대각선으로 나누면 삼각형 2개가 되고, 따라서 사각형 내각의 크기 합은 360°임을 알 수 있습니다. 직접 재거나 잘라 붙이지 않고도 알 수 있는 것입니다. 삼각형 세 각의 크기의 합이 180°라는 보다 엄밀한 증명은 중학교 이후에 배우게 됩니다.

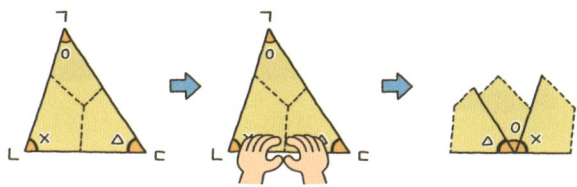

삼각형 세 각의 크기 합 구하기

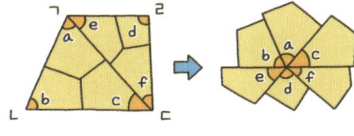

사각형 네 각의 크기 합 구하기

| 각도 | **예각과 둔각** |

예각, 직각, 둔각을 모르겠어요.

4학년 도형과 측정

아이는 왜?

예각과 둔각을 구분할 수 있는 기준은 직각입니다. 직각의 의미와 모양, 크기를 정확히 이해하지 못하면 예각이나 둔각을 구분하는 데 어려움을 겪을 수 있습니다. 또한 예각, 둔각이라는 말이 낯설게 느껴지고 그 모양이 머릿속에 떠오르지 않기 때문에 문제를 해결하는 데 어려움이 생깁니다.

30초 해결사

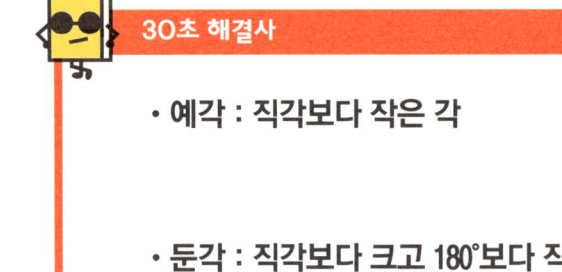

"예리하다"

"둔하다"

- 예각 : 직각보다 작은 각
- 둔각 : 직각보다 크고 180°보다 작은 각

그것이 알고 싶다

직관적으로 직각이 아닌 각을 구분하는 활동을 통해 직각에 대한 감각을 익힙니다. 이때 바로 놓여 있는 직각, 약간 돌려져 있는 직각 등을 학습하여 직각을 직관적으로 충분히 인식하도록 합니다.

예각과 둔각
예각의 예(銳)는 예리하다, 날카롭다, 뾰족하다는 의미, 둔각의 둔(鈍)은 둔하다, 무디다는 의미이다.

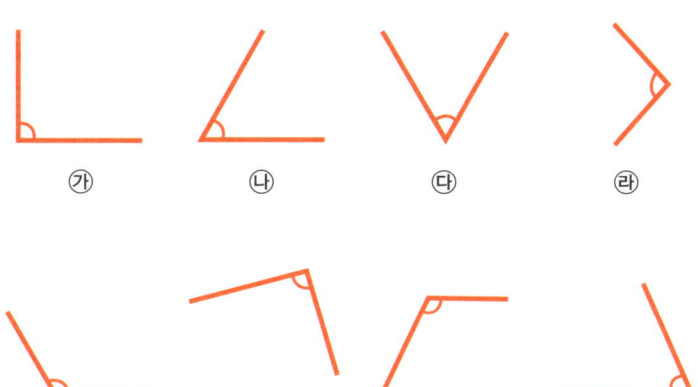

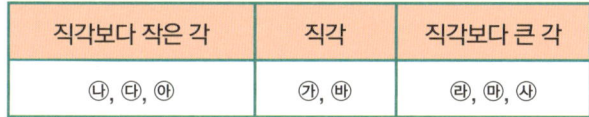

직각보다 작은 각	직각	직각보다 큰 각
㉯, ㉰, ㉶	㉠, ㉱	㉣, ㉮, ㉳

이때 직각이 아닌 각을 직각보다 작은 각, 직각보다 큰 각으로 분류하고 각각의 이름을 지어 봅니다. '직각보다 작은 각'이라는 뜻이 잘 나타나도록 이름 짓고, 그렇게 지은 이유를 이야기해 봅니다. 또 '직각보다 큰 각'이라는 뜻이 잘 나타나도록 이름 짓고, 그렇게 지은 이유를 이야기해 봅니다. 도형의 이름을 짓는 활동은 아이들에게 그 도형의 특징을 다시 한 번 생각하게 하는 계기가 되므로 도형을 처음 접하는 단계에서 많이 이루어집니다.

이때 어른들의 일방적인 방식이 아니라 아이들이 여러 가지 이름을 다양하게 제시할 수 있도록 허용적인 태도를 보여 줍니다. 동시에 아이의 의견에 동의해 주며 다음과 같이 약속합니다.

"직각보다 작은 각을 '예각'이라 하고, 직각보다 크고 180°보다 작은 각을 '둔각'이라 한다."

 **한 발짝 더!**

180°보다 큰 각이 있을까요?

실제 주변 사물에서 각을 찾는 활동을 하다 보면 180°보다 큰 각을 둔각이라고 하는 경우가 있습니다. 초등학교에서는 예각, 직각, 둔각까지만 다루므로 180°보다 큰 각을 직접적으로 배우지는 않지만 둔각이 180°보다 작은 각임을 알려주기 위해 180°보다 큰 각을 간접적으로 보여 줄 필요가 있습니다.

예각 : 90°보다 작은 각
직각 : 90°인 각
둔각 : 90°보다 크고 180°보다 작은 각
평각 : 180°인 각

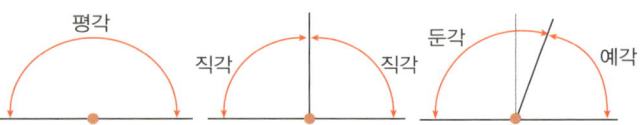

4학년에서는 각을 예각, 직각, 둔각으로 구분하는 것이 목적이므로 둔각이 180°보다 작다는 것을 굳이 나타낼 필요는 없습니다.

시계에서 바늘(분침과 시침)이 이루는 각으로 공부하면 아이들이 직관적으로 받아들이기 쉬울 것입니다. '시계 바늘이 이루는 작은 쪽의 각'에서 예각과 둔각 찾는 활동을 해 봅니다.

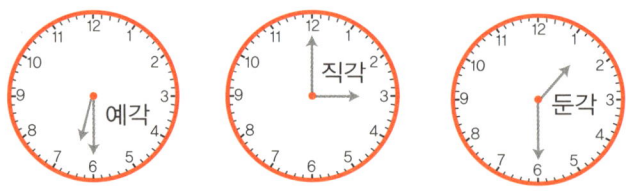

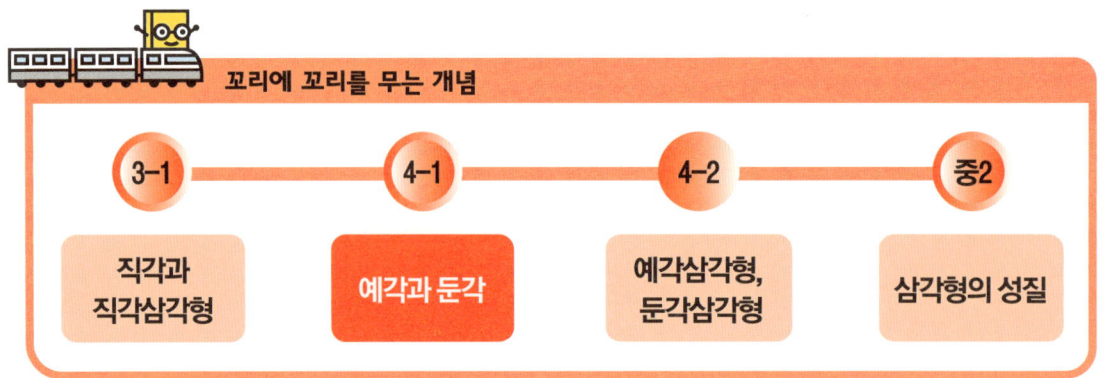

무엇이든 물어보세요

 **원을 이용해 직각삼각형을 만들 수 있는 방법이 있다고 하던데요.**

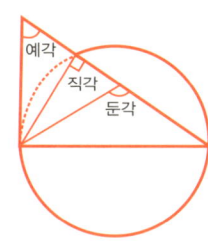

원의 지름을 한 변으로 하는 삼각형을 그리면 지름의 양 끝점이 꼭짓점이 됩니다. 나머지 한 점의 위치를 정하면 삼각형이 되는데, 그림과 같이 원 위에 있으면 직각이 되어 직각삼각형이 되고, 원 밖에 있으면 직각보다 작은 각이 되어 예각삼각형이 되며, 원의 안쪽에 있으면 직각보다 큰 각이 되어 둔각삼각형이 됩니다.

 **각을 보면 큰 쪽이 있고 작은 쪽이 있는데 왜 작은 쪽의 크기를 각의 크기라고 하나요?**

각의 좁은 부분을 열각, 더 큰 부분을 우각이라고 부릅니다. '우열을 가리다'라는 표현을 들어 보았을 것입니다. 우(優)는 더 낫다는 뜻이고, 열(劣)은 보다 못하다는 뜻입니다. 그래서 더 큰 각을 우각, 작은 각을 열각이라고 부릅니다. 그렇다면 열각은 180°보다 작아야 합니다. 180°가 넘어가면 반대쪽 각이 열각이 되고 그 각은 우각이 되어 버리기 때문입니다. 참고로 180°는 평평한 각이어서 평각이라고 부릅니다. 크기는 우각이 더 크지만 우리 생활에서, 그리고 도형에서 쓰이는 각은 대부분이 열각입니다. 삼각형의 각, 사각형의 각들 모두 180°를 넘지 않는 열각들입니다. 그래서 보통은 열각의 크기를 그 각의 크기라고 합니다.

| 각도 | **예각삼각형, 둔각삼각형** |

두 각이 예각인데 왜 둔각삼각형이라고 해요?

아이는 왜?

삼각형의 종류를 배울 때 예각삼각형에 이어 둔각삼각형이 나옵니다. 이때 아이들이 삼각형 이름만 보고 '예각'이 '둔각'으로 바뀐다고 생각하는 경우가 많습니다. '세 각이 모두 예각인 삼각형'이 예각삼각형이므로 둔각삼각형은 '세 각이 모두 둔각인 삼각형'이라고 생각하는 것입니다.

30초 해결사

- 예각삼각형 : 세 각이 모두 예각인 삼각형

- 둔각삼각형 : 한 각이 둔각인 삼각형

 그것이 알고 싶다

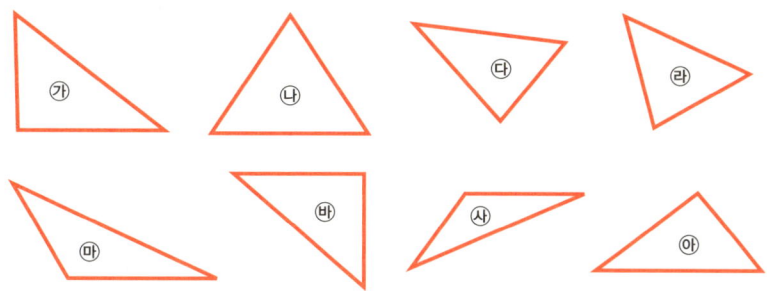

여러 가지 삼각형에서 예각, 직각, 둔각을 찾아봅니다. 그리고 세 각이 모두 예각인 삼각형만 모읍니다. ㉯, ㉰, ㉱, ㉶와 같이 세 각이 예각인 삼각형의 이름을 지어 봅니다. 이때 이름의 길이나 어법 등에 제한받지 않고 자유롭게 활동할 수 있도록 지도합니다. 또한 이름을 왜 그렇게 지었는지에 대해서 이야기 나누다 보면 아이들이 삼각형의 특징을 다시 한 번 되새길 수 있습니다. 이후 다음과 같이 약속합니다.

"세 각이 모두 예각인 삼각형을 예각삼각형이라고 한다."

이번에는 둔각이 있는 삼각형을 찾아봅니다. 이때 둔각이 몇 개씩 있는지 꼭 확인해야 합니다. 둔각은 1개씩 있습니다. ㉲, ㉵와 같이 한 각이 둔각인 삼각형의 이름을 지어 봅니다. 아이들은 "삼각형의 한 각이 둔각이다."라는 삼각형의 의미가 잘 나타나도록 이름지으려 할 것입니다. 한둔각삼각형, 한둔각두예각삼각형, 둔각삼각형 등 다양한 이름이 나올 수 있습니다. 이후 다음과 같이 약속합니다.

"한 각이 둔각인 삼각형을 둔각삼각형이라고 한다."

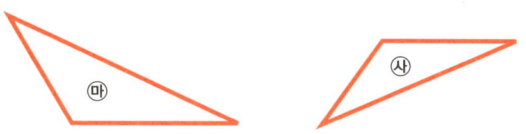

한 발짝 더!

'한 각이 둔각인 삼각형' 이외에 '두 각이 둔각인 삼각형' 혹은 '세 각이 둔각인 삼각형'이 있는지 생각해 봅니다. 삼각형에서 둔각이 1개뿐이라는 사실을 찾았다면 그 이유를 설명해 봅니다. 아이들은 삼각형의 종류를 배우기 전에 "둔각은 90°보다 크고 180°보다 작은 각이다.", "삼각형 세 내각의 합은 180°이다."와 같은 내용을 배웠습니다. 이 두 내용을 다시 한 번 떠올리면서 스스로 이유를 찾아야 하겠습니다. 즉, 90°보다 큰 둔각이 하나 있다면 나머지 두 각의 합이 90°보다 작기 때문에 삼각형에는 둔각이 하나입니다.

직각삼각형도 마찬가지입니다. 직각이 2개이면 두 각의 합이 이미 180°이므로 나머지 한 각은 0°이어야 합니다. 하지만 그렇게 되면 삼각형이 되지 않으므로 직각은 1개여야만 합니다. 즉, 직각삼각형 역시 이름에는 '직각'만 나타나 있지만 1개의 직각과 2개의 예각으로 되어 있습니다.

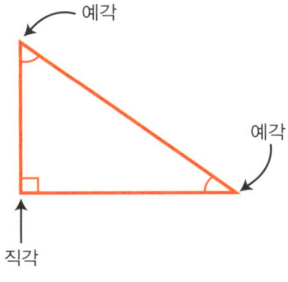

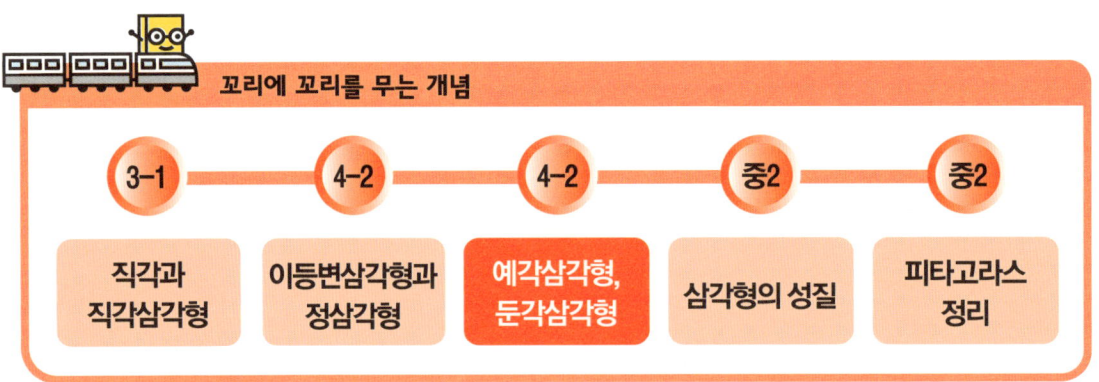

무엇이든 물어보세요

이런 문제는 어떻게 푸나요?
"길이가 1cm인 쇠막대 12개를 꿰었습니다. 이때 만들 수 있는 삼각형을 모두 구하시오.(쇠막대는 구부러지지 않습니다.)"

삼각형에는 "두 변의 길이의 합은 다른 한 변의 길이보다 크다."는 성질이 있습니다. 만약 두 변의 길이 합이 다른 한 변과 같거나 작다면 삼각형이 만들어질 수 없기 때문입니다. 이 성질을 이용하여 문제를 해결할 수 있습니다.

풀이)
1. 한 변의 길이가 1cm인 경우 : 세 변의 길이가 1cm, 5cm, 6cm가 되어야 한다. 그러나 두 변의 길이(1cm, 5cm) 합이 한 변의 길이(6cm)와 같아 삼각형을 만들 수 없다.
2. 한 변의 길이가 2cm인 경우 : 세 변의 길이는 2cm, 5cm, 5cm가 된다.
3. 한 변의 길이가 3cm인 경우 : 세 변의 길이는 3cm, 4cm, 5cm가 된다.
4. 한 변의 길이가 4cm인 경우 : 세 변의 길이는 4cm, 3cm, 5cm 혹은 4cm, 4cm, 4cm가 된다.

따라서 (2cm, 5cm, 5cm), (3cm, 4cm, 5cm), (4cm, 4cm, 4cm)인 3가지 삼각형을 만들 수 있다. (3cm, 4cm, 5cm)와 (4cm, 3cm, 5cm)는 같다.

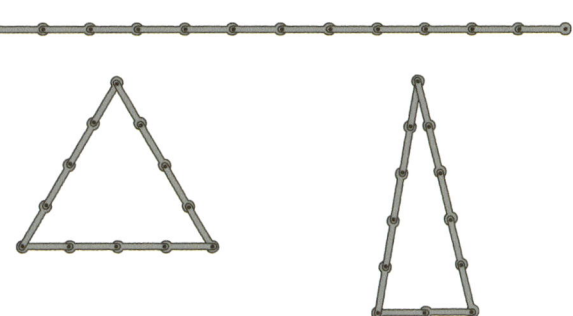

| 평면도형의 이동 | 도형의 이동(밀기, 뒤집기, 돌리기) |

4학년 도형과 측정

도형을 뒤집으라는데, 뒤집으니까 아무것도 없어요.

 **아이는 왜?**

밀기, 뒤집기, 돌리기 등 도형의 이동에서 아이들은 뒤집기를 특히 어려워합니다. 밀기, 돌리기는 학습지를 직접 움직여 해결할 수 있지만 뒤집기의 경우 실제 학습지를 뒤집으면 학습지의 뒷면이 나올 뿐이기 때문입니다.

 **30초 해결사**

- 밀기 : 모양과 방향이 변하지 않는다.
- 뒤집기 : 모양은 변하지 않고 위와 아래 또는 오른쪽과 왼쪽이 바뀐다.
- 돌리기 : 모양은 변하지 않고 돌리는 정도에 따라 방향이 바뀐다.

 **그것이 알고 싶다**

• 밀기

여러 가지 물건 또는 도형을 밀었을 때 모양이 어떻게 변하는지 생각해 보고 결과를 확인해 봅니다. 모양과 방향이 변하지 않는다는 사실을 찾을 수 있을 것입니다. 이때 화살표 방향, 즉 ↑(위쪽), ↓(아래쪽), ←(왼쪽), →(오른쪽)에 따른 밀기 기호의 뜻을 스스로 아는 것이 중요합니다.

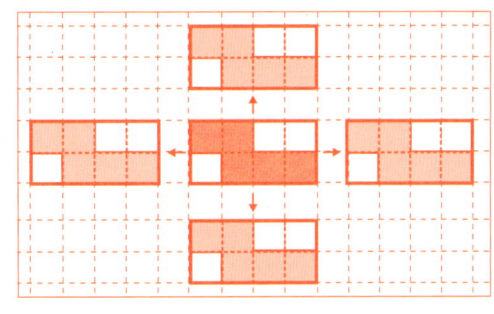

• 뒤집기

여러 가지 물건 또는 도형을 뒤집으면 모양은 변하지 않고 위와 아래 또는 오른쪽과 왼쪽이 바뀐다는 사실을 찾을 수 있습니다. 이때 뒤집기 기호, 즉 ⟲(위로 뒤집기), ⟳(아래로 뒤집기), ϕ(왼쪽으로 뒤집기), ϕ(오른쪽으로 뒤집기)는 가르치기 편하도록 만들어진 것일 뿐이므로 각 기호의 의미를 아는 정도로 지도합니다.

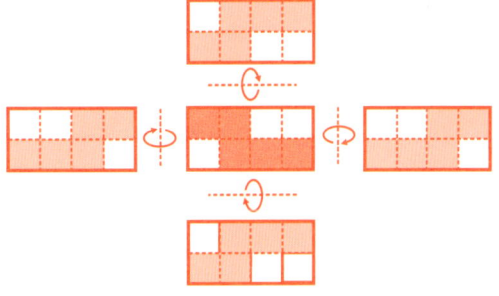

• 돌리기

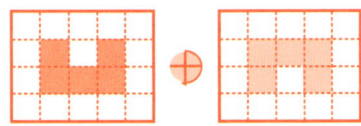

여러 가지 물건 또는 도형을 돌렸을 때 모양은 변하지 않고 돌리는 정도에 따라 방향이 바뀐다는 사실을 확인합니다. 돌리기에는 시계 방향으로 돌리는 기호와 시계 반대 방향으로 돌리는 기호가 있으며, 직각을 기준으로 얼마나 돌렸는지 아는 것이 중요합니다. 아이가 돌리는 기호의 의미를 정확히 알고 있는지 확인합니다.

방향	시계 방향으로 돌리기	시계 반대 방향으로 돌리기
기호와 의미	⊕ 90°만큼 돌리기 ⊕ 180°만큼 돌리기 ⊕ 270°만큼 돌리기 ⊕ 360°만큼 돌리기	⊕ 90°만큼 돌리기 ⊕ 180°만큼 돌리기 ⊕ 270°만큼 돌리기 ⊕ 360°만큼 돌리기

한 발짝 더!

도형을 놓고 뒤집기와 돌리기를 동시에 해 봅니다. 2가지 활동이 함께 이루어지므로 순서에 맞춰 생각해 보고 활동을 통해 확인합니다. 도형을 먼저 본 후 이를 뒤집고 돌리기 한 도형을 그려도 되고, 뒤집고 돌린 후의 도형을 보고 거꾸로 처음의 도형을 그릴 수도 있습니다.

활동①

활동②

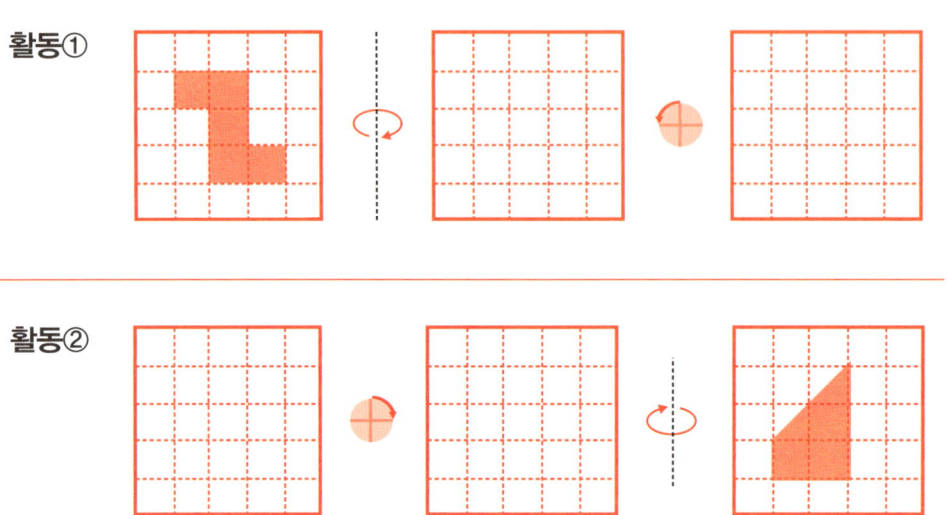

이때, 뒤집기와 돌리기를 각각 1번씩 하였더라도 뒤집고 돌리는 순서를 달리 하면 같은 모양이 나오지 않는 경우도 있습니다.

블로커스
게임판 위에 모서리가 만나도록 블록을 놓는 게임. 게임판을 채우는 과정에서 도형의 밀기, 뒤집기, 돌리기를 이용하여 문제를 해결하는 경험을 하게 된다.

꼬리에 꼬리를 무는 개념

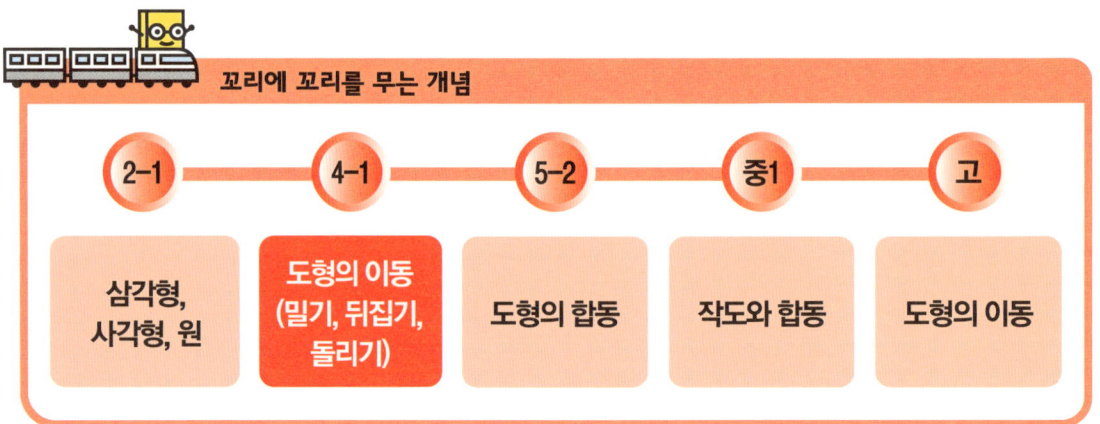

무엇이든 물어보세요

 모눈에 도형을 그릴 때 가운데에 그려야 하나요?

예를 들어 아래의 도형을 방향으로 돌리기 한 도형을 그려야 한다면 다음과 같은 그림이 모두 가능합니다. 모눈은 아이들이 도형을 쉽게 그리는 데 도움을 주고자 제시하는 것이므로 그리는 위치는 무관합니다.

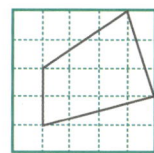 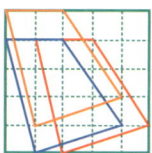

 **다음과 같은 문제를 풀지 못합니다.**

"어떤 도형을 오른쪽으로 밀고 왼쪽으로 5번 뒤집기 한 다음, 다시  방향으로 7번 돌렸더니 ㉣과 같은 도형이 되었습니다. 처음 도형을 그리시오."

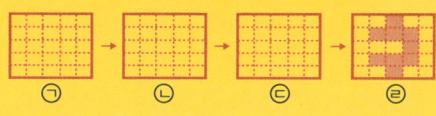

문제가 복잡합니다. 차근차근 거꾸로 풀어 봅니다.

1. 구하려고 하는 것은 처음 도형의 모양입니다.
2.  방향으로 7번 돌린 것은  방향으로 1번 돌린 것과 같습니다. 따라서 ㉢은 모양이 됩니다.
3. 왼쪽으로 5번 뒤집었다는 것은 왼쪽으로 1번 뒤집은 것과 같으므로 ㉡은 모양입니다.
4. 마지막으로 밀기는 어느 방향이어도 모양과 방향에 변화가 없으므로 그대로 모양입니다.

따라서 답은 입니다.
㉠

| 삼각형 | **이등변삼각형, 정삼각형** |

이등변삼각형은 두 변의 길이가 같은 삼각형인데, 어떻게 두 각의 크기도 같아요?

아이는 왜?

이등변삼각형은 두 변의 길이가 같은 삼각형입니다. 그래서 변의 길이가 같다는 사실은 알지만 두 각의 크기도 같다는 성질은 모르는 아이들이 있습니다. 이런 경우 이등변 삼각형에서 각의 크기를 구하는 문제를 해결할 수 없습니다.

30초 해결사

- **이등변삼각형의 성질**

  두 밑각의 크기가 같다.

  길이가 같은 두 변과 함께하는 각의 크기가 같다.

  초등학생들은 밑각이라는 용어를 사용하지 않기 때문에 그냥 "두 각의 크기가 같다."고 해도 된다.

- **정삼각형의 성질**

  세 각의 크기가 모두 같고 한 각의 크기는 60°이다.

  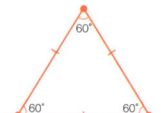

 그것이 알고 싶다

오른쪽 여러 가지 삼각형을 분류하여 봅니다. 모양에 따라, 변의 길이에 따라, 각의 크기에 따라 여러 가지 방법으로 분류할 수 있습니다. 아이의 생각이 옳지 않더라도 자기만의 기준으로 분류한 점을 칭찬하면서 아이가 자신의 생각을 자유롭게 이야기하도록 지도합니다. 그리고 아이가 분류한 여러 방법 중 변의 길이에 따른 분류를 통해 두 변의 길이가 같은 삼각형과 그렇지 않은 삼각형을 나누어 이등변삼각형을 찾고, 다음과 같이 약속합니다.

"두 변의 길이가 같은 삼각형을 이등변삼각형이라 한다."

이때 모눈종이 위에 이등변삼각형을 그려 오린 후 접어 보고 겹쳐 보는 활동을 하면 이등변삼각형의 성질을 이해하는 데 도움이 됩니다. 길이가 같은 변은 어떤 변과 어떤 변인지, 크기가 같은 각은 어떤 각과 어떤 각인지 스스로 발견하고 표시하며 이등변삼각형에 대해 알아 가도록 지도합니다.

이등변삼각형 중에는 세 변의 길이가 같은 삼각형이 있습니다. 자로 직접 세 변의 길이를 재어 보면서 세 변의 길이가 같은 삼각형을 찾아봅니다.

세 변의 길이가 같은 삼각형을 찾았다면 각도기로 각의 크기도 재어 봅니다. 모든 각의 크기가 60°임을 알 수 있습니다. 이제 삼각형의 성질에 맞게 이름을 지어 봅니다. 삼등변삼각형, 삼등각삼각형 등 다양한 대답이 나올 수 있습니다. 이러한 과정을 통해 다음과 같이 약속합니다.

"세 변의 길이가 같은 삼각형을 정삼각형이라 한다."

즉, 정삼각형은 세 각의 크기가 모두 같고 한 각의 크기가 60°입니다.

한 발짝 더!

이등변삼각형의 성질을 이용하여 이등변삼각형을 그릴 수 있습니다.
두 각이 45°인 이등변삼각형을 그려 보겠습니다

1. 선분을 1개 그린다.
2. 선분의 양 끝점에서 각각 45°인 각을 그린다.
3. 두 각의 변이 만나는 점을 이어 삼각형을 그린다.
4. 길이를 재어 두 변의 길이가 같은지 알아본다.

이번에는 컴퍼스를 이용하여 두 변의 길이가 같은 이등변삼각형을 그려 보겠습니다.

1. 선분을 1개 그린다.
2. 컴퍼스를 그리고자 하는 변의 길이만큼 벌린다.(변의 길이는 앞에서 그린 선분의 $\frac{1}{2}$보다 길어야 한다.)
3. 선분의 한 끝점에서 선분의 길이를 반지름으로 하는 원의 일부를 그린다.
4. 선분의 다른 끝점에서도 같은 방법으로 원의 일부분을 그린다.
5. 두 원의 일부분이 만난 점과 선분을 이어 삼각형을 그린다.
6. 길이를 재어 두 변의 길이가 같은지 알아본다.

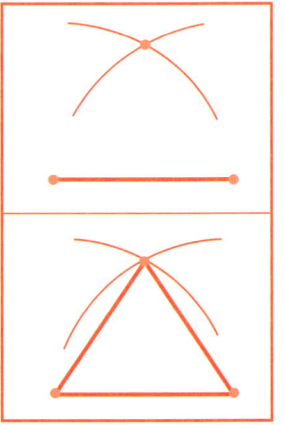

정삼각형은 각도기로 선분의 양 끝점에서 각각 60°인 각을 그리면 됩니다. 또는 세 변의 길이가 같은 삼각형이므로 처음 그린 선분을 반지름으로 하여 나머지 두 변을 그리면 됩니다.

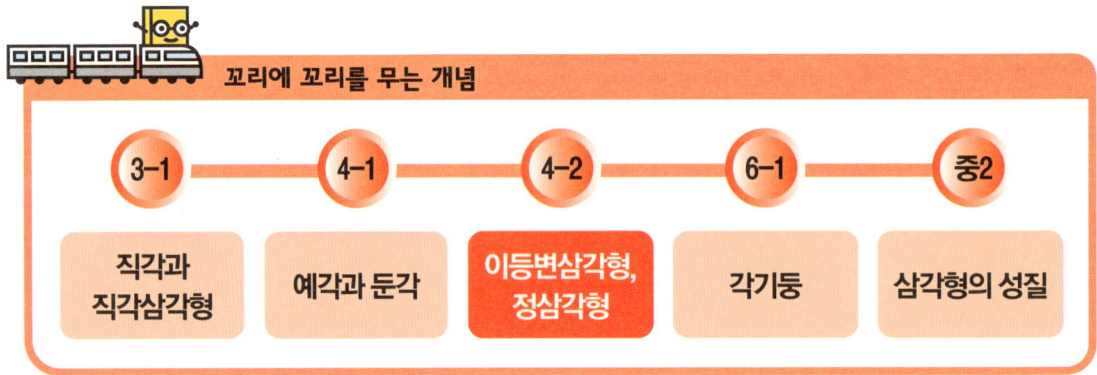

무엇이든 물어보세요

이런 문제는 어떻게 푸나요?
"이등변삼각형과 정삼각형을 겹치지 않게 붙여 놓은 것입니다. 표시된 각의 크기를 구하시오."

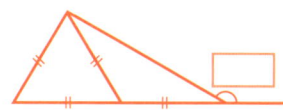

도형 문제는 도형의 성질을 이용하여 해결합니다. 정삼각형은 세 각의 크기가 같고 한 각의 크기가 60°입니다. 이등변삼각형은 길이가 같은 두 변과 함께하는 각의 크기가 같으며, 삼각형 세 각의 크기 합은 180°입니다. 이 3가지 성질을 이용해서 모든 각의 크기를 구할 수 있습니다.

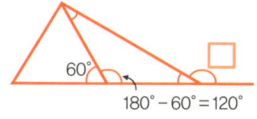

풀이)
1. 정삼각형의 성질을 이용하여 이등변삼각형의 한 각의 크기를 구한다.

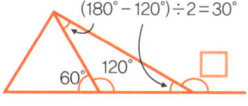

2. 이등변삼각형의 성질을 이용하여 크기가 같은 두 각의 크기를 구한다.

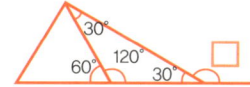

3. ☐ = 180° − 30° = 150°

4학년 도형과 측정

| 사각형 | 수직과 수선 |

직각, 수직, 수선이 뭐가 달라요?

아이는 왜?

3학년에서는 직각과 직각삼각형을 배우고, 4학년에서는 각의 크기와 두 직선의 관계에서 수직과 수선을 배웁니다. 수직, 수선은 모두 직각과 관련 있습니다. 이를 헷갈려 하는 아이는 용어의 의미를 구체적 경험을 통해 제대로 익히지 못했기 때문입니다.

30초 해결사

수직과 수선
- 두 직선이 만나서 이루는 각이 직각일 때 두 직선은 서로 '수직'이다.
- 두 직선이 서로 수직일 때 한 직선을 다른 직선에 대한 '수선'이라고 한다.

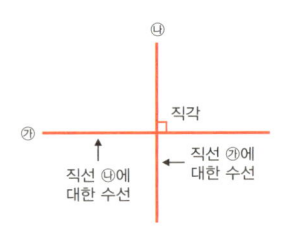

 **그것이 알고 싶다**

각이라는 것은 한 점에서 그은 두 직선이 이루는 도형을 말합니다. 그중 각의 크기가 90°인 도형을 직각이라고 합니다. 유리창, 바둑판, 식탁, 침대, 문 등에서 직각을 찾을 수 있습니다.

종이 위에 직선을 많이 그려 봅니다. 자로 직선을 여러 개 그리다 보면 '두 직선이 포개지는 경우', '두 직선이 만나지 않는 경우', '두 직선이 한 점에서 만나는 경우'가 있습니다.

수직
직선과 직선이 만날 때만 수직인 것은 아니다. 직선과 직선, 직선과 평면, 평면과 평면이 직각을 이루며 만나는 경우도 수직이다.

이 중 '두 직선이 한 점에서 만나는 경우'를 여러 개 그리고 각도기나 삼각자를 이용하여 그 중에서 직각을 찾아봅니다.

이후 다음과 같이 약속합니다.

"두 직선이 만나서 이루는 각이 직각일 때 두 직선은 서로 '수직'이고, 두 직선이 서로 수직일 때 한 직선을 다른 직선에 대한 '수선'이라고 한다."

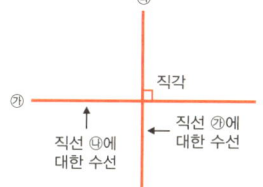

다음 그림을 통해 위의 약속을 이해했는지 확인해 봅니다.

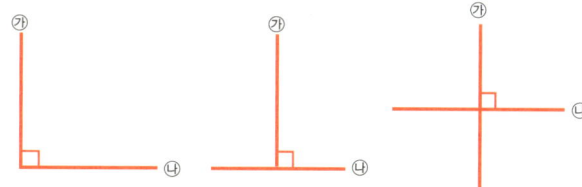

- 직선 ㉮와 직선 ㉯는 서로 수직이다.
- 직선 ㉯에 대한 수선은 직선 ㉮이다.
- 직선 ㉮에 대한 수선은 직선 ㉯이다.

 **한 발짝 더!**

수선을 이해했으면 직접 수선을 그어 봅니다. 수선을 긋는 방법에는 직각삼각자를 이용하는 방법과 각도기를 이용하는 방법이 있습니다.

- **직각삼각자를 이용하는 방법**
  1. 직선을 하나 그린다.
  2. 직각삼각자의 직각 부분을 주어진 직선에 맞추어 직각으로 만나는 직선을 긋는다.

- **각도기를 이용하는 방법**
  1. 각도기의 중심을 점ㄱ에 맞추고 각도기의 밑변을 직선㉮에 맞춘다.
  2. 각도기에서 90°가 되는 눈금에 점ㄴ을 찍는다.
  3. 점ㄱ과 점ㄴ을 직선으로 잇는다.

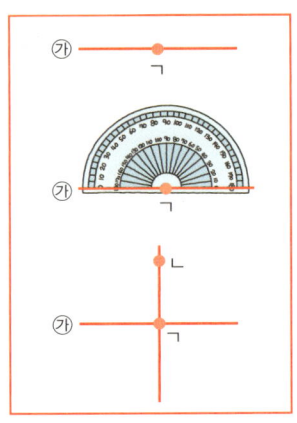

그림과 같이 다양한 직선에 맞춰 수선을 그어 봅니다. 그은 후에는 수선이 맞는지 확인합니다.

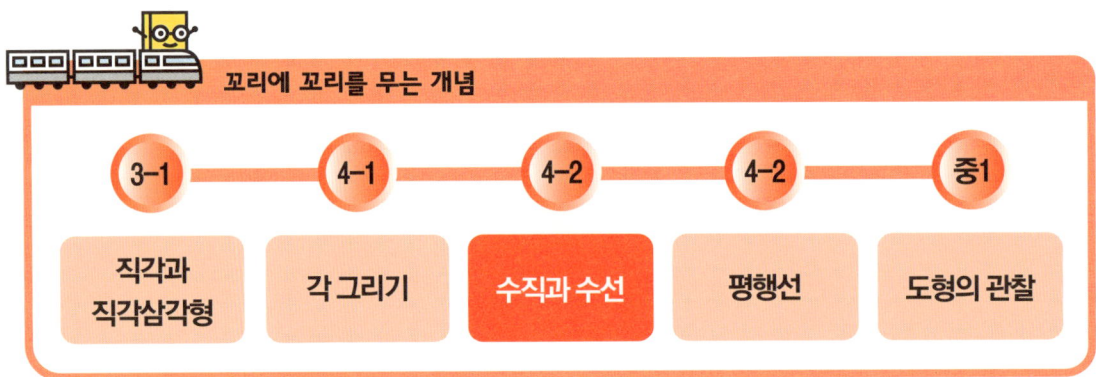

무엇이든 물어보세요

직각삼각자와 각도기 없이도 수선을 그릴 수 있나요?

직각삼각자나 각도기가 없으면 컴퍼스를 이용하여 수선을 그을 수 있습니다. 먼저 직선 위에 한 점을 찍고 원을 그립니다. 그리고 원과 직선이 만나는 두 점을 중심으로, 두 점 사이의 거리를 반지름으로 하는 2개의 원을 그립니다. 두 원이 만나는 점과 처음 찍은 점을 이으면 수선을 그을 수 있습니다.

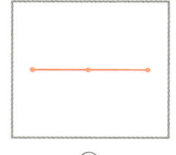
①

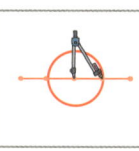
②

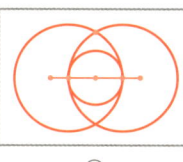
③

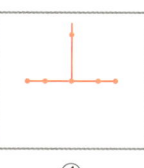
④

이런 문제는 어떻게 해결하나요?
"시계의 긴바늘과 짧은바늘이 수직을 이루는 때는 하루에 몇 번인가?"

시계가 12시일 때 시계의 짧은바늘과 긴바늘은 모두 숫자 12를 가리킵니다. 그리고 1시가 되기 위해서 긴바늘은 1바퀴를 돌고 짧은바늘은 숫자 1까지 갑니다. 따라서 긴바늘은 오른쪽에서 1번, 왼쪽에서 1번씩 수직을 이루며 지나가게 됩니다.

수직이 되는 경우는 시간당 2회이므로 24시간 × 2회 = 48회입니다.

4학년 도형과 측정

사각형 | **평행선**

> 같은 평행선에서 평행선 사이의 거리를 쟀는데 잴 때마다 다른 값이 나와요.

4학년 도형과 측정

 **아이는 왜?**

평행선 사이의 거리가 평행선 사이의 수선의 길이라는 점을 모르거나 이러한 내용을 알더라도 평행선 사이에서 수선을 찾지 못한 경우입니다.

 30초 해결사

- 평행 : 서로 만나지 않는 두 직선을 '평행'하다고 한다.
- 평행선 : 평행한 두 직선을 '평행선'이라고 한다.
- 평행선 사이의 거리 : 평행선 사이 수선의 길이를 '평행선 사이의 거리'라고 한다.

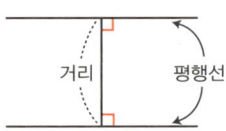

그것이 알고 싶다

평행한 기찻길이 서로 만나면 어떻게 될까요? 기차는 더 갈 수 없을 것입니다. 이렇게 서로 만나지 않는 두 직선을 주변에서 찾아보고 다음과 같이 약속합니다.

입체공간에서의 평행선

생활에서 만나지 않는 두 직선을 찾을 때는 평평한 면 위에서의 관계를 다루어야 한다. 우리가 사는 3차원 입체 공간에는 만나지 않아도 평행이 아닌 직선이 있기 때문이다.

"한 직선에 수직인 두 직선을 그었을 때 그 두 직선은 서로 만나지 않는다. 서로 만나지 않는 두 직선을 '평행'하다고 한다. 평행한 두 직선은 '평행선'이라고 한다."

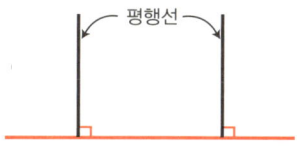

이제 평행선에 수직인 선분과 수직이 아닌 선분을 여러 개 긋고 길이가 가장 짧은 선분을 찾아봅니다.

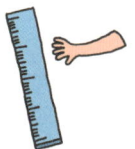

평행선에 수직인 선분이 가장 짧습니다. 가장 짧은 선분을 2개 이상 그리고 그 선분에 같은 측정값을 기록하여 가장 작은 값이 같다는 것을 표현한 후 다음과 같이 약속합니다.

평행선 사이의 거리

'거리'는 최단 길이를 뜻한다. 두 점 사이의 거리는 두 점을 직선으로 잇는 선분의 길이이다. 평행선 사이의 거리도 가장 짧은 것이어야 하므로 수선의 길이가 된다.

"평행선 사이의 수선의 길이를 '평행선 사이의 거리'라고 한다."

한 발짝 더!

평행선을 직접 그어 보겠습니다. 여기에는 여러 가지 방법이 있습니다. 먼저 직각삼각자를 이용하여 '주어진 직선에 평행한 직선'을 그어 봅니다.

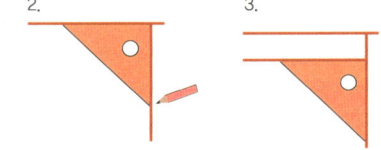

평행한 두 직선의 성질

평행한 두 직선 사이의 간격은 항상 같다. 또한 평행한 두 직선은 아무리 연장해도 만나지 않는다.

1. 주어진 직선에 직각삼각자를 놓고 직선을 긋는다.
2. 직각삼각자로 그린 직선에 다시 직각삼각자를 놓고 직선을 긋는다.
3. 그려진 두 직선이 평행인지 확인한다.

이번에는 '주어진 점을 지나며 주어진 직선에 평행한 직선'입니다.

1. 점ㅇ을 지나고 직선 ㉮에 수직인 직선을 긋는다.
2. 점ㅇ에 직각삼각자의 꼭짓점을 댄 후, 위에서 그은 수선에 직각삼각자를 놓고 직선을 긋는다.
3. 그려진 두 직선이 평행인지 확인한다.

이외에 직각삼각자 2개를 이용하는 방법, 막대자와 직각삼각자를 이용하는 방법 등이 있습니다. 어떤 방법을 이용하든 두 직선이 평행인지 확인하는 과정이 필요합니다.

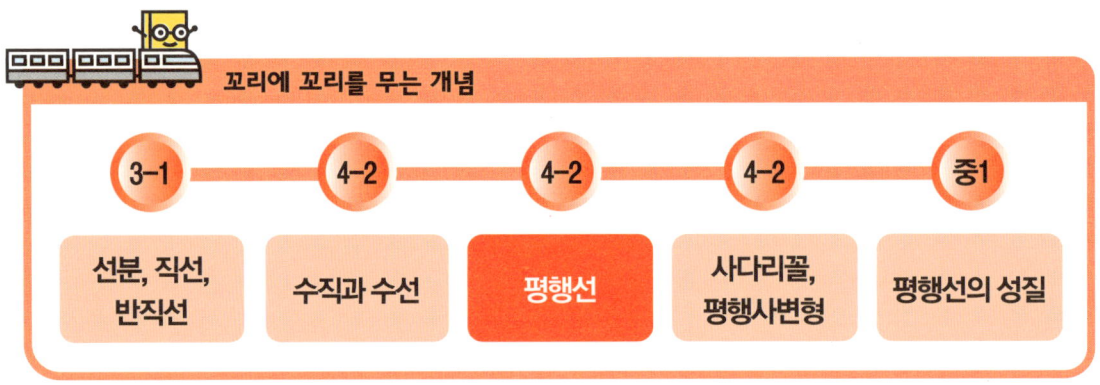

무엇이든 물어보세요

수직과 평행은 이해하고 있는데 이를 이용해 각도 구하는 문제를 잘 해결하지 못합니다.

문제에 따라 가능한 방법을 찾아야겠지만 일반적으로 가상의 선분을 긋고 직각삼각형의 직각이 90°임과 삼각형 세 각의 합이 180°, 사각형 네 각의 크기 합은 360°, 평각의 크기는 180°임을 이용하여 알 수 있는 각의 크기부터 찾다 보면 해결할 수 있습니다. 다음 문제를 풀어 보겠습니다.

"직선 ㄱㄴ과 직선 ㄷㄹ이 서로 평행할 때 각 ㅁㅂㅅ의 크기는 얼마인가?"

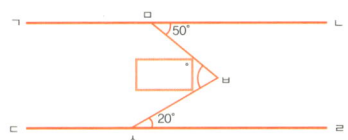

풀이)
1. 평행선 사이 점 ㅅ에서 수선을 긋는다.
2. 각 ㄱㅁㅂ의 크기를 구한다.   180° − 50° = 130°

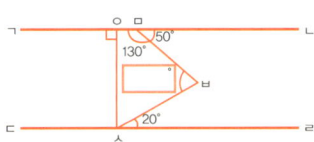

3. 각 ㅂㅅㅇ의 크기를 구한다.   90° − 20° = 70°
4. 사각형의 네 각의 크기의 합은 360°이므로 사각형 ㅁㅂㅅㅇ에서 70° + 130° + 90° + □ = 360°이다. 따라서 각 ㅁㅂㅅ의 크기는 70°가 된다.

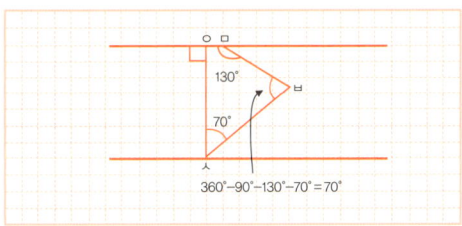

360°−90°−130°−70°=70°

| 사각형 | **사다리꼴, 평행사변형** |

평행사변형이 어떻게 사다리꼴이에요?

아이는 왜?

여러 가지 사각형을 기준에 따라 나눠 보면서 다양한 모양의 사다리꼴을 접해 본 경험이 부족하면 평행사변형, 직사각형, 정사각형, 마름모는 사다리꼴이 아니라고 생각할 수 있습니다.

30초 해결사

- **사다리꼴** : 마주 보는 1쌍의 변이 평행한 사각형
- **평행사변형** : 마주 보는 2쌍의 변이 서로 평행한 사각형
  따라서 평행사변형, 정사각형, 직사각형도 사다리꼴이라 할 수 있다.

 **그것이 알고 싶다**

아이들은 2학년 때부터 여러 가지 활동을 통해 다각형을 익혀 왔습니다. 이제 다각형 중 사각형을 더 세밀하게 분류해 봅니다. 초등학교에서는 도형의 개념을 직관적으로 이해하게 되므로 관찰과 그리기 등 직접적인 활동을 통해 도형을 지도해야 합니다. 우선 모눈종이나 도형판 또는 점 종이 위에 여러 가지 사각형을 많이 만들고 이를 아이들이 원하는 여러 가지 기준으로 분류해 봅니다.

점 종이
점 종이는 종이에 규칙적으로 점을 찍은 것으로, 평행 관계나 길이를 나타낼 때 효율적이다. 워드프로세서로 만들어 사용할 수 있다.

마주 보는 1쌍의 변이 평행한 사각형은 '사다리꼴'입니다.

사다리 모양(꼴)을 닮아 사다리꼴인데, 2개의 나무 사이에 평행하게 나무를 걸친 사다리를 떠올리면 이해하는 데 도움이 됩니다.

마주 보는 2쌍의 변이 서로 평행한 사각형은 '평행사변형'입니다.
평행하게 마주 보는 변이 2쌍인 사각형입니다.

교과서에 평행사변형이 사다리꼴에 포함된다고 안내되어 있지는 않습니다. 평행사변형은 사다리꼴이 분명하지만 평행사변형과 사다리꼴을 포함관계로 설명하는 것은 초등학생에게 적합하지 않습니다. 아이들이 경험적으로 이해할 수 있도록 도와주고, 평행사변형을 사다리꼴이라고 할 수 있다는 정도로 지도합니다.

 **한 발짝 더!**

평행사변형의 성질을 알아보기 위해 평행사변형의 각의 크기와 변의 길이를 재어 봅니다. 또 종이를 겹쳐 똑같은 사다리꼴을 2개 만든 다음(하나는 투명종이로 만들면 좋습니다.) 서로 반대 방향으로 겹쳐 보는 활동을 통해 마주 보는 변의 길이가 같고 마주 보는 각의 크기가 같음을 확인합니다.

평형사변형의 성질
- 마주 보는 두 변의 길이는 서로 같다.

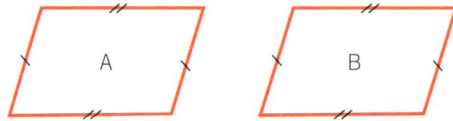

- 마주 보는 두 각의 크기는 서로 같다.

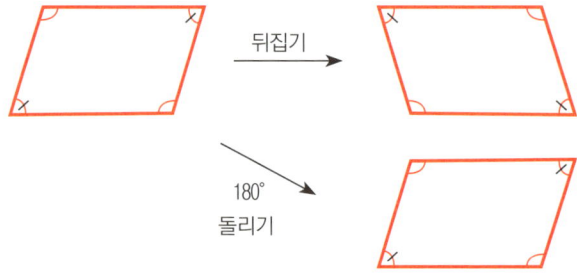

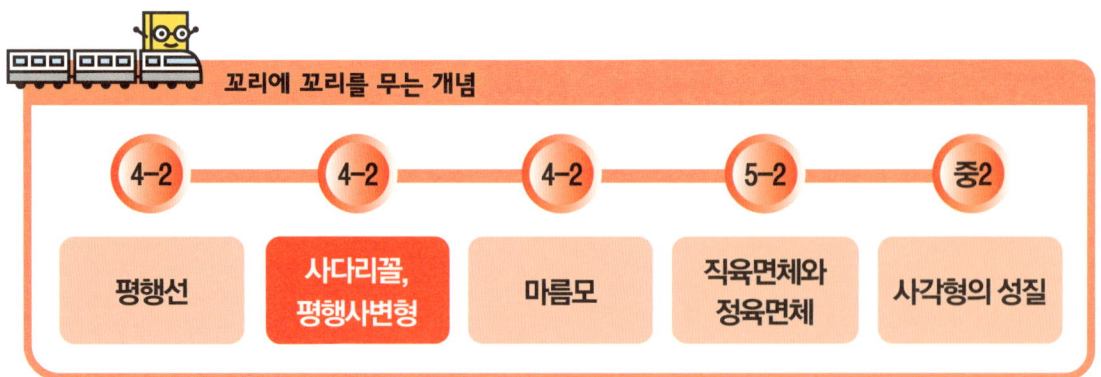

무엇이든 물어보세요

평행사변형이 사다리꼴이라는 것을 여전히 이해하지 못합니다.

많은 아이들이 도형의 개념을 이해하는 것은 물론, 도형 간의 관계를 이해하는 데서 어려움을 겪습니다. 예와 반례(되는 것과 안 되는 것)에 해당하는 도형을 적절히 활용하여 1쌍만 평행한 사각형뿐 아니라 2쌍이 평행한 사각형(평행사변형, 직사각형, 정사각형, 마름모)도 같이 경험하게 하면 평행사변형이 사다리꼴이라는 내용을 자연스럽게 이해할 수 있습니다.

다음 여러 가지 도형 중에서 사다리꼴을 골라 봅니다.

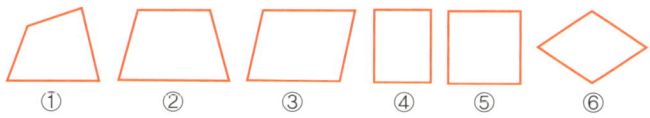

① 평행한 변이 없는 사각형
② 1쌍이 평행한 사각형
③ 평행사변형
④ 직사각형
⑤ 정사각형
⑥ 마름모

1쌍만 평행한 사각형을 골랐다면 나머지 사각형들이 사다리꼴이 아닌 이유를 질문해 봅니다. 이때 평행사변형을 고르지 않은 이유를 '2쌍이 모두 평행해서'라고 답한다면 '1쌍이 평행한 사각형'에서 '1쌍'은 '적어도 1쌍'이라는 의미임을 설명해 줍니다.

| 사각형 | 마름모 |

정사각형이 마름모예요?

아이는 왜?

마름모는 '네 변의 길이가 같은 사각형'입니다. 그런데 많은 아이들이 다이아몬드 형태를 마름모라고 알고 있어 마름모라고 하면 '비스듬한 사각형'을 생각하기도 합니다. 이는 아이에게 마름모의 개념이 아직 확실하지 않거나 마름모의 다양한 형태를 경험할 기회가 많지 않았기 때문입니다.

30초 해결사

- 마름모 : 네 변의 길이가 같은 사각형
- 마름모의 성질
  마주 보는 각의 크기가 서로 같다.

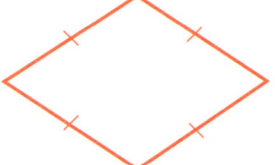

그것이 알고 싶다

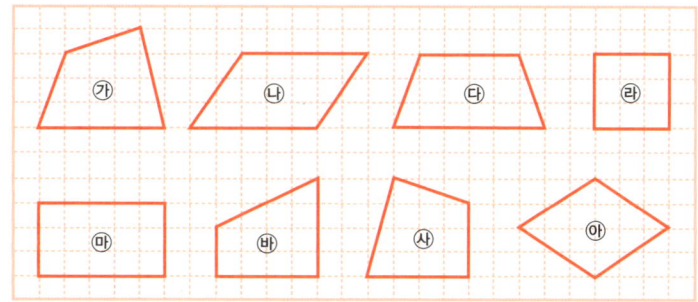

여러 가지 사각형 중에서 네 변의 길이가 같은 사각형을 찾아보고, ㉠와 같은 모양을 무엇이라 부르면 좋을지, 이 모양의 특징이 무엇인지 생각해 봅니다. 또한 네 변의 길이를 재어 보고 길이가 같음을 확인한 후 이 사각형을 다음과 같이 약속합니다.

"네 변의 길이가 같은 사각형을 '마름모'라고 한다."

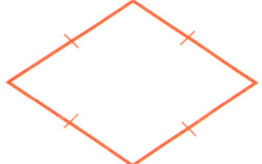

많은 책에서 아이들에게 친숙한 다이아몬드 모양을 마름모로 제시하고 있습니다. 그래서 아이들은 마름모라고 하면 '비스듬한 사각형'을 떠올리며 "마주 보는 변이 평행하지 않을 수도 있다.", "정사각형은 마름모가 아니다."라는 오개념을 갖기 쉽습니다. 마름모는 네 변의 길이가 같은 사각형이라는 내용을 분명하게 지도하고, ㉣도 마름모가 될 수 있는지 생각해 보며 다이아몬드 모양이 아니어도 네 변의 길이가 같을 수 있음을 확인합니다.

또한 변의 평행 관계에서 마름모는 평행사변형의 성질을 지닙니다. 마름모에서 1쌍의 마주 보는 변을 연장하여 직선을 그리고, 그중 한 직선에 수직인 직선을 하나 그려 보면 나머지 한 직선과 방금 그린 수선도 직각으로 만난다는 사실을 통해 마주 보는 두 변이 평행하다는 것을 알 수 있습니다. 나머지 1쌍의 마주 보는 변에 대해서도 같은 방법으로 평행하다는 성질을 확인합니다.

결국 마름모는 평행사변형의 '특별한' 경우입니다. "마주 보는 2쌍의 변이 서로 평행하다."는 평행사변형의 정의에 "네 변의 길이가 같다."는 조건이 더해지면 마름모가 된다는 내용을 말로 정리해 봅니다.

한 발짝 더!

마름모는 마주 보는 두 변의 길이가 같고, 마주 보는 두 각의 크기가 같습니다.

마름모의 대각선에 대해서도 알아보기 위해 여러 가지 마름모에 대각선을 그려 보고, 대각선의 길이와 각의 크기를 재어 봅니다. 대각선은 항상 수직으로 만나고 한 대각선은 다른 대각선을 반으로 똑같이 나눈다는 사실을 발견하게 됩니다. 이에 따라 마름모의 성질을 다시 정리해 봅니다.

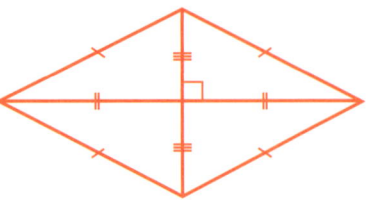

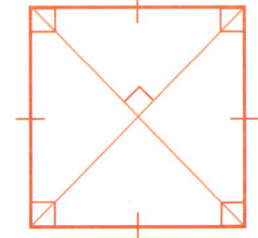

마름모의 성질
- 2쌍의 마주 보는 변이 서로 평행하다.
- 마주 보는 두 각의 크기가 같다.
- 두 대각선이 서로 수직으로 만나고 서로를 반으로 나눈다(수직이등분한다).

마름

'마름'은 연못이나 늪에 사는 수생식물로 그 잎이 네모난 모양을 하고 있다. 즉, 마름 모양을 하고 있는 도형이라서 마름모라는 이름이 붙었다.

꼬리에 꼬리를 무는 개념

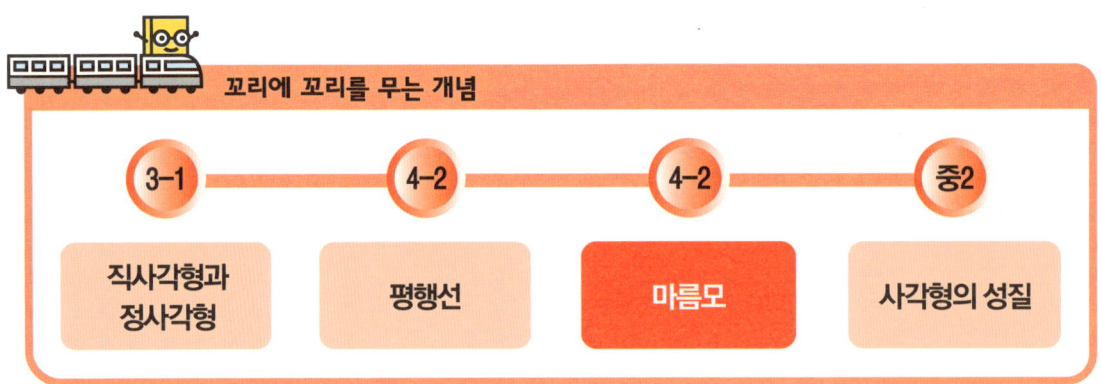

3-1 직사각형과 정사각형 → 4-2 평행선 → 4-2 마름모 → 중2 사각형의 성질

무엇이든 물어보세요

평행사변형 중 이웃하는 두 변의 길이가 같은 사각형은 마름모라고 할 수 있나요?

네. 맞습니다. 평행사변형은 서로 마주 보는 두 변이 평행한 도형입니다. 그리고 마주 보는 두 변의 길이가 같습니다. 물론 마주 보는 두 각의 크기도 같습니다.

그런데 평행사변형 중에서 이웃하는 두 변의 길이가 같으면 결국 네 변의 길이가 모두 같게 됩니다. 그래서 이웃하는 두 변의 길이가 같은 평행사변형은 네 변의 길이가 모두 같으므로 마름모가 됩니다. 만약 평행사변형에서 이웃하는 두 각의 크기가 같다면 네 각의 크기가 모두 같으므로 직사각형이 되겠지요.

전통 무늬에서 마름모를 많이 볼 수 있다고 하는데, 어떤 곳에 있나요?

우리 조상들은 마름모 모양 무늬를 많이 사용했습니다. 오래된 사찰이나 전통 한옥의 문살에서 많이 볼 수 있습니다. 현대 건축물에도 많이 사용되고 있습니다.

| 다각형 | **다각형과 평면 덮기** |

4학년
도형과 측정

정다각형을 쓰면 평면을 빈틈없이 덮을 수 있을 것 같아요.

 **아이는 왜?**

아이들은 정삼각형, 정사각형 등 정다각형을 보다 완벽한 도형이라고 생각하기도 합니다. 따라서 빈틈없이 덮기를 할 때 당연히 정다각형이 다른 도형보다 적합할 것이라 생각합니다. 그리고 모든 정다각형으로 빈틈없이 덮는 것이 가능하다고 착각하지요.

 **30초 해결사**

- 다각형 : 선분으로만 둘러싸인 도형
- 정다각형 : 변의 길이와 각의 크기가 모두 같은 다각형

정다각형	△	□	⬠	⬡	...
	정삼각형	정사각형	정오각형	정육각형	
빈틈없이 덮기	가능	가능	불가능	가능	불가능

 **그것이 알고 싶다**

욕실 바닥, 벽지, 보도블록 등에서 같은 모양이 반복되는 것을 볼 수 있는데, 빈틈이나 겹쳐짐 없이 바닥을 완벽하게 덮는 것을 테셀레이션이라고 합니다. 우리도 색종이로 정다각형을 여러 개 만들어 도화지를 빈틈없이 덮어 보겠습니다.

에셔와 테셀레이션

테셀레이션을 이용하여 작품 활동을 한 화가가 있다. 네덜란드 화가 에셔는 수많은 작품을 통해 다양한 테셀레이션을 보여 주었다.

변의 길이와 각의 크기가 모두 같은 다각형이 '정다각형'입니다. 변의 수에 따라 정삼각형, 정사각형, 정오각형, 정육각형 등으로 부릅니다.

정삼각형   정사각형   정오각형   정육각형

이러한 활동은 5학년에서 배우는 단위넓이의 기초가 됩니다.

아이들은 여러 가지 다각형을 이어 붙이면서 빈틈없이 덮을 수 있는 정다각형은 정삼각형, 정사각형, 정육각형뿐이라는 것을 알게 됩니다.

 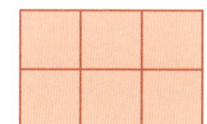 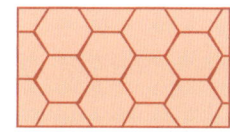

정다각형이 아닌 다각형으로도 활동해 봅니다. 아래 그림을 색종이에 그리고 여러 장 겹쳐 자른 후 직접 활동합니다. 흔히 삼각형으로는 테셀레이션이 가능하지만 사각형으로는 불가능하다고 생각하는 경우가 있지만 모든 사각형은 테셀레이션이 가능합니다.

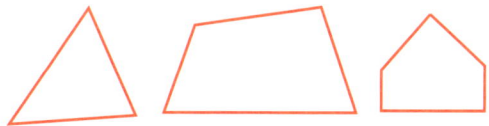

한 발짝 더!

1가지 도형으로만 테셀레이션 할 수 있는 정다각형은 정삼각형, 정사각형, 정육각형뿐입니다. 이러한 내용을 아이 스스로 발견하도록 지도합니다. 색종이로 정삼각형, 정사각형, 정오각형, 정육각형, 정칠각형 등 다양한 정다각형을 여러 개 오려 준비하고, 종잇조각을 맞추어 보면서 테셀레이션이 가능한 도형과 가능하지 않는 도형을 다음과 같이 표로 만들어 빈 칸을 채워 봅니다.

변의 수	정다각형	테셀레이션 가능 여부	한 내각의 크기	각이 모이면
3	정삼각형	O	60°	60° × 6 = 360°
4	정사각형	O	90°	90° × 4 = 360°
5	정오각형	X	108°	
6	정육각형	O	120°	120° × 3 = 360°
7	정칠각형	X	128.57°	

표에 다각형 이름을 채우고 테셀레이션이 가능한지 표시한 후 정다각형을 삼각형으로 나누어 내각의 크기를 계산해 넣습니다. 하다 보면 정다각형으로 평면을 가득 채우려면 각 꼭짓점 주위에 모인 각의 크기의 합이 360°여야 한다는 사실을 알게 됩니다. 예를 들어, 정삼각형은 한 각의 크기가 60°이기 때문에 정삼각형 6개의 각이 한 꼭짓점에서 모이면 평면을 덮을 수 있습니다. 하지만 정오각형의 경우 한 각의 크기가 108°이기 때문에 각 3개의 크기 합이 324°, 각 4개의 크기 합이 432°가 되어 평면을 덮을 수 없습니다.

그러나 정삼각형, 정사각형, 정육각형이 아닌 도형들로도 테셀레이션이 가능합니다. 특히 삼각형이나 사각형은 어떤 모양이라도 만들어서 붙여 보면 가능하다는 사실을 확인하게 됩니다.

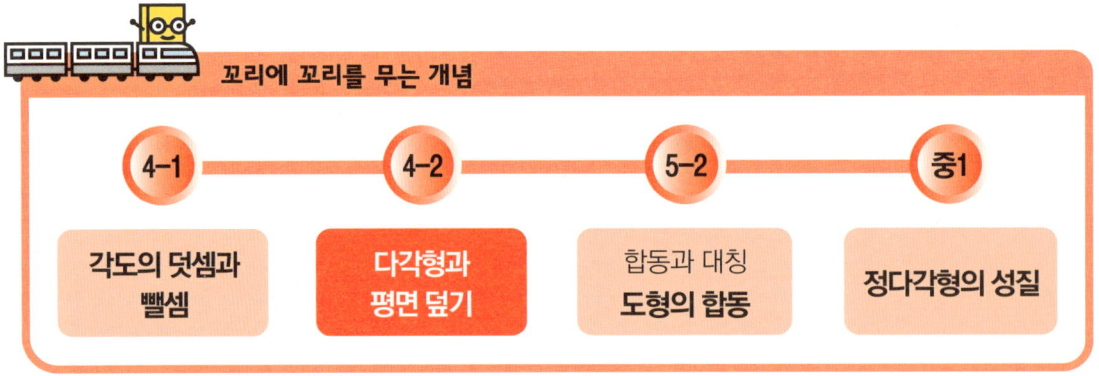

무엇이든 물어보세요

아이와 함께 보도블록을 자세히 보았습니다. 보도블록의 한 꼭짓점은 정팔각형 2개와 정사각형 1개로 이루어져 있었습니다. 특별한 이유가 있나요?

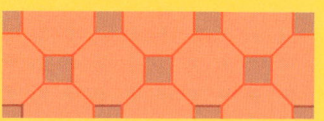

정팔각형의 한 내각의 크기는 135°, 정사각형의 한 내각의 크기는 90°입니다. 정팔각형만으로는 평면을 완전히 덮을 수 없습니다. 하지만 정팔각형 2개와 정사각형 1개라면 각의 크기의 합이 (135° × 2) + 90° = 360°이므로 평면을 덮을 수 있습니다.

다각형에는 대각선을 몇 개 그릴 수 있나요?

삼각형에는 이웃하지 않는 꼭짓점이 없으므로 대각선이 없습니다. 사각형에는 각 꼭짓점에 이웃하지 않는 꼭짓점이 1개씩 있어 대각선이 4개 그려지지만 2개씩 중복되므로 사각형의 대각선은 2개입니다. 오각형은 각 꼭짓점(5개)에 이웃하지 않는 꼭짓점이 2개씩(5 × 2 = 10) 있어 총 10개인데 2개씩 중복되므로 오각형의 대각선은 10 ÷ 2 = 5, 즉 5개가 됩니다.

결국 다각형의 대각선 개수는 한 꼭짓점에서 그을 수 있는 대각선의 개수와 꼭짓점 개수의 곱을 2로 나누어 구할 수 있습니다.

| 막대그래프 | 막대그래프를 그리는 이유 |

표로 나타내도 충분한데 막대그래프를 왜 그려요?

아이는 왜?

어떤 자료를 그냥 나열하면 전체적인 흐름을 파악하기가 어렵습니다. 그래서 자료를 분류하여 표나 그래프로 나타냅니다. 사실 표와 그래프는 자료를 쉽게 정리한다는 면에서 비슷한 역할을 합니다. 그래서 표를 꼭 그래프로 나타내야 하는 것은 아닙니다. 아이에 따라서는 표를 다시 그래프로 그리는 것에 대해 거부감을 나타낼 수 있습니다.

30초 해결사

막대그래프를 그리는 이유

막대그래프는 표와 마찬가지로 자료를 정리하는 방법 중 하나이다. 막대그래프를 이용하면 자료를 시각적으로 정리할 수 있어 표에 비해 알아보기가 쉽고 항목별 차이 구분이 용이해진다.

 **그것이 알고 싶다**

표로 나타내는 방법과 그래프로 나타내는 방법 모두 자료를 정리하는 방법입니다. 학교에서는 주로 다음의 활동을 통해 자료 정리 방법의 다양함을 지도합니다.

1. 자신이 좋아하는 운동 2가지를 붙임쪽지에 각각 적는다.
2. 한 사람이 나와 자신이 적은 쪽지 2장을 칠판에 붙인다.
3. 다음 사람이 앞으로 나와 자신이 적은 쪽지를 붙이는데, 만약 앞사람과 같은 운동 종목이라면 그 위에 쌓아 올려 붙이고 다른 운동이라면 다른 곳에 나란히 붙인다.
4. 계속하여 모든 학생이 1명씩 앞으로 나와 같은 방법으로 자신이 적은 쪽지를 붙인다.

1단계	2단계	3단계	4단계
피구 달리기	피구 달리기 축구 (달리기 위에 1개)	피구 달리기 축구 야구 (달리기 위에 2개)	피구 달리기 축구 야구 (피구 위 1개, 달리기 위 3개)

이러한 활동을 하는 이유는 자료를 표로 정리할 수도 있지만 막대그래프로 정리할 수도 있다는 경험을 제공하기 위해서입니다.

이와 같은 방법으로 자료(여기에서는 좋아하는 운동)를 나타내다 보면 자료를 시각적으로 정리할 수 있다는 사실을 자연스럽게 알아차리게 됩니다. 또한 쪽지를 다 붙인 후 밑에 운동 종목을 적고 세로축에 숫자를 쓰면 막대그래프가 만들어집니다.

그럼 이제 표로 나타낼 때와 막대그래프로 나타낼 때의 공통점과 차이점을 찾아봅니다.
이러한 경험을 통해 아이들은 자료를 정리하는 방법이 다양하다는 사실을 이해하게 됩니다.
표에서는 조사한 자료를 기준에 따라 분류하며, 분류한 항목에 따라 자료의 수를 나타냅니다. 막대그래프는 자료를 그래프로 나타내므로, 표에 비해 알아보기 쉽습니다. 또 항목별로 차이를 구분하기 편리합니다.
같은 자료로 만든 표와 막대그래프에서 차이점을 알아보는 활동을 하면 이러한 내용을 보다 명확히 알 수 있습니다.

한 발짝 더!

우리가 생활에서 접하는 많은 그래프는 사실 인포그래픽입니다. 정보를 나타내는 방법 중 하나인 인포그래픽은 인포메이션(information, 정보)과 그래픽(graphic)이 합쳐진 것으로, 3학년과 4학년에서 배운 그림그래프와 막대그래프가 혼합된 형태로 나타냅니다. 따라서 인포그래픽을 이용하면 자료를 보다 시각적으로 나타낼 수 있습니다.

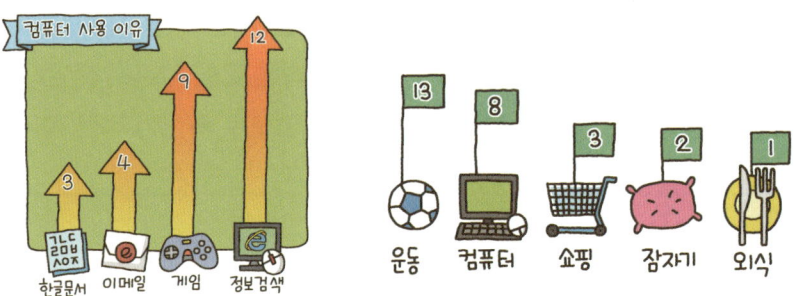

정보를 시각화하면 정보를 전달하기가 용이해집니다. 백의의 천사로 잘 알려진 나이팅게일은 어려운 통계 자료를 알기 쉬운 그래프로 나타냈습니다. 나이팅게일은 1854년 크림전쟁이 한창일 때 전쟁터에서 전투로 인해 죽는 병사보다 열악한 위생으로 인한 전염병으로 죽는 병사가 더 많다는 사실을 알게 되었습니다. 그래서 영국군 사망자와 부상자 수를 표현한 그래프로 빅토리아 여왕에게 영국군 위생과 병원 환경을 개선할 것을 설득했습니다.

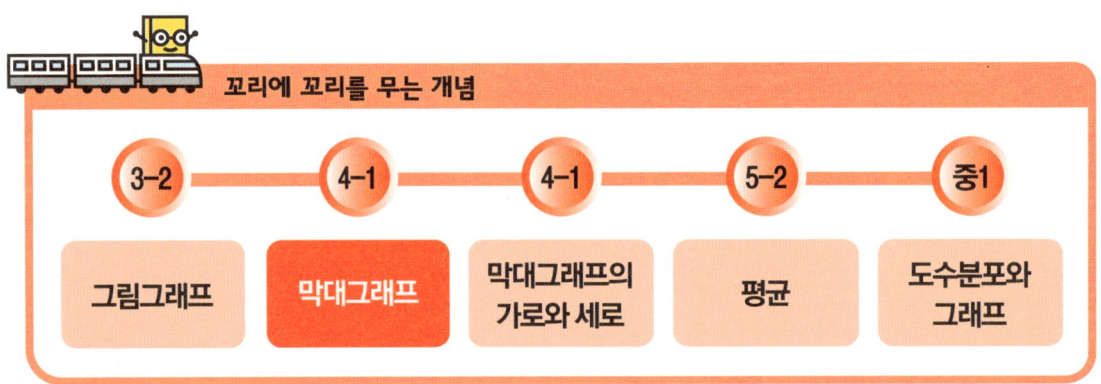

무엇이든 물어보세요

막대그래프를 만들려는데 조사한 자료의 수가 너무 많습니다. 이럴 땐 어떻게 하나요?

교과서나 문제집에 등장하는 자료의 양(수)은 대략 30~50개 정도입니다. 하지만 같은 학년 아이들의 자료만 모두 모아도 100~300개가 될 수 있습니다. 이러한 경우에는 자료를 먼저 표로 정리한 후 표로 정리된 내용을 막대그래프로 나타낼 수 있습니다.

막대그래프는 반드시 막대 모양이어야 하나요?

그렇지는 않습니다. 그림을 쌓아 올린 모양도 막대그래프의 일종입니다. 아이들은 자료를 정리하는 다양한 방법을 공부하는 단계에 있기 때문에 가장 기본적인 그래프를 배우는 것일 뿐입니다. 교과서에서 배우는 그래프 외에도 다양한 형태의 그래프가 존재합니다. 앞서 얘기한 인포그래픽도 그중 하나입니다. 자료를 가장 효과적으로 나타내기 위해서 다양한 방법의 그래프를 사용합니다.

| 막대그래프 | **막대그래프의 가로와 세로** |

막대그래프의 가로와 세로에는 무엇을 어떻게 나타내요?

아이는 왜?

아이들은 그래프를 해석하는 것보다 스스로 가로, 세로 항목을 정하여 그래프 그리는 것을 더 어려워합니다. 주어진 조건에서 필요한 자료를 정리하여 그래프로 나타내는 것이 아이 입장에서 쉬운 일은 아닙니다.

30초 해결사

막대그래프 그리기

1. 그래프를 그릴 때 처음에는 가로와 세로가 정해져 있는 그래프를 그린다.
2. 그래프를 그리는 것이 능숙해지면 가로와 세로에 무엇이 들어가야 할지 스스로 정한다. '우리 반 아이들이 좋아하는 음식'을 그래프로 나타낸다면 각각의 음식을 가로(또는 세로)에 두고 그 음식을 좋아하는 사람의 수를 세로(또는 가로)에 두면 된다.
3. 가로와 세로를 바꾸면 그래프가 어떻게 바뀔지 생각해 본다.

그것이 알고 싶다

막대그래프를 공부하는 이유는 다양한 정보를 사용 목적에 맞게 선택하여 정리하고 의사결정능력을 기르기 위해서입니다. 따라서 아이들 스스로 정보를 해석하고 선택하여 그래프로 나타낼 수 있어야 합니다. 그런데 많은 아이들이 그래프 그리는 것을 어려워합니다. 주어진 상황을 분석하는 능력이 부족한 탓입니다. 따라서 주어진 문제 상황을 이해하고 그 결과를 표현하는 연습을 많이 반복할 필요가 있습니다. 직접적인 체험을 통해 표나 그래프 만드는 노하우를 쌓아 가도록 합니다.

그래프의 가로와 세로

보통 그래프는 가로축과 세로축으로 이루어진다. 하지만 초등학교에서는 '축'이라는 말을 사용하지 않고 이를 가로와 세로로 표현한다.

학교에서는 보통 아이들이 좋아하고 친숙한 소재를 활용합니다. 가정에서도 아이에게 익숙한 대상을 활용하면 효과적입니다. 아이들이 좋아하는 음식을 막대그래프로 나타내어 보겠습니다. 가장 먼저 생각해야 할 것은 가로와 세로에 무엇을 어떻게 나타낼까 하는 문제입니다. 자료를 통해 알고 싶은 것이 무엇인지, 어떤 요소들의 관계를 알고 싶은지 생각해 봅니다.

'4학년 아이들이 좋아하는 음식'을 찾는 것이 목적이라면 '음식'에 대한 '아이들의 반응'을 생각하게 됩니다. 따라서 각각의 음식을 가로(또는 세로)에 두고 그 음식을 좋아하는 사람의 수를 세로(또는 가로)에 나타내는 그래프를 그리면 우리 반 아이들이 어떤 음식을 좋아하는지 알 수 있습니다. 이렇게 만든 그래프는 어떤 사람이 어떤 음식을 좋아하는지 알려주지는 않지만 음식에 따른 선호도를 조사하는 데 유용한 자료가 됩니다.

한 발짝 더!

막대그래프에서 내용(항목)을 한 축으로 결정했다면, 다른 한 축에는 양(수량)을 표현합니다. 아이들이 좋아하는 음식을 한 축으로 선택했다면 그 음식을 좋아하는 아이들의 이름은 필요한 정보가 아니므로 그 음식을 좋아하는 사람의 수가 몇인지를 축에 표현합니다. 그런데 양을 나타내는 축에는 눈금의 단위가 정해져 있지 않습니다. 하지만 다음 예를 보면 어떤 그래프가 편리한지 알 수 있습니다.

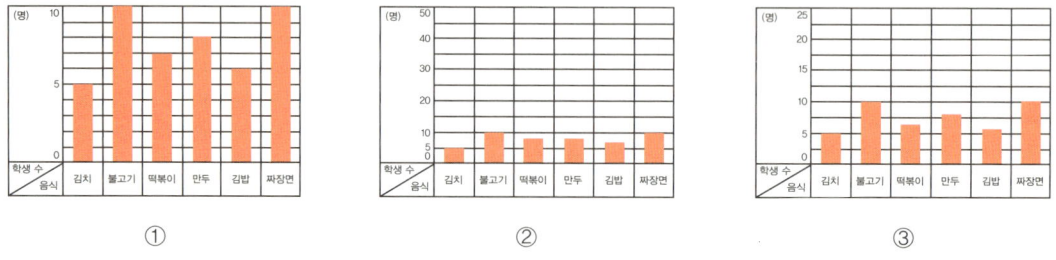

그림 ①과 같이 눈금 전체의 중간을 기준으로 적당히 분포되도록 정하면 비교하기에 편리합니다. 그림 ②와 ③에서는 차이가 잘 드러나지 않습니다. 나온 수치에 따라 차이가 명확히 드러날 수 있는 단위를 선택하는 것이 보기에 용이합니다.

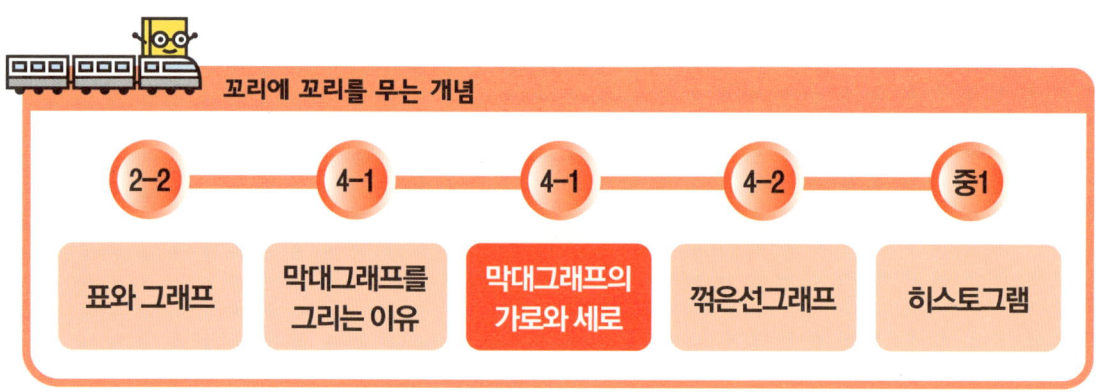

무엇이든 물어보세요

조사한 양이 차이가 많이 나는 경우에는 어떻게 하나요? 예를 들어, 4학년 아이들이 좋아하는 음식의 종류를 조사하였더니 라면 45명, 국수 2명, 청국장 1명과 같은 결과가 나와 한 그래프 안에 표현하기가 힘들게 되었습니다.

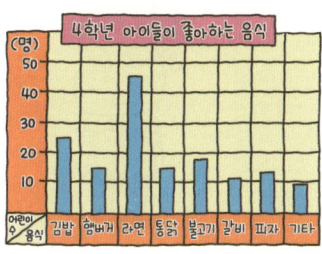

이럴 때는 작은 값들을 모아 '기타'와 같은 항목으로 묶어 주면 됩니다. 청국장, 국수 등 1명에서 약 10명까지 조사된 내용은 라면과 차이가 크기 때문에 모두 합해 '기타'로 묶어 줍니다.

가로축과 세로축은 정해져 있나요?

그렇지 않습니다. 하지만 교과서에 제시되어 있는 막대그래프의 경우, 대부분 가로축이 '항목', 세로축이 '수량'이기 때문에 많은 아이들이 가로축과 세로축이 정해져 있는 것으로 생각합니다. 예를 들어, '우리 반 학생들이 좋아하는 운동경기'의 경우 대부분의 막대그래프들이 가로축에는 '운동경기', 세로축에는 '그 운동을 좋아하는 학생 수'를 나타냅니다. 하지만 반드시 그럴 필요는 없습니다. 필요에 따라 '항목'을 세로축에, '수량'을 가로축에 나타내기도 합니다. '여러 동물들의 달리기 속도'와 같은 내용은 가로축에 '속도'를 나타내고 세로축에 '항목'을 나타내면 더욱 효과적입니다.

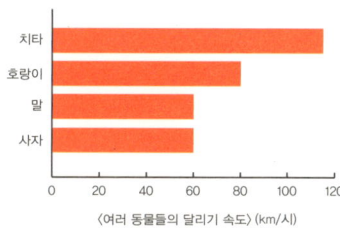

| 꺾은선그래프 | 꺾은선그래프 |

꺾은선그래프를 보고 미래를 예측할 수 있어요?

4학년 자료와 가능성

 **아이는 왜?**

그래프는 궁금한 자료의 현재 또는 과거의 상태를 시각적으로 보기 쉽게 나타낸 것입니다. 따라서 그래프에 미래의 수치는 나타나 있지 않습니다. 그래서 많은 아이들이 그래프가 과거 또는 현재만을 보여준다고 생각합니다. 증가 또는 감소하고 있는 그래프를 보면서도 앞으로의 경향을 예측하지 못하는 경우가 많습니다.

 **30초 해결사**

- 꺾은선그래프를 보면 변화하는 경향을 알 수 있다.
- 변화하는 경향을 통해 어느 정도 미래에 대한 예측은 가능하지만 항상 일치하는 것은 아니다.

그것이 알고 싶다

꺾은선그래프는 연속적으로 변화하는 수나 양을 점으로 찍고 그 점들을 선분으로 연결한 그래프입니다. 시간이나 거리, 높이 등 연속적으로 변화하는 양을 꺾은선으로 나타내면 가지고 있는 자료 외에 많은 것을 추측할 수 있습니다.

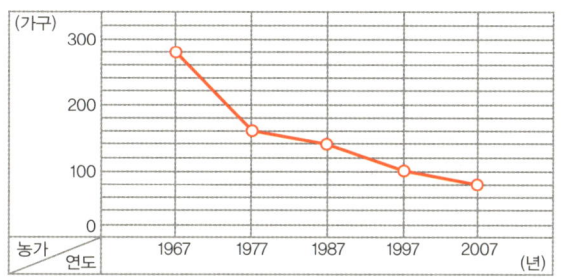

이 그래프는 어떤 마을의 농사짓는 가구 수를 나타낸 것입니다. 1967년부터 2007년까지 조사한 결과, 농사짓는 가구 수는 매년 감소하고 있습니다. 그래서 10년 뒤인 2017년에도 여전히 감소할 것으로 예측할 수 있습니다. 또한 1967년부터 1977년 사이에는 120가구가 감소하였으나 1977년부터 2007년 사이에는 매 10년마다 20~40가구가 꾸준히 감소하였습니다. 따라서 1967년부터 1977년 사이의 감소 폭은 특별한 경우로 생각하여 2017년에는 2007년에 비해 20~40가구 정도 소폭 감소할 가능성이 큽니다.

아래 우리나라의 인구수를 나타낸 꺾은선그래프를 보면, 2010년까지 꾸준히 증가해 왔으나 실제로 결혼한 부부들의 자녀 계획을 살펴보면 2025년부터는 인구가 줄어들 것으로 예상된다고 합니다. 따라서 지금까지 증가했다고 하여 증가세가 마냥 유지될 것으로 예상하면 안 될 것입니다.

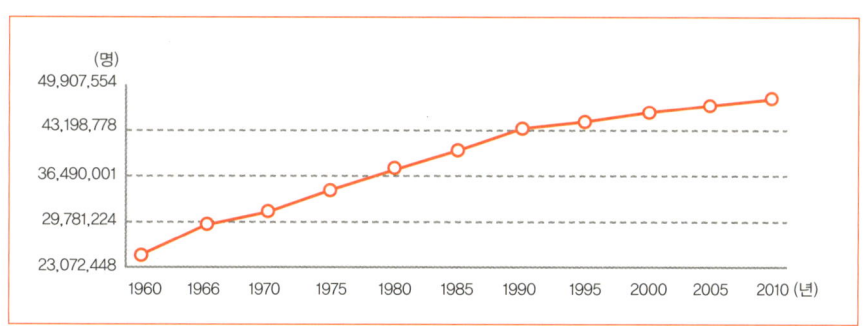

한 발짝 더!

다음은 어느 마을의 4학년 학생 수를 나타낸 꺾은선그래프입니다.

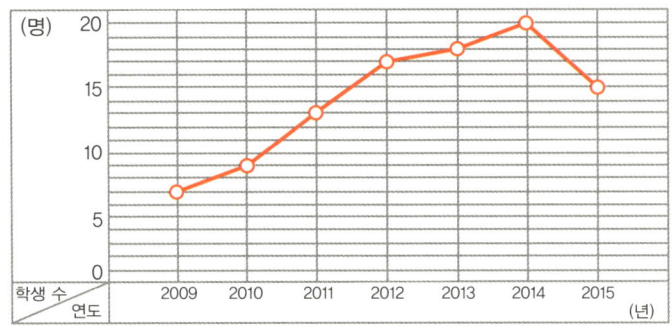

그래프를 보고 2016년의 변화를 예측할 수 있을까요? 그래프에서 2009년부터 2014년까지는 학생 수가 점점 증가하는 추세입니다. 하지만 2014년을 기점으로 2015년에는 학생 수가 급격히 감소했습니다. 그렇다면 2016년에는 전년도에 비해 증가할까요, 감소할까요?

어떤 것도 확실하다고 말할 수 없을 것입니다. 왜냐하면 2014년에서 2015년으로 오며 감소했기 때문에 앞으로도 감소할 것으로 예측할 수 있지만 2009년부터 2014년까지 계속 증가하다가 2015년 한 해만 감소한 것은 어떤 특수한 상황일 수 있으므로 2016년에는 다시 증가할 수도 있기 때문입니다.

그래프를 해석하여 결과를 예측하려 한다면 그 가능성을 뒷받침할 수 있는 근거가 있어야 합니다. 자료 분석에서는 왜 그렇게 예측했는지 다른 사람들이 이해하고 인정할 수 있도록 설득하는 일이 중요하고 의미 있는 작업이 됩니다.

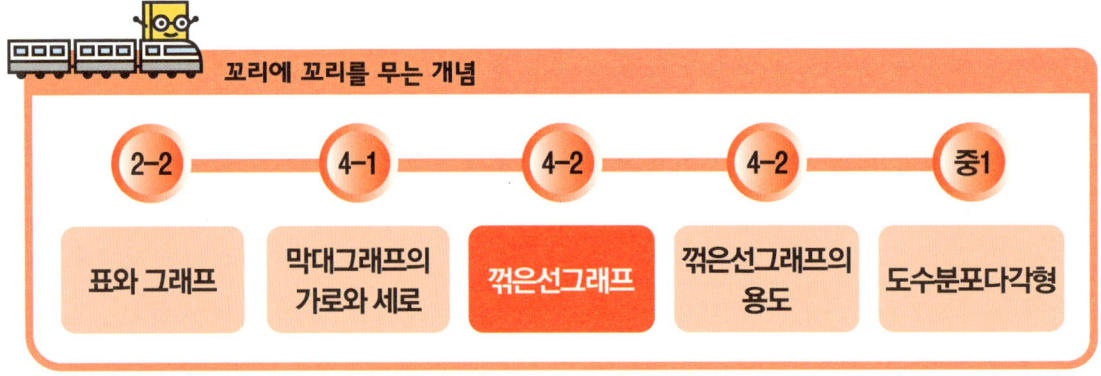

무엇이든 물어보세요

 아래 꺾은선그래프를 보면 아침 8시에는 온도가 11℃, 10시에는 15℃였습니다. 오전 9시의 온도는 어떻게 알 수 있나요?

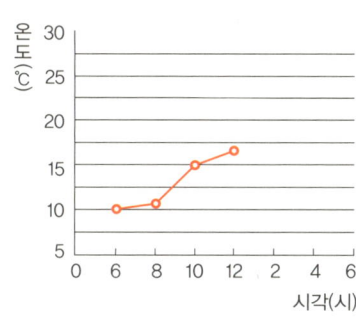

변화하는 양을 점으로 찍고 선분으로 연결하면 정확하지는 않아도 두 점 사이의 값을 예측할 수 있습니다. 두 점을 선분으로 연결했다는 것은 일정한 변화 추세를 가질 것으로 예측할 수 있다는 의미입니다. 따라서 꺾은선그래프에서 오전 9시의 온도는 약 13℃ 정도 됩니다.

 꺾은선그래프는 직선으로 연결되어 있는데 신문에서 곡선으로 연결되어 있는 그래프를 보았습니다. 어떤 게 맞나요?

꺾은선그래프는 직선으로 연결됩니다. 왜냐하면 꺾은선그래프는 간격이 있는 두 지점 사이의 변화량을 나타내는 경우가 많은데, 정확한 값을 측정하지 않았을 경우에는 대략 직선적으로 변화할 것이라 예측하는 것이 보다 오차를 줄일 수 있기 때문입니다. 하지만 실제 값을 측정했다면 곡선으로 연결되는 게 맞습니다.

| 꺾은선그래프 | 꺾은선그래프의 용도 |

특별히 꺾은선그래프로 나타내야 하는 내용이 있어요?

아이는 왜?

그래프에는 저마다 장점과 단점이 있습니다. 그래서 어떤 자료를 그래프로 나타낼 때 어떤 종류의 그래프를 이용해야 할지 고민되는 경우가 있습니다. 각 그래프의 특성을 정확하게 이해하지 못한 경우, 어떤 그래프를 그릴지 판단하는 것이 어렵겠지요.

30초 해결사

- **꺾은선그래프**

  시간, 거리, 높이, 온도와 같이 연속적으로 변화하는 양을 점으로 찍고 그 점들을 선분으로 연결하여 한눈에 알아보기 쉽게 나타낸 그래프.
  - 직선이 오른쪽으로 올라가면 수량이 늘어난 것이고, 직선이 오른쪽으로 내려가면 수량이 줄어든 것이다.

  〈주의〉 그래프를 그릴 때는 알고자 하는 내용이 잘 드러나도록 한다.

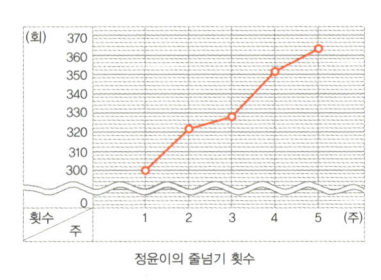

정윤이의 줄넘기 횟수

 **그것이 알고 싶다**

꺾은선그래프와 관련하여 궁금한 내용이 있다면 일단 직접 찾아봅니다. 간단한 인터넷 검색만으로도 충분한 자료를 찾을 수 있습니다. 인터넷 자료를 통해 꺾은선그래프가 어떻게 활용되고 있는지, 꺾은선그래프를 통해 알려 주고 싶은 정보가 무엇인지 생각해 보는 시간을 가지면 좋겠습니다.

그래프를 그리는 이유는 그래프를 통해 어떤 사실을 알리기 위해서입니다. 따라서 알리고자 하는 정보가 잘 드러나도록 그려야 합니다. 보통 막대그래프는 수나 양이 많고 적음을 비교할 때 많이 이용되고, 꺾은선그래프는 시간, 거리, 높이, 온도와 같이 연속적으로 변화하는 양을 나타낼 때 편리합니다.

그럼 모눈종이에 자를 이용하여 꺾은선그래프를 그려 보겠습니다.

1. 가로 눈금과 세로 눈금을 무엇으로 할지 정한다.
2. 세로 눈금의 한 칸 크기를 정한다.
3. 가로 눈금과 세로 눈금이 만나는 자리에 조사한 내용을 점으로 찍는다.
4. 점들을 선분으로 연결한다.
5. 그래프의 제목을 쓴다.

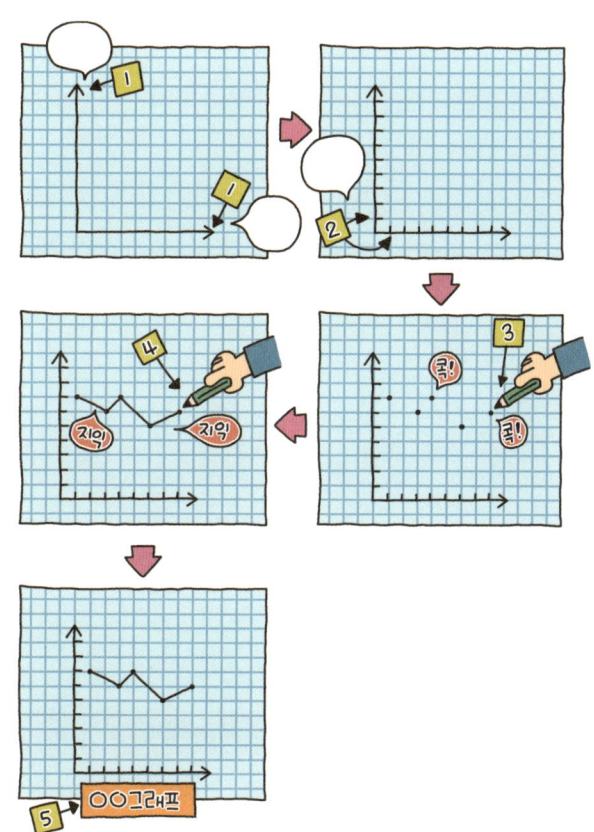

이 순서를 꼭 따를 필요는 없습니다. 경우에 따라 조금 다를 수 있다는 것을 알고 연습합니다. 일주일간의 온도 변화를 조사하여 표로 나타내어 보거나 어떤 자료를 그래프로 그릴 수 있을지 찾아봅니다. 꺾은선그래프로 나타낼 수 있는 자료와 그렇지 않은 자료를 구분하는 것도 아주 중요한 학습 내용이 됩니다.

한 발짝 더!

꺾은선그래프에 하나의 변화량만 나타내야 하는 것은 아닙니다. 여러 개의 변화량을 함께 나타낼 수도 있습니다. 다음은 해인이가 매달 저축한 금액입니다.

해인이의 저축액

월	1월	2월	3월	4월
금액(원)	1000	1500	1000	1500

매달 얼마를 저축했는지, 저축한 돈은 모두 얼마인지 한눈에 알아보려면 어떻게 하면 될까요?
꺾은선그래프에 매달 저축한 돈과 저축한 돈이 모두 얼마인지를 서로 다른 색으로 나타내면 알아보기 쉽습니다.

인터넷이나 신문에서 2가지가 함께 그려진 꺾은선그래프를 찾아보세요. 그래프를 그리는 것만큼 그래프를 읽고 해석하는 능력도 아주 중요합니다.

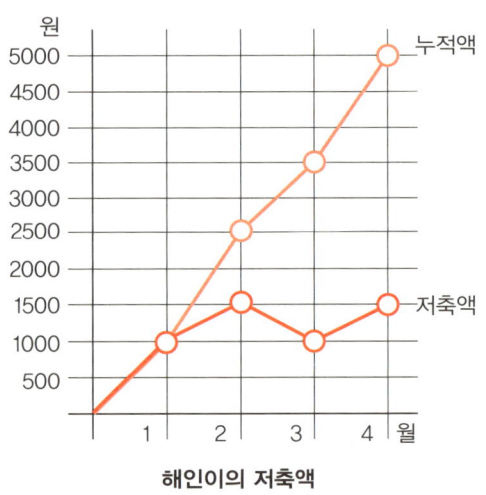

해인이의 저축액

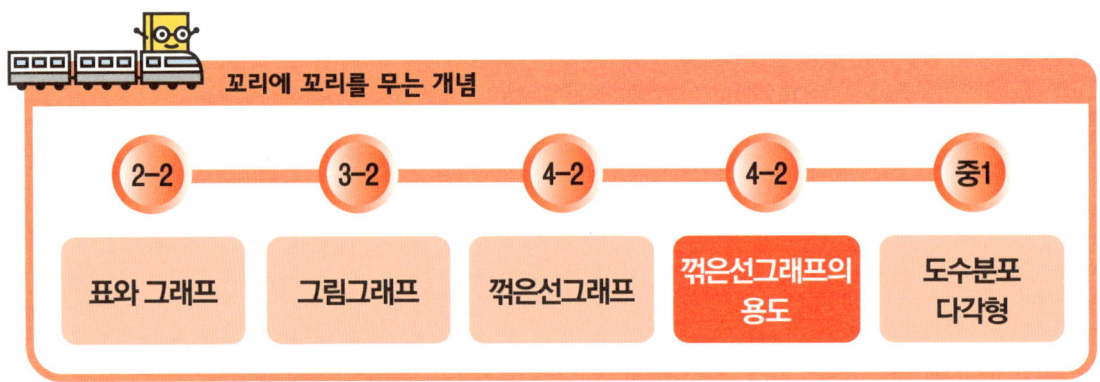

무엇이든 물어보세요

과목별 점수를 나타내려는데 막대그래프와 꺾은선그래프 중 어떤 그래프가 더 적합한가요?

일반적으로 자료의 수량을 비교할 때는 막대그래프, 연속적으로 변화하는 양을 나타낼 때는 꺾은선그래프를 그립니다. 과목별 점수를 나타내려면 각 과목에 대한 점수(양)를 나타내야 하므로 막대그래프가 더 적합합니다. 이를 꺾은선그래프로 나타내려면 국어 80점과 수학 90점을 선으로 연결해야 할 텐데, 두 점수를 선으로 연결해야 하는 이유가 무엇인지 설명할 수 없게 됩니다. 그러나 '월별 수학 점수'라고 하면 매달 받은 점수를 막대그래프로도 나타낼 수 있고 꺾은선그래프로도 나타낼 수 있습니다. 점수가 변화하는 과정은 꺾은선그래프로 보는 것이 더 편리합니다. 목적에 맞는 그래프를 찾아내는 능력을 길러야 하겠습니다.

하나의 꺾은선그래프에 여러 가지 변화량을 나타내는 경우는 언제인가요?

2가지 이상의 변화량을 함께 그려 더 많은 정보를 얻을 수 있는 경우가 있습니다. 예를 들어, 최고기온과 최저기온을 한 그래프에 함께 나타내면 기온의 변화뿐만 아니라 두 기온의 차(일교차)까지 알아낼 수 있습니다. 나아가 일교차가 큰 경우, 건강에 관련된 정보를 안내할 수도 있겠지요. 단순히 그래프를 읽고 그리는 것 이상으로 중요한 것은 그래프를 해석하는 능력입니다.

| 꺾은선그래프 | ≈(물결선) 그래프 |

≈(물결선)은 왜 있어요?

 아이는 왜?

아이 입장에서 직선도 아닌 곡선으로 물결선을 긋는 것은 쉬운 일이 아닙니다. 상당히 귀찮은 일이고 그려야 하는 이유를 찾는 것도 어렵습니다. 그래서 아무런 이유 없이 그냥 물결선을 그리는 아이도 있습니다.

30초 해결사

꺾은선그래프에서 필요 없는 부분은 ≈(물결선)으로 줄여 그린다.
이렇게 하면 변화하는 모습을 뚜렷이 볼 수 있다.

해인이의 체온 변화

시각(시)	9	10	11	12	1	2	3
체온(℃)	36.5	36.7	36.9	37.2	37.4	37.0	36.8

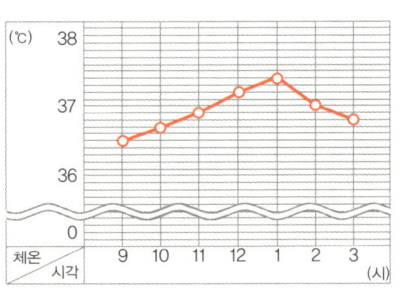

그것이 알고 싶다

물결선은 아무것도 그려지지 않은 그래프의 아래쪽을 없애려 쓰는 것이 아닙니다. 그래프에서 불필요한 부분을 없애고 필요한 부분을 확대하기 위해 사용합니다. 수학에서 그래프를 그리는 이유는 그래프를 통해 어떤 정보를 알리기 위해서입니다. 그래프를 통해 알리고자 하는 내용이 있다면 그 내용이 잘 드러나도록 하는 것이 중요합니다. 꺾은선그래프에 물결선을 넣는 것도 내용을 더 잘 전달하기 위해서입니다.

1년 동안 키의 변화나 일주일 동안 강낭콩의 키를 꺾은선그래프로 나타내면 변화가 거의 없습니다. 이럴 때 물결선을 사용하면 변화를 확인할 수 있습니다. 아무리 작은 변화라도 물결선을 잘 활용하면 마치 현미경으로 확대한 것처럼 그래프의 변화를 볼 수 있게 됩니다.

물결선이 있는 꺾은선그래프와 물결선이 없는 꺾은선그래프에 어떤 차이점이 있는지 알아봅니다. 아래 그래프는 모두 해인이의 키 변화를 나타낸 것입니다.

> **물결선의 사용**
>
> 그래프를 통해 일정 기간 동안 변화가 거의 없다는 것을 강조하고 싶을 때는 물결선을 사용하지 않아도 된다. 무엇보다 그래프를 그리는 목적이 무엇인지 따져 보는 것이 중요하다.

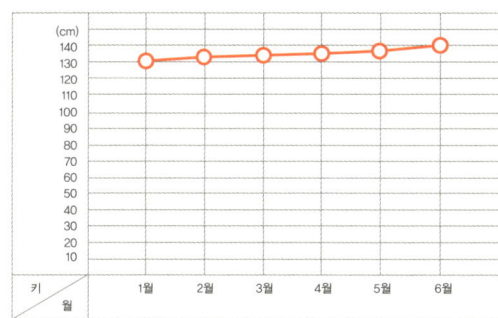
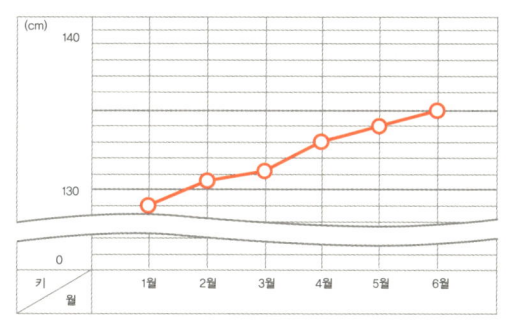

두 그래프의 같은 점과 다른 점을 찾고, 각 그래프에 어떤 특징이 있는지 이야기해 봅니다.

	≈(물결선)이 없는 꺾은선그래프	≈(물결선)이 있는 꺾은선그래프
같은 점	자료의 수치가 같다.	
다른 점	물결선이 없다.	물결선이 있다.
	세로축 한 칸의 간격이 10cm이다.	세로축 한 칸의 간격이 1cm이다.
	변화하는 모습을 알아보기 어렵다.	변화하는 모습이 뚜렷이 보인다.

한 발짝 더!

다음은 승한이와 서인이의 줄넘기 횟수를 비교한 그래프입니다. 5주 동안 누구의 실력이 더 많이 향상되었을까요?

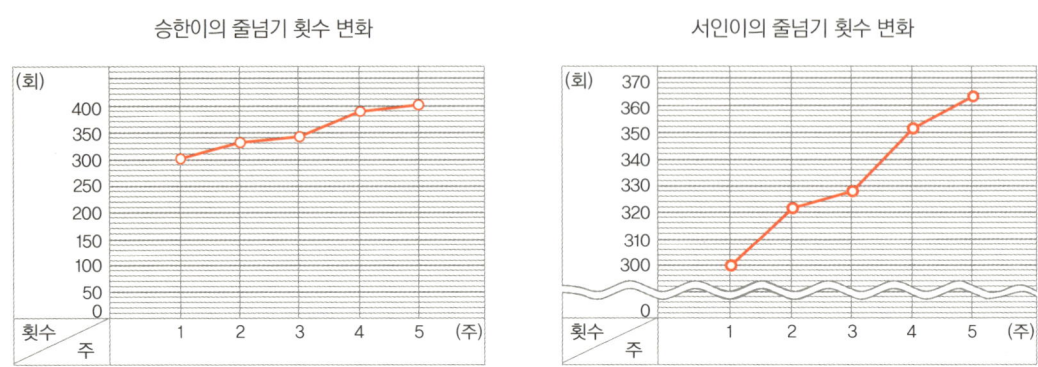

꺾은선그래프의 선은 변화의 과정을 보여 줍니다. 언뜻 보면 승한이의 꺾은선그래프보다 서인이의 꺾은선그래프가 더 많이 변화된 것으로 생각할 수 있습니다. 그러나 서인이의 꺾은선그래프에는 물결선이 사용되었습니다. 즉, 승한이는 300개에서 400개로 늘어났는데 서인이는 300개에서 363개로 늘어났습니다. 따라서 승한이의 실력이 더 많이 향상되었습니다.

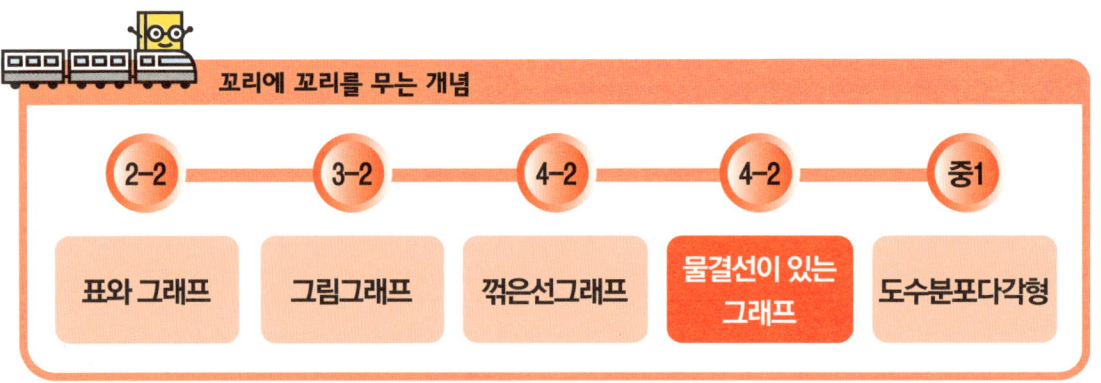

무엇이든 물어보세요

물결선은 꺾은선그래프에만 사용하나요?

그렇지는 않습니다. 물결선은 자료를 효과적으로 표현하기 위해 불필요한 구간을 잘라내는 방법이기 때문에 막대그래프에도 사용할 수 있습니다.

막대그래프와 꺾은선그래프는 모양만 다르지, 같은 그래프 아닌가요?

자료를 그래프로 나타낸다는 의미에서 두 그래프는 같은 그래프라 할 수 있습니다. 다만, 그래프마다 각각의 장단점이 있습니다. 막대그래프는 각 항목의 상대적인 크기를 비교하기 좋은 그래프이고, 꺾은선그래프는 수량의 변화 상태를 알아보는 데 편리합니다.

	용도	사용하는 예
막대그래프	자료의 수량을 비교할 때	우리 반 친구들이 좋아하는 계절 지역별 쌀 생산량
꺾은선그래프	시간, 거리, 높이, 온도 등 연속적으로 변화하는 양을 나타낼 때	하루 동안의 기온 변화 일주일 동안의 몸무게 변화 물의 온도에 따른 설탕의 녹는 양
막대그래프와 꺾은선그래프	수량과 변화를 같이 보고 싶을 때	어떤 과목의 월별 점수 1달간 줄넘기 기록

교육과정 완전 정복

　수와 연산 영역에서는 곱셈과 나눗셈을 본격적으로 배우고 분수와 소수에 대한 학습이 시작됩니다. 변화와 관계 영역에서는 규칙을 찾아 식으로 나타내기, 등호와 동치관계를 익힙니다. 도형과 측정 영역에서는 원의 구성 요소와 여러 가지 삼각형과 사각형, 다각형 등 평면도형에 관한 내용과 시간, 길이, 들이, 무게, 각도 등을 배웁니다. 자료와 가능성 영역에서는 그림그래프, 막대그래프와 꺾은선그래프를 배웁니다.

수학이 싫어지는 시기

　3학년이 되면 수학 내용이 복잡하고 어려워집니다. 그래서 수학에 대한 호불호(好不好)가 분명해지고, 개인차도 생깁니다. 특히 연산 영역에서 이런 현상이 두드러지는데 이는 자연수뿐만 아니라 분수와 소수까지 나오면서 고학년으로 이어지는 연산의 대장정이 시작되기 때문입니다.

　저학년에서는 수학을 다소 소홀히 하더라도 금방 따라잡을 수 있지만, 중학년부터는 학습량이 많아지기 때문에 부모가 관심을 갖지 않는 사이 아이가 수학 학습에서 멀어지는 경우가 종종 발생하므로 매일 조금씩 자기주도적으로 수학을 공부하는 습관을 이때부터 길러야 합니다.

나눗셈의 2가지 개념

　'18÷6'이 '18개의 사탕을 6명에게 똑같이 나누어준다면 각각 몇 개씩 받는가?'라는 문제라면, 18개의 사탕을 6명에게 하나씩 주고, 남은 12개를 6명에게 하나씩 주고, 또 남은 6개를 6명에게 하나씩 주면 남은 사탕이 없고, 이때 받은 사탕은 3개씩이기 때문에 '18÷6=3'이 됩니다. 이것이 '등분제(等分除)'라는 개념입니다.

　그런데 '18÷6'이 '18개의 사탕을 한 봉지에 6개씩 담는다면 몇 봉지가 되는가?'라는 문제라면, 이는 '18에서 6을 반복해 몇 번 빼는가'와 같은 문제가 됩니다. 즉, 18-6-6-6=0이므로 '18÷6=3'이 됩니다. 이것을 '포함제(包含除)'라고 합니다. 즉, '18÷6'은 '18이 6을 몇 번 포

3 · 4학년군 수학(초등학교 중학년)

함하고 있는가?'라는 개념입니다. 중학년 이후부터는 대부분 포함제 개념을 다루게 됩니다.

초등수학에서 가장 중요한 분수 개념의 시작

분수는 전체를 나눈 부분을 나타내는 개념입니다. 3학년 1학기에는 사과 1개를 똑같이 5조각으로 나누면 1조각은 $\frac{1}{5}$, 2조각은 $\frac{2}{5}$, …라는 내용으로 분수를 표현합니다. 이는 분수의 처음 도입으로, 이 부분은 대부분 잘 이해합니다. 3학년 2학기에는 '사과 10개의 $\frac{1}{5}$은 얼마인가?'라는 개념을 배웁니다. 여기서 배우는 $\frac{1}{5}$은 3학년 1학기에서 처음 배운, 사과 1개를 똑같이 5조각으로 나눈 1조각으로서의 $\frac{1}{5}$과 전혀 같지 않은데 똑같이 $\frac{1}{5}$이라고 표현되기 때문에 이 부분을 어려워하는 아이가 많이 생깁니다.

전체가 1이라는 개념이 없으면 대소 비교도 할 수 없습니다. 오른쪽 그림에서 $\frac{1}{2}$과 $\frac{1}{3}$ 중 어떤 게 더 클까요? 그림에서 차지하는 넓이를 보고 고민하는 아이가 많습니다. 전체 1에서 차지하는 비율이라는 개념이 쉽지 않기 때문입니다.

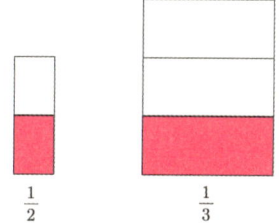

덧붙여 $\frac{1}{2} + \frac{1}{3} = \frac{2}{5}$ 이라고 답하는 경우도 많습니다. 오른쪽 그림에서 $\frac{1}{2}$은 둘 중 하나이고, $\frac{1}{3}$은 셋 중 하나이므로 전체를 생각하면 다섯 중의 둘, 즉 $\frac{2}{5}$라고 생각하는 것입니다.

또 각각을 6으로 통분하고 다음과 같이 멋지게 틀리는 경우가 있습니다.

$$\frac{1}{2} + \frac{1}{3} = \frac{3}{6} + \frac{2}{6} = \frac{5}{12}$$

나아가 단순한 분수의 덧셈에서는 $\frac{1}{4} + \frac{2}{4} = \frac{3}{4}$ 이라고 계산하지만 야구에서 타율을 계산할 때는 뭔가 이상한 일이 벌어집니다. 어제 4타수 1안타를 쳤고, 오늘은 4타수 2안타를 쳤다면 이틀간의 타율은 8타수 3안타가 됩니다. 이를 수식으로 표현하면, 어제 타율은 $\frac{1}{4}$이고 오늘 타율은 $\frac{2}{4}$이며 이틀간의 타율은 $\frac{3}{8}$인데 마치 $\frac{1}{4} + \frac{2}{4} = \frac{3}{8}$이 되는 것처럼 나타납니다.

똑같이 전체에 대한 부분을 나타내는 분수 형태의 수인데 그 계산 결과가 다르게 나타나는 현상을 어떻게 설명하고 이해시킬까요?

자연수의 연산과 다르게 받아들이는 소수의 연산

수학에서는 일관성이 중요합니다. 경우에 따라 달라지는 예외가 많아지면 그만큼 학습량이 늘어납니다. 그리고 짜증이 납니다. 소수의 덧셈과 뺄셈의 세로셈에서는 자연수와 같이 끝자리를 맞추는 방법을 사용하지 않고 소수점을 맞추는 방법을 배웁니다. 이때 왜 소수는 끝자리를 맞추지 않는지에 대해 불만을 갖게 되면 수학이 좋아질 수 없습니다. 절차적인 기술만으로는 수학에 대한 내적 동기가 일어나기 어렵습니다. 개념적으로 이해하지 않으면 수학을 좋아하는 아이가 될 수 없습니다. 소수의 덧셈과 뺄셈에서 소수점을 맞추는 과정이 자연수의 덧셈과 뺄셈에서 끝자리를 맞추는 과정과 일관성을 유지하게 되면 수학이라는 것이 뭔가 중요한 의미를 가진 것으로 느껴집니다.

소수의 덧셈과 뺄셈에서는 분수의 덧셈과 뺄셈과 마찬가지로 단위를 맞춰야 계산이 됩니다. 분수의 덧셈과 뺄셈에서 통분을 한 것과 마찬가지로 소수를 분수로 바꿨을 때 나오는 분모가 일치해야 덧셈과 뺄셈이 가능해집니다. 이렇게 단위소수 개념으로 이해하면 소수와 분수의 연산에 일관성이 유지되고 더불어 소수와 자연수의 연산에 일관성이 유지됩니다.

어려워지기 시작하는 도형

중학년에서 아이들이 어려워하는 도형은 사각형입니다. 아이들은 정사각형이나 직사각형에 대해서는 대체로 잘 이해하지만 마름모, 사다리꼴, 평행사변형은 잘 구분하지 못해 혼란스러워합니다. 용어가 아이들의 일상과 관계없기도 하고, 사각형 사이의 포함관계가 애매하기 때문입니다. 용어를 정의하는 방법에는 포함적인 방법과 배타적인 방법이 있는데 우리나라에서는 포함적인 방법을 받아들입니다. 배타적이라는 것은 사각형을 종류별로 포함시키지 않고 독립적으로 정의하는 방식입니다. 예를 들면 네 각의 크기가 같고, 네 변의 길이도 같은 사각형은 정사각형이면서 직사각형이라고 할 수 있지만(포함적 정의 방법), 네 각의 크기가 같지만 네 변의 길이가 다른 것만 직사각형이라고 정의할 수도 있습니다(배타적 정의 방법). 수학의 학문적 구조로 보면 포함적 정의 방법이 타당한 경우가 많지만 일상에서는 배타적 정의 방법도 많습니다. 어른들에게 정사각형을 보이면서 '이게 사다리꼴인가요?' 하고 물으면 대부분 아니라고 답합니다. 그런데 초등학교 4학년 문제는 정사각형, 직사각형, 마름모, 평행사변형을 주고서 '다음 중 사다리꼴은 모두 몇 개인가?'라고 묻습니다. 이 문제에 대한 아이들의 답을 실제로 보면, 하나도 없다는 답과 함께 1개, 2개, 3개, 4개까지 다양한 답이 나옵니다.

한편 평면도형의 이동이 어렵다는 현장 여론에 따라 이 내용은 3학년에서 4학년으로 올라갔습니다. 실제로 4학년이라 할지라도 그 어려움은 여전할 것입니다. 중학교의 평행이동에 해당하는 밀기는 쉬운 편이지만, 대칭이동에 해당하는 뒤집기와 회전이동에 해당하는 돌리기는 상당한 위치 감각과 방향 감각을 요하기 때문에 조작적으로 접근할 필요가 있습니다. 머릿속에서는 도형이 잘 뒤집어지지 않고, 회전하는 것도 상상하는 것과 다른 모습일 가능성이 큽니다. 조작적으로 한 단계 한 단계 이동하면서 서둘지 않고 차분하게 해결하는 것이 바람직합니다.

상황 표현 능력을 키우는 그래프 그리기

3학년에서 자료 정리 학습을 한 후 4학년에 올라가면 그래프를 본격적으로 그립니다. 4학년 1학기에는 막대그래프를, 2학기에는 꺾은선그래프를 배우고, 두 그래프의 장단점을 비교해 용도에 맞는 그래프를 선정하는 과정까지 배웁니다. 실제로 이런 그래프는 인터넷이나 언론이 정보를 제공하고 설명하는 과정에서 필수적으로 사용하므로 교과서에만 국한하지 않고 일상의 자료를 보다 많이 접하고 활용하는 방법이 설득력 있습니다. 중학교 1학년에 가면 다시 자료를 정리하는 과정을 학습하게 되는데 도수분포표를 만드는 방법과 그것을 히스토그램으로 나타내는 과정에서 표와 그래프의 장단점을 비교하고 분석하는 과정으로 이어집니다.

이것이 궁금하다!

Q

초등학교 4학년 아이가 저에게 수학 문제를 물어볼 때가 있는데, 어떻게 설명해줘야 할지 도통 모르겠어요. 형편상 과외는 어렵고, 지침서라든가 수학 문제를 설명하는 데 도움이 되는 방법이 있을까요?

A

초등수학에 대한 전문성이 부족하다면 직접적으로 수학 내용을 가르치는 것은 지양해야 합니다. 부모님 세대에 배운 수학교육과 요즘의 트렌드에는 차이가 있어요. 잘 아는 부분도 부모는 결과 중심의 지식을 가르칠 가능성이 있는데, 요즘 수학교육은 과정과 발견을 중요시합니다. 다양성도 많이 권장하는데 부모님 지식은 대개 답을 구하는 단일한 방법일 수 있어요. 4학년이라면 '선생님 놀이'를 통해 아이가 부모에게 배운 것을 가르쳐보는 문화를 조성해보세요.

Q

초등학교 4학년 아이가 평면도형의 이동 부분에서 도형 돌리기, 뒤집기, 거울 위치에 따라 변하는 모습 등을 어려워해요. 모눈종이에 그려 돌리고, 문제 많이 풀어보고, 직접 거울에 대보는 것 외에 다른 방법이 있을까요?

A

4학년 아이들이 어려워하는 내용 중 하나가 바로 평면도형의 이동 부분인데, 먼저 다양한 구체물을 이용해보세요. 시곗바늘처럼 한쪽이 고정된 구체물을 이용하면 돌리기를 할 수 있고, 투명 용지를 이용해 도형을 붙이면 뒤집기를 할 수 있어요. 이렇게 해서 돌리기와 뒤집기 개념을 잡은 후 서서히 구체물을 이용하지 않고 도형을 이동시키는 연습을 해나가도록 도와주세요.

Q

수학에 있어 기초가 없는 아이들의 경우, 교과서로 반복 학습 하는 것이 효과가 있나요?

A

수학의 기초는 개념과 원리라고 흔히 말합니다. 하지만 어떻게 해야 개념과 원리를 이해한 것인지는 잘 알지 못하지요. 부모와 교사가 가르치는 것으로 수학 개념을 습득하기는 쉽지 않아요. 학교 수업 후 복습하는 단계에서 개념을 다져야 하는데, 모든 개념을 아이가 말로 표현해보는 게 그 방법이 됩니다. 특히 수학 수업이 들은 바로 그 날 저녁, 배운 만큼의 내용을 빠뜨리지 않고 부모에게 설명하는 것이 가장 효과적입니다. 또한 3, 4학년인데 기초가 부족하다면 초등 1, 2학년 내용을 모른다고 볼 수 있어요. 매일 초등 1, 2학년 교과서의 내용을 스스로 다시 보고, 익힌 내용을 부모에게 설명할 수 있을 정도로 훑어야 하겠습니다.

3·4학년 질문과 답변

Q

초등학교 3학년 아이를 두었습니다. 아직은 제가 가르칠 만해서 수학을 직접 가르치고 있는데, 어디서는 연산이 중요하다 하고 어디서는 사고력이나 창의력이 중요하다고 하니 고민이 됩니다. 무엇을 먼저 하면 좋을까요?

A

연산을 공부하는 이유는 그 자체가 중요해서가 아닙니다. 연산이 수학적 문제를 해결하는 중요한 도구임에는 틀림없어요. 또한 초등수학 교과서 절반 정도를 연산이 차지하고 있으니 학교 수학 문제의 절반이 연산 문제일 수 있습니다. 그러다 보니 연산 문제를 신속히 그리고 정확히 풀지 못하면 학교 시험 점수를 잘 받을 수 없기 때문에 연산이 중요하다고 하는 것이지요. 하지만 수학에서 중요한 것은 문제를 해결하는 능력이에요. 문제를 해결하기 위해서는 사고력이 더 많이 필요할 것입니다. 그리고 창의력은 수학 문제를 풀면서 다양한 방법으로 키워야 할 중요한 역량 중 하나입니다.

Q

방학 중 선행학습은 어디까지 하는 게 좋을까요?

A

방학 중에는 선행학습보다 부족한 부분에 대한 복습을 먼저 하세요. 다음 학기 것을 굳이 선행하지 않아도 학교 수업 진도에 맞춰 그때그때 결손이 없도록 하면 큰 문제가 없을 것입니다. 그보다는 기초를 다지는 것이 중요하고, 만약 학교 교과서의 개념이나 원리가 충분히 학습되었다고 판단되면 그 학기의 내용을 심화 학습하는 것이 바람직합니다. 기본 개념 공부나 심화 학습은 학년이 지나가면 다시 하기 어려워요. 그래서 그 학년이나 학기가 지나가기 전에 보다 충분히 해두는 것이 잠재 역량을 키우는 방법이 될 것입니다. 이렇게 하고도 시간이 남는다면 다음 학기 예습을 할 수 있어요. 예습은 반드시 교과서로 하고, 문제 풀이도 교과서 범위 내의 것 정도면 충분해요. 예습은 메타인지적으로 본인이 알 수 있는 것과 잘 이해되지 않는 부분을 체크하는 정도에서 멈추는 것이 좋습니다.

Q

3학년인데도 계산 실수가 잦습니다. 반복되는 연산 실수, 어떻게 고칠 수 있을까요?

A

계산 실수가 잦다면 연산 원리에 대한 이해가 부족한 게 아닌지 점검해볼 필요가 있습니다. 원리를 충분히 이해했으면 적당한 훈련이 이어져야 하고요. 단순 암기보다는 원리 이해에 중점을 두세요. 아이가 이해를 하면 오래 기억합니다.

Q

아이가 아직 시간 계산을 힘들어해요. 어떻게 설

명해줘야 하나요?

A

시간 계산이 힘든 것은 시간의 단위가 보통 사용하는 십진법과 다른 60진법이기 때문이겠지요. 거기다 하루는 24시간이니 또 단위가 달라지기도 하고요. 또 다른 이유로 교과서의 시계는 대부분 아날로그시계여서 12시간이 1바퀴인 것을 표준으로 삼지만 요즘 많은 시계가 디지털인 것을 생각할 수 있습니다. 아이가 아날로그시계의 바늘을 맘껏 돌려가며 연습을 한다면 점차 시간 개념을 갖게 될 것입니다.

Q

학교 과제로 가끔 수학일기 쓰기가 나오는데, 아이도 저도 써본 적이 없어 어려움이 많습니다. 어떻게 써야 하나요?

A

수학일기는 처음부터 잘 쓰기 어렵습니다. 가장 바람직한 수학일기는 자기의 하루 생활에서 수학적이라고 느낀 부분을 찾아내고, 거기에 걸려 있는 수학을 나름의 수학적 지식으로 표현하는 것이에요. 어설프지만 이렇게 조금씩 써나가다 보면 상상의 세계, 추상 세계의 일기를 쓰는 날이 올 것입니다. 수학일기는 매일 쓰기보다 일주일에 1~2번 정도 쓰는 것으로 시작하세요. 그리고 수학 체험을 하는 날은 보다 많이 쓸 수 있도록 강도를 조절해주세요.

Q

아이가 학원이나 학습지 수업을 받지 않아도 별 어려움 없이 공부해왔는데 선행학습을 하다 보니 나눗셈을 어려워합니다. 지금껏 사칙연산을 많이 풀어보지 못한 것이 원인이라고 생각하는데, 어떻게 지도해야 하나요?

A

해당 내용은 선행학습이기 때문에 이해가 안 되는 것이 당연합니다. 기다렸다가 제때에 학습해보고 그때도 안 되면 대책을 세워야겠지요. 또한 사칙연산을 많이 푸는 게 반드시 좋은 건 아닙니다. 연산의 원리를 이해해 계산하는 능력은 물론, 도형이나 측정에도 이용할 수 있는 응용력을 갖추는 것이 중요한데, 나눗셈은 곱셈의 역연산이므로 곱셈의 원리를 이해하지 못한 탓에 나눗셈도 이해하지 못할 수 있습니다. 그 기본 원리를 충실히 이해하는 것이 중요하답니다.

Q

초등학교 4학년 아이를 두었습니다. 다른 아이들은 보통 어려운 문제를 틀리기 마련인데, 우리 아이는 쉬운 문제를 틀리고, 어려운 문제는 잘 맞힙니다. 기초가 부족하면 어려운 문제를 풀어내지 못할 테니 기초가 부족한 것 같지는 않고, 뭐가 문제일까요?

A

쉬운 걸 틀리고 어려운 걸 잘 맞힌다면 크게 걱정할 일은 아닙니다. 보통 공부를 못한다고 하는 아이들은 문제가 조금만 어려워져도 손을 대지 못해요. 그러므로 이 아이는 공부를 못하는 아이는 아닙니다. 성격 탓이 크겠지요. 덜렁대거나 다급해하고 아니면 소심해서 시험 시간에 마음 졸이는 성격일 수 있습니다. 대범하지 못하면 시험을 망치는 경우가 많으니 수학에 대한 자신감과 여유를 키워주세요.

Q
초등학교 3학년 아이를 두었습니다. 수에 관심을 많이 보여서 수와 양 개념을 알게 하며 셈을 가르치고 있어요. 아직 분수식은 어려워하는 것 같은데, 어느 수준까지 어떻게 가르쳐야 할까요?

A
분수식은 3학년 과정이 아니에요. 이후 6학년까지 계속해서 분수 개념을 다룰 것입니다. 시기에 맞춰 분수와 비(比)의 개념을 이해하고 전체 개념이 세워져야 분수식 계산을 이해할 수 있어요. 따라서 중학교 입학 전까지 분수 연산을 완성하면 됩니다. 중학교 이후에는 문자가 포함된 분수 계산을 할 수 있어야 하는데, 초등학교 분수 연산이 기초가 되지요. 분수식은 곱셈, 나눗셈보다 덧셈과 뺄셈이 어려워요. 특히 분모가 다른 분수의 덧셈과 뺄셈을 하는 과정에서 이루어지는 통분이나 약분의 개념을 정확히 다진 후 중학교에 올라가야 합니다.

Q
아이가 계산, 연산은 그럭저럭 하는데, 공간지각이 부족해서인지 도형, 직육면체 등이 나오면 너무 힘들어해요. 이렇게 공간 지각력이 부족한 아이는 어떻게 지도해야 하나요?

A
본디 사람은 모두 공간 감각이 부족합니다. 그래서 수학적으로 생각하지 않으면 공간을 이해하기 어렵지요. 도형은 크게 점, 선, 면으로 나뉘어요. 점과 선으로 이루어진 일차원, 선과 면으로 이루어진 이차원, 면과 면이 이루는 삼차원을 생각하면 공간지각은 삼차원의 세계에 속합니다. 인간은 삼차원 동물이기 때문에 삼차원 문제를 시원하게 해결할 능력이 없어요. 공간의 문제는 이차원의 책과 그림만으로 이해하기 어렵기 때문에 입체도형 모형을 많이 이용합니다. 블록 등을 가지고 놀게 하는 것도 공간 감각을 키우기 위함이에요.

Q
초등학교 3학년 딸은 수학을 워낙 싫어해서 어려운 문제가 나오면 겁을 먹고 풀지 않으려 해요. 모르는 건 나중에 저한테 설명해달라고 하는데, 스스로 한번 고민해보고 생각해서 푸는 연습을 해야 한다고 말해주지만 통하지 않네요. 어떻게 하면 좋을까요?

A
문제를 억지로 풀게 한 적이 있으신가요? 잘 해결되지 않는 문제를 강압적으로 풀게 하면 수학에 대한 부정적인 태도가 길러집니다. 그리고 이후에는 심리적으로 수학을 거부하지요. 아이가 해결할 수 있는 좀 더 쉬운 개념부터 접근해보세요. 그리고 점차 스스로 문제를 해결하는 기쁨을 맛보면서 끌려 들어오게 해야 합니다. 지금부터 시작해도 늦지 않습니다. 아직 3학년이니 여유가 있어요.

Q
초등학교 4학년 아이가 수학 문제를 풀 때 푸는 과정을 연습장에 쓰지 않아요. 빈칸에 달랑 답만 채우는 식이지요. 그러면 안 된다고 잔소리를 하는데도 습관이 잡히지 않네요. 눈으로만 문제를 풀려고 하니 아는 문제인데도 실수하는 일이 종종 일어납니다. 이런 습관은 어떻게 고칠 수 있나요?

A
공부하는 것도 습관입니다. 풀이 과정을 깔끔하게 쓰는 습관이 들 때까지 노력하셔야 해요. 왜 풀이 과정을 써야 하는지를 설득시켜야 합니다.

자기 생각이 옳다는 것을 남에게 주장해서 인정받으려면 당연히 남을 설득하는 과정이 필요한데, 그것이 바로 과정을 서술하는 것과 같다고 설명해보세요. 그리고 문제를 푼 후 부모 앞에서 푸는 과정을 설명하고 표현하는 시간을 가지면 설명하는 과정에서 쓰는 연습이 이루어질 것입니다.

Q

초등학교 3학년 아이가 단위길이를 이해하지 못하는데 쉽게 가르치는 방법이 없을까요? 제가 볼 때는 뭐 이런 걸 틀리나 싶은데 본인은 정말 이해가 안 된다고 하네요.

A

어른들은 쉽게 생각하고 이해하만 초등학생에게는 어려운 것이 길이 재기입니다. 학교에서는 길이를 처음부터 표준단위인 미터법으로 재는 것이 아니라 왜 표준단위가 필요한지를 납득시키기 위해 뼘을 이용하고 걸음을 사용합니다. 각자의 뼘이나 걸음이 서로 달라 의사소통에 문제가 생기는 경험을 통해서 표준단위를 정하고 사용하는 것의 편리함을 느끼게 되지요. 이런 맥락에서 지도하시기 바랍니다. 중요한 것은 초등학생에게 쉬운 내용이 아니므로 서둘지 말고 기다려주는 것입니다.

Q

초등학교 4학년 아이를 두었습니다. 19단을 외워야 하는지 궁금해요. 외우면 계산 능력이 좋아지고 문제 풀이도 빨라질 것 같은데, 수학은 단지 계산을 잘하려고 배우는 게 아니니까요.

A

아이들은 초등학교 2학년 때 구구단을 배우고 외우기 시작하지요. 그리고 부모님은 평생 구구단만 가지고도 어려움 없이 사회생활을 했을 것입니다. 19단을 아는 어른이 몇이나 될까요? 결국 19단은 거의 필요가 없어요. 19단을 직접 이용하는 상황에 한해서만 소용이 될 것입니다. 외운다고 해도 중·고등학교 수학에서 거의 사용되는 예가 없기 때문에 몇 년 후에는 기억이 도태되고 말지요. 오히려 19단을 외움으로써 생기는 부작용을 생각해보세요. 머릿속에 19단이 들어가려면 다른 기억이 사라져야 할 텐데, 크게 소용없는 19단을 과연 외울 필요가 있을까요?

Q

초등학교 4학년에 학습 능력이 결정된다는 말을 들었습니다. 그래서 자꾸 조급해지네요. 우리 아이는 아직 수학을 제대로 풀지 못합니다. 아이의 수학 실력을 길러주는 방법이 있을까요?

A

수학은 모든 학년에서 배운 것에 결손이 생기면 문제가 됩니다. 4학년에서 문제가 발생했다면 원인은 현재 학년일 수도 있지만 3학년 이전일 가능성이 더 높아요. 저학년의 수학 개념이 별것 아닌 것 같지만 이해하지 못하는 부분이 있으면 언젠가 발목을 잡습니다. 풀지 못하는 문제에 필요한 개념을 하나하나 짚어주세요. 그러면 어디서부터 모르는지가 파악될 것입니다. 바로 거기서부터 다시 시작하는 것이 올바른 수학 공부 방법입니다.

Q

초등학교 4학년 아이가 수학을 힘겨워하고 싫어

하는데 어떻게 도와줘야 할지 고민입니다. 학원에 보낸 적은 없는데 제 성격이 좀 급하다 보니 1학년 때 윽박지르며 가르친 경험이 아이가 수학에 마음을 닫은 계기가 된 것 같아요. 저 때문에 아이가 수학을 싫어하는 것 같아 죄책감마저 듭니다. 다시 수학에 흥미를 갖게 하려면 어떻게 해야 할까요?

A

수학의 기초가 부족하면 상급 학년 수학을 공부하기 어렵다는 사실을 잘 아실 것입니다. 수학은 위계가 강하기 때문입니다. 그렇다고 4학년 아이에게 1학년 수학책을 들이대며 처음부터 다시 하게 하면 아이가 막막할 것입니다. 잘해내기도 어렵고요. 4학년이면 이제부터라도 그날그날 학교에서 배운 내용을 제대로 이해한다는 각오로 새롭게 시작하기 바랍니다. 하지만 그날 배운 수학은 이전의 지식을 필요로 할 것입니다. 그러면 해당 학년으로 내려가 딱 그것만 익히고 다시 4학년으로 올라와 이해하는 방식으로 해결하는 방법을 권합니다. 문제는 어느 학년으로 내려가야 할지 모르는 것이겠지요. 『개념연결 초등수학사전』을 활용하면 도움을 받아 찾을 수 있습니다.

Q

연산 연습은 어느 정도가 적당한가요? 계산 속도가 느리면 수능 문제를 주어진 시간 안에 미처 풀지 못하고 찍는 사례가 많다고 들었습니다. 그래서 시간을 재며 연산 훈련을 시키는데 아이가 이 시간을 무척 싫어해요.

A

수능에서 주어진 시간 안에 문제를 다 풀지 못하는 건 계산 능력이 부족해서가 아니라 사고력이 부족하기 때문이에요. 수능 문제를 출제하는 수학 교수나 수학 교사는 대부분 수학을 전공한 사람들이고, 이들 역시 복잡한 계산을 싫어합니다. 그래서 수능 문제의 계산 과정은 대부분 깔끔해요. 수학자들이 좋아하는 것은 사고를 꼬는 것입니다. 사고가 꼬인 문제를 해결하는 데 필요한 능력은 계산 능력이 아니라 사고력이에요. 계산도 수학이므로 속도가 아니라 원리를 이해하는 것이 중요합니다. 계산 훈련은 적당한 정도에서 마치는 것이 좋겠지요.

Q

수학에 남다른 특기가 있는 아이는 어떻게 지도해야 하나요? 아이가 수학 문제를 교과서에 나오지 않은 희한한 방법으로 해결하기도 하고 그걸 저에게 설명하기도 하는데, 저는 도통 알아들을 수가 없더라고요. 수학에 재능이 없는 부모로서는 재능을 썩히는 것 같아 아이를 영재교육 전문학원에 보내보려는데, 주위에서 섣불리 학원에 보내면 잘못될 우려가 있다고도 하니 결정하기가 어려워요.

A

영재교육을 하는 곳은 교육청이나 대학 등 국가에서 주관하는 영재교육원과 사설 학원, 두 가지로 구분되지요. 부모들은 어떻게 해서라도 영재교육을 시키려 하지만 두 군데 다 문제가 있을 수 있습니다. 국가에서 주관하는 영재교육원은 무료이므로 아이들이 열심히 하지 않을 가능성이 많습니다. 실제로 영재교육원 강사들도 스펙을 쌓으러 오는 학생이 많다고 증언합니다. 사설 학원은 영재교육의 결과를 과신하기 위해 아이들을 각종 경시대회에 출전 시켜 입상하게 합니다. 당연히 입상을 목적으로 하는 교육은 지적인 희열보다 단순 암기로 전락할 위험이 있어요. 어려운 문제의 풀이법을 마냥 외우고만 있는 것이 학원의 현실일 수 있지요. 이런 점들을 주의해서 지도하셔야 합니다.

Q

교구를 이용한 체험 학습이 수학 공부에 도움이 되나요? 교구 가지고 노는 시간에 연산 연습을 더 하면 좋겠는데, 아이가 한번 퍼즐을 잡으면 시간 가는 줄 모르고 빠져듭니다. 가만두어도 괜찮을까요? 저는 시간이 아깝기만 한데요.

A

훌륭한 아이입니다. 퍼즐을 해결해나가면서 희열을 느끼면 몰입을 하게 되고, 이 과정에서 사고력과 창의력이 엄청나게 길러지거든요. 수학 공부의 목적은 수학 문제를 풀면서 수학 지식만 얻는 것이 아닙니다. 더 중요한 덕목이 사고력과 창의력이에요. 지금 수학을 공부하는 아이들 중 장래에 순수 수학을 전공할 아이는 1퍼센트도 안 됩니다. 99퍼센트는 수학적 사고력을 이용할 줄 아는 능력을 길러야 해요. 수학 교구는 단순한 것도 있지만 깊이 있는 사고를 요구하는 것도 많습니다. 그럼 시간 가는 줄 모르고 집중하게 된답니다.

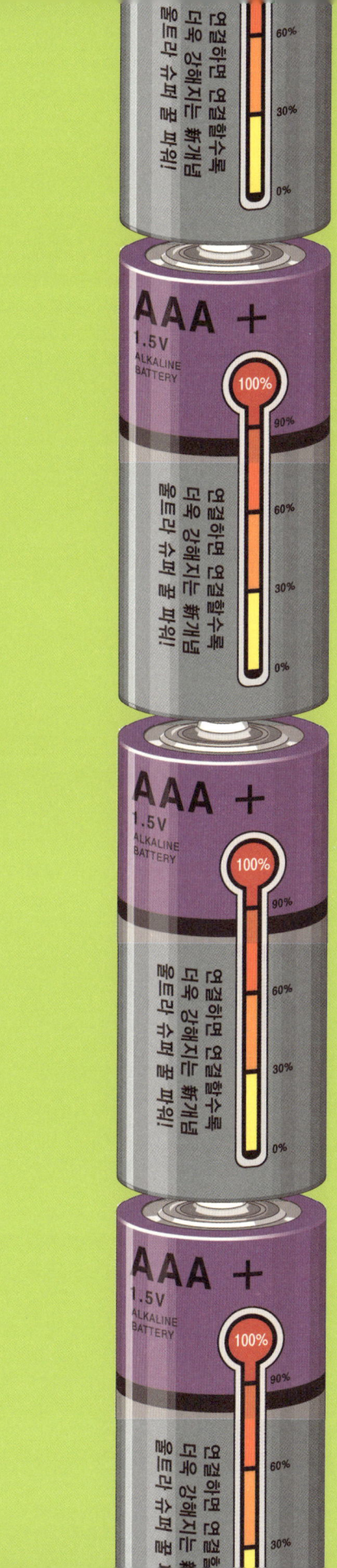

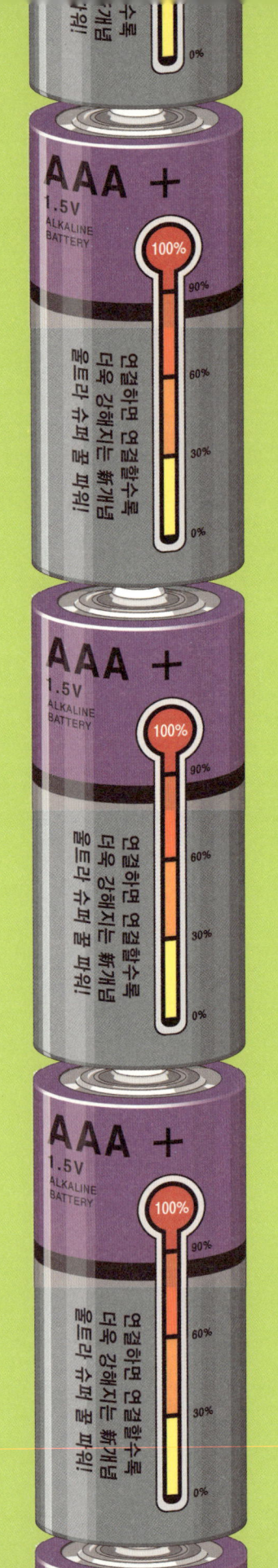

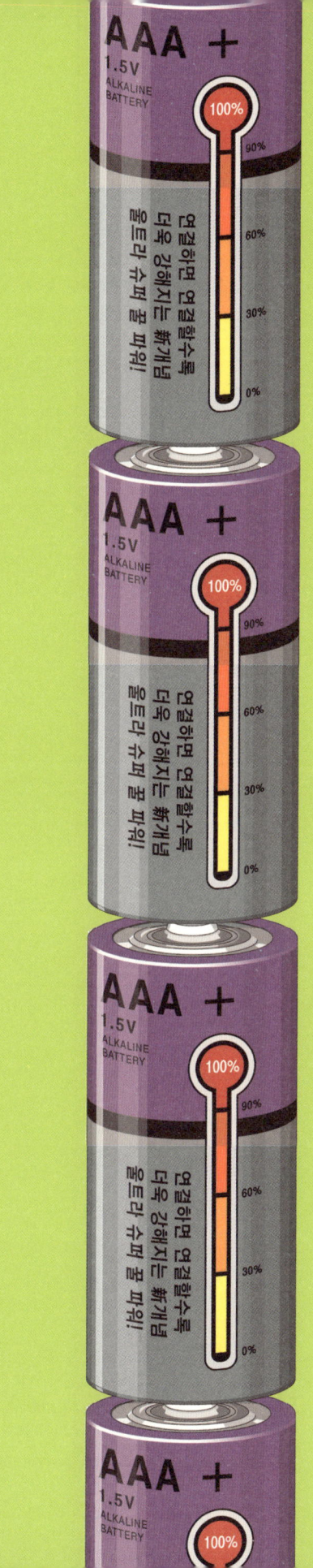

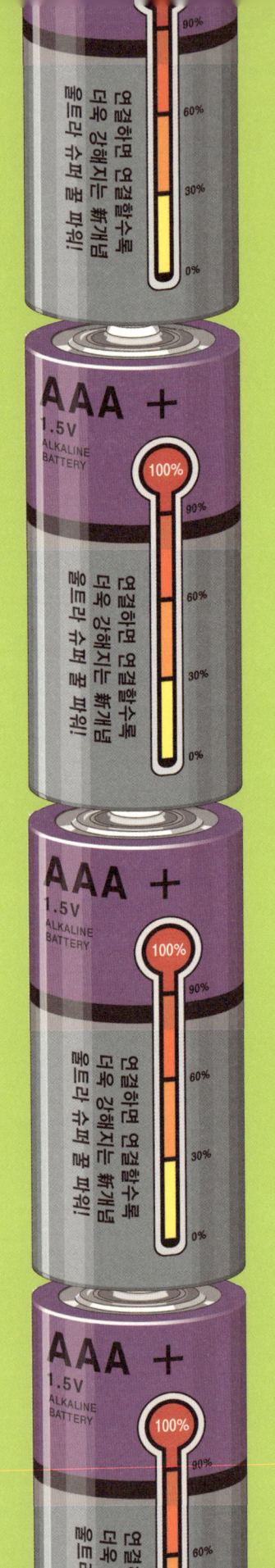